刘静窗文存

怀念父亲刘静窗

别册

刘念劬 主编

癸巳之夏上海各小学
毕业思立童蒙与中学
扩充不及遂唯容纳
待言因之失学特达
数万以是人多喘之投

效私中之难公立自尤
不敷　裏思本届毕
业報名徐汇（公立中学）
伟膺什二名譽里
相送家人相悦庭前

八旬老萱不育莹尔之
荣余鞠年病景云以
上娱親情益少慰美
兴怀研至宰题三章
以为诸思永勉云耳

男思第一要谦虚多见多
闻多读书事之研求真
道理胸怀宗趣自会钟
民族辉煌美百千中华
思世自娟之热情四海推

癸巳震儿存勉（之一、之二）

兄弟文化薪傳待少年
一生幸福在兒童話廢眈
誠好用功堪慰家庭情
趣裏笑顏惟上白頭翁
癸巳七巧節日
震兒 存勉
青安
辞識
时大病三年懇
養痾江福出坊

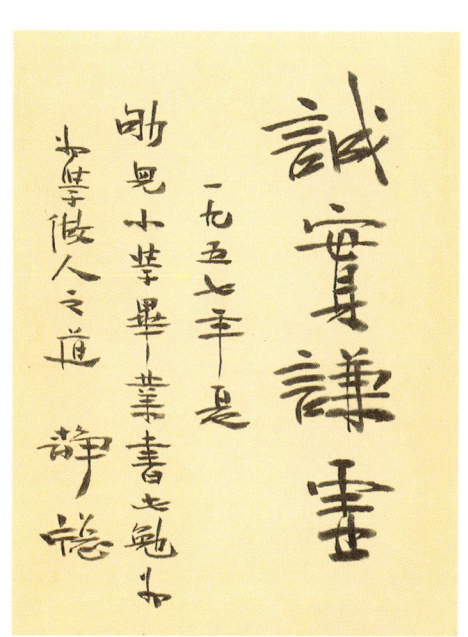

念劬小学毕业勉励

念劬小学毕业照片，口授题词

戊戌六月为任先拂暑

戊戌夏日震先拂暑题陶公诗

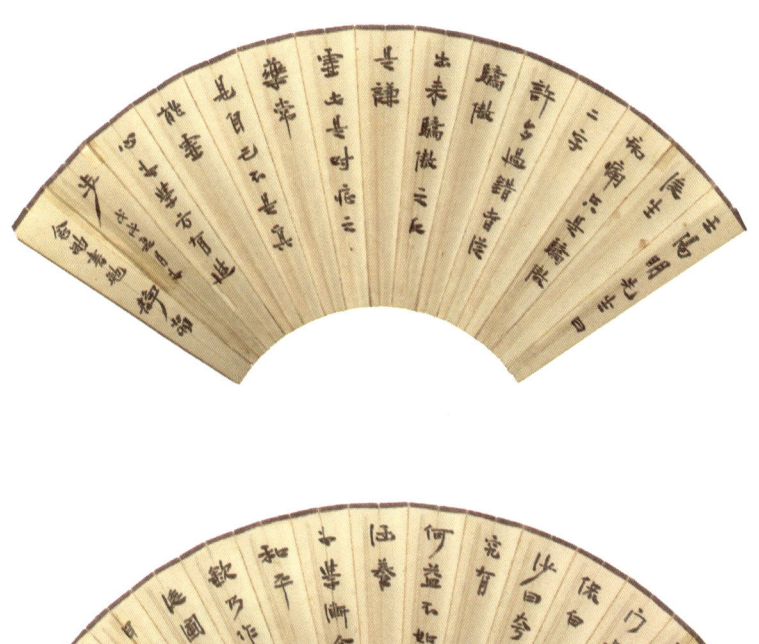

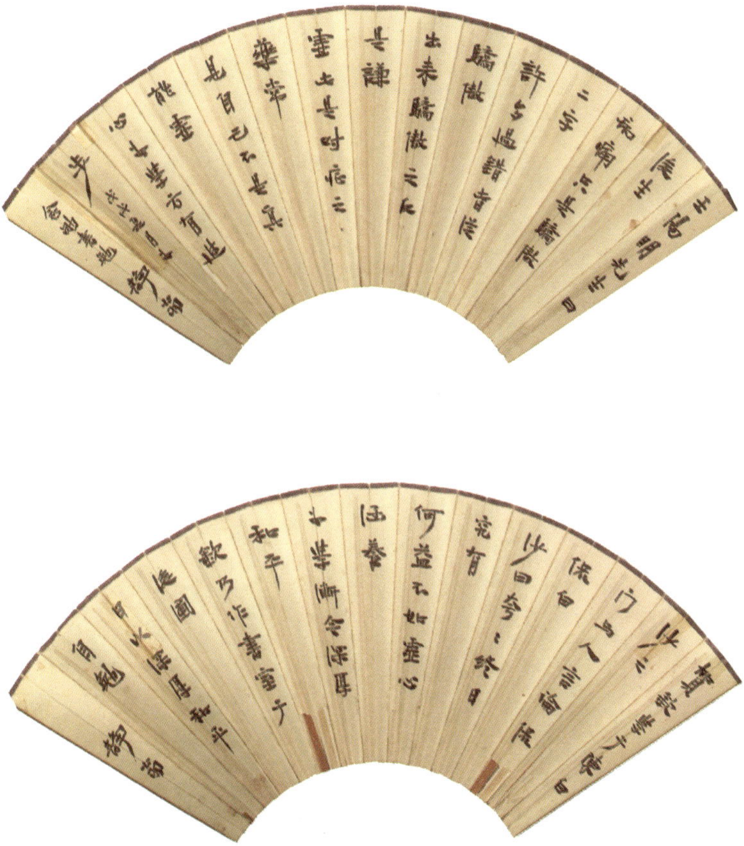

戊戌夏月为念劬题扇书勉

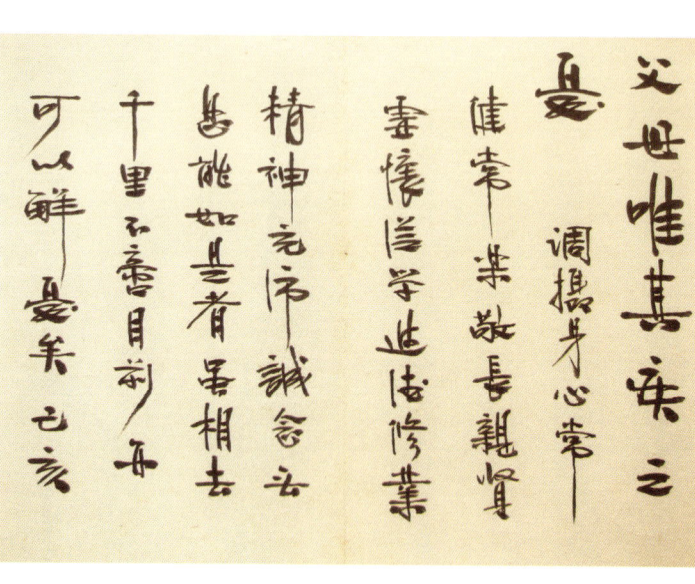

己亥之秋震先考取大学将行书勉

書曰運而同氣連枝各自榮卒之言語莫傷情一回相見一回老能得幾時為弟兄詞意藹然是以啓人友于之愛然余嘗謂人倫有五而兄弟相處之日最長自竹馬游戲以至鮐背

鶴髮其相與周旋多者至七八十年之久若慎意以恰猜間不生其樂豈有涯哉近時有周益公以太傅退休其兄乗成先生以將作監丞退休年當八十詩酒相娛者終其身章泉陸先生昌

庚子秋震先還滬錄鶴林玉露一節留念（之一、之二）

庚子秋震先还沪录鹤林玉露一节留念（之三、之四）

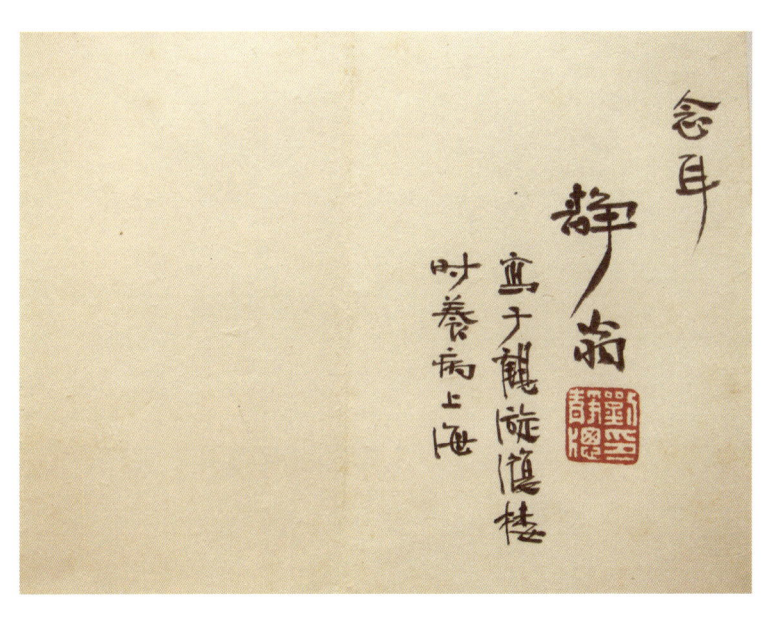

庚子秋震先还沪录鹤林玉露一节留念（之五）

辛丑长夏录白沙语为震先拂暑存勉

任先十四龄生日示勉印章

1978年刘述先先生初次回沪探亲,刘静窗夫人王蕴聪(前排居中)与述先(后排居中),任先(后排左二),震先(后排右二)及其女建聆,念劬(后排左一)、蔡璐夫妇及其女刘乔,昭华(前排右二)及其子树怡合影

目　录

2009 年口述
　　——家世·行履·哲思三部曲 … 刘述先口述，刘念劬整理编撰　1
　　一、家世 ………………………………………………… 2
　　二、行履 ………………………………………………… 7
　　三、哲思 ………………………………………………… 14

父亲的精神境界与独立人格 ………………………… 刘任先　24
　　一、早年的家庭迁徙——昆明之旅 ………………… 25
　　二、沦陷区的第一次归隐——上海师从蒋维乔 …… 27
　　三、临济宗传宗祖师应慈老和尚之缘——华严境界的契机
　　　　………………………………………………………… 28
　　四、抗战胜利，出山，解缆放船 …………………… 29
　　五、肾脏手术，第二次隐居——《华严观要》 …… 31
　　六、与熊十力书简的友谊三部曲 …………………… 33
　　七、父亲对我的教育和他的精神与风格 …………… 35
　　八、期望、怀念与继承 ……………………………… 37

1

父亲的题词本及其他 ················· 刘震先 39
    一、石库之缘 ································· 39
    二、记忆之初 ································· 41
    三、公园走失 ································· 42
    四、老孟司机 ································· 45
    五、昆山远足 ································· 46
    六、蒙学三章 ································· 48
    七、做好学生 ································· 50
    八、其疾之忧 ································· 52
    九、几回兄弟 ································· 55
    十、追忆秦娥 ································· 57
    十一、"三圈"略说 ······························ 59
    十二、为学诗章 ······························ 62
    十三、音容长存 ······························ 66
    十四、编校留声 ······························ 67

艺海寻梦
——自父亲哲思的心灵参悟及勾指之约 ········· 刘念劬 71
    一、艺海寻梦——自父亲哲思的心灵参悟 ··········· 71
    二、《甜梦》——爱之梦,世纪循环大爱的哲思 ······ 76
    三、《生命宇宙的春天》——未来之梦,人类探觅真理的
        哲思 ···································· 78
    四、《夜深沉》——楚汉相争之旧梦新解,人间爱与死永恒
        主题的哲思 ······························ 81
    后记:"勾指之约" ······························ 83

目 录

慈父
　　——与兄长们眼中不一样的父亲 ………… 刘昭华 89

父母亲的旷世情缘 ………………………… 刘震先 95
　　一、将门虎女 …………………………………… 95
　　二、童年轶事 …………………………………… 96
　　三、痛失怙恃 …………………………………… 97
　　四、投奔夫家 …………………………………… 99
　　五、千里寻夫 …………………………………… 100
　　六、夫唱妇随 …………………………………… 101
　　七、定邦出仕 …………………………………… 102
　　八、任职十年 …………………………………… 103
　　九、中年丧偶 …………………………………… 104
　　十、寂然归西 …………………………………… 107
　　十一、追思无限 ………………………………… 109

忆静翁集
　　——追记、补记与侧记 ……………… 刘念劬 112
　　一、静翁 ………………………………………… 112
　　二、1975 的追记——此湖非那湖及此坡非那坡 … 113
　　三、与父亲最后的晚餐 ………………………… 122
　　四、非常导师——关于父亲传略的补记 ……… 128
　　五、随父拜谒熊公侧记 ………………………… 130

哲学人生与人生哲学 ……………………… 刘任先 136
　　一、序言 ………………………………………… 136
　　二、我的人生心路历程 ………………………… 138

三、华严对我的人生引导 ………………………………… 141
　　四、归心孔子为己之学 …………………………………… 150
　　五、艺术对人生的影响和人生发展模式的选择 ………… 152
　　六、科技与哲学的互动 …………………………………… 154
　　七、象数与《周易》 ……………………………………… 159
　　八、三元架构与两行之理 ………………………………… 163
　　九、人生的把握与期望 …………………………………… 167

附录一　外公王忠勇将军年表 ……………………………… 171
　　后记 ………………………………………………………… 181

附录二　追忆史学名家张遵骝先生 ………………………… 183
　　一、家父和同窗挚友张遵骝 ……………………… 刘震先 183
　　二、金鱼 …………………………………………… 刘念劬 191
　　三、再忆尊长张遵骝先生 ………………………… 刘念劬 196

附录三　清水刘氏九修族谱札记 …………………………… 206
　　一、前记 …………………………………………… 刘念劬 206
　　二、九修清水刘氏族谱序 ………………………… 刘述先等 210
　　三、清水祭祖小记 ………………………………… 刘震先 214

附录四　皮黄琴韵和情缘 …………………………………… 227
　　一、皮黄琴韵 ……………………………………… 刘震先 227
　　二、皮黄情缘 ……………………………………… 刘念劬 233

2009 年 口 述
——家世·行履·哲思三部曲
刘述先口述,刘念劬整理编撰

劬按:本文整理编撰自胡治洪《南港烟春识真儒》,是一个对我长兄刘述先的访谈录。2014年夏,我衔命于长兄,在《刘静窗文存》别册《怀念父亲刘静窗》为他摘引一篇纪念父亲的回忆文章,我即选定他的回忆录《六十自述》第一章作节选。即将启动,读了震哥发来之胡治洪《南港烟春识真儒》之后,征得述哥同意,决定改弦更张,摘取长兄在该访谈录中的口述成文,他这75岁的自述,自与他六十岁时的风格不同,又增加了一份沉稳,练达及经纶大义,这是我乐于看到的鲜活之论;它与读者之间,揭去了年轮的印记后,便留下了更直击、更贴切、更可以沟通的心路历程。这符合主编兼幼弟的我,渴望长兄自写一篇文章的意图;于是,这篇访谈录便变身成为口述,留下了文中精粹,从"家世·行履·哲思"的三部曲中,我们看到了这位现代新儒家第三代代表人物的成长史和思想史,这一心路历程的口述,无疑是激励后人心志、鼓动志士进取治学的风帆。

胡治洪先生在卷首描述:"2009年2月6日,我乘赴台湾大学访学之便，到台北南港中研院中国文哲研究所拜访了现代新儒家第三代代表人物刘述先先生。初春时节，烟雨迷蒙，南港一带的建筑和山树都沉浸在若隐若现之中。而随着我与刘先生谈话的深入，一位自幼涵濡于儒家传统、身体力行儒家价值、精思高扬儒学义蕴、汲汲致思于儒学发展、并且因应时势而对儒学作了相应开拓的真儒形象，愈益清晰地呈现于我的脑际。刘先生以乱世异数总括自己的生平行履，这对我们这些躬逢中华民族重新崛起的伟大时代的后学来说，真是莫大的鞭策！"此实乃胡先生之肺腑之言，因此，他整理发表述哥访谈录以飨同道，可以视为一项学术成果，是为述哥近年学术活动之一链，有参考价值。

一、家　　世

从2008年9月开始，述哥用私人积蓄在武汉大学孔子与儒学研究中心设立了两个奖项，一个是"王蕴聪纪念奖学金"，一个是"刘静窗青年教师奖"。

述哥说："设立两个奖学金，一个对于博士生，一个对于青年教师，这也是按照郭老师（武汉大学郭齐勇教授）的提议。奖学金名称的含义，是纪念我的父母，王蕴聪是我母亲的名字，刘静窗是我父亲的名字，所以这两个奖项是作为纪念我父母的奖项。"

"我从美国回到远东时，首先就是到香港中文大学，所以我第一项捐款就捐给香港中文大学，设立'刘静窗纪念奖学金'。1999年我从香港中文大学退休，到台湾中研院做了五年特聘研究员，到70岁时又退休，后来就只做兼任研究员。当时，由于一些客观原因，我没有即时在台湾设立奖学金；后来在中研院中国文哲研究所设立了'纪念祖父刘理堂先生博士论文奖'。而我捐助大陆，是基于长远发展的考虑。

在大陆选中武汉大学，是由于武大做儒学研究的人比较多，其他学校人都很少。另外我对郭齐勇的学问人格都认可，所以就选中了武大。所谓长远发展的考虑，如我曾经说过的，牟宗三先生和钱穆先生虽然在学术上很不一样，但他们生前都讲过一样的话，即儒家如果有前途的话，一定是在大陆。这看得很清楚。香港就是一个城市，大学与当地的社会是有距离的，所以唐君毅先生曾经说他做的事情根本与香港背道而驰，这当然也说得有点过。台湾就比香港好，因为它有腹地，可以培养本地人才。大陆更是完全不同，那么多的人口，尽管一般人对儒学没有关切，但还是会有，比例上虽只占少数、而数量上却并不少的人愿意将发展儒学作为自己毕生的理想。"

"我父亲刘静窗先生的情况很特别：他是北大经济系学生，身体很不好。我祖父做南货生意，从学徒开始，后来创办自己的事业，他有两个儿子，大儿子继承父业，小儿子也就是我父亲喜欢念书。父亲虽然学经济，但自幼就对生命问题很关注，特别喜欢宋明理学。抗战初期，他随北大一道撤退到昆明，是在西南联大毕业的。我们一家人连同祖母也跟父亲一道到昆明，只有祖父不肯走，就留在上海。后来看到上海没有很大的战乱，于是父亲毕业后，就带领我们全家绕道越南回到上海。回上海后，父亲不愿在敌伪统治下做事，反正祖父有生意，生活不成问题，于是就随自己的兴趣发展。他的兴趣在于宋明理学，但宋明理学对他来说并不够，所以他又结识了一些人，如跟蒋维乔（别号因是子）学打坐，跟太极名家陈微明学太极，却仍然感到不满足。后来他从蒋维乔那里得知上海南市一座寺庙里有一位高僧，是华严座主，法名应慈，就自行到那座庙里去见应慈法师，诉说心中的困惑。应慈于是向我父亲开示权实、真俗之间的差异，我父亲当下若有所悟，后来就时常去应慈法师那里。应慈法师这时向我父亲传授了一部篇幅很小但很重要的经书，就是华严初祖杜顺的《法界观门》，其中讲述了真空观、理事无碍法界观、事事无碍法界观等等。我父亲读后认为这是千古绝唱,由此皈依华严,成为居士,法名大照。他参与考证华严宗重要著作的源流,如贤首的《华严经探玄记》十多卷,清凉澄观的《华严经疏钞》四十卷。他们找来最好的版本进行校勘,又出资出力将这些经书刻印出来,所以我父亲为华严宗做过许多事情。我至今还藏有这些经书,是我来台湾后父亲寄给我的一套。华严因此也就成为我父亲的终极关怀。我父亲虽然不管生计,但他实际上是我们家庭的精神领袖,对我伯父的十个子女和我们五兄弟姊妹都有很大影响。父亲的思想包融了儒家和佛家,他认为儒释之道如日月经天。他虽然在北大读书,但并没有受到西化思潮影响,生活方面完全遵循儒家规范,对父母十分孝顺。只不过他认为儒家那一套规范并不足够,所以又接受大乘佛学,特别是华严宗的圆教。他走的是结合儒佛的路子。"

"我父亲年轻时候,英文学得非常好,后来也考取出国留学名额,但因祖母不放他走,所以没有出国。虽然没有出过国,但由于他的英文非常好,所以抗战胜利后他在北大经济系的一位老师李卓敏任上海善后救济总署副署长时,就担任过李的简办秘书(即责任秘书),父亲一辈子就做过那几年事,到国民党撤离大陆后,他仅在华东工业部工作了年余,便因病就不再做事了。他私下的兴趣就是宋明理学和华严佛学,我们从小就受这种教育,所以我们不是在反传统气氛下长大的。我们的家庭是非常肯定传统的,并且这种肯定不是外在的,而是真正相信这种传统,真正在家庭生活中实行这种传统。"

"1949年,父亲也曾经想要离开大陆,为此到广州去过一趟,后来感到搬家太不容易,就放弃了这种想法。当时有这样一个机缘。1949年5月,上海的海陆路都不通了,我的大堂姐在银行工作,她有一位同事有两张从上海到广州的机票,这位同事临时决定不要这两张机票了,就告诉我大姐,大姐告诉父亲。父亲考虑,我的大堂哥冠先和我是两家长子,当时分别是19岁和15岁,功课都很好;为了不使我们的学业受到干扰,决定让我们经广州到台湾去念书,用父亲的话说,是要留下刘家的读书种子。这样,我和大哥就糊里糊涂地走了。记得当时父亲问我想不想去台湾,我当时什么也不懂,只感到海阔天空,有趣,就这样走了。先飞到广州,等候台湾入境证花了两个月,然后坐船到了台湾。我在台湾念了两年高中,毕业后考入台湾大学。"

"我们家由于在上海做生意,并没有回老家(江西吉安);而我们家的生意在上海只能算是很小的,比很多富豪差得很远,所以1949年以后,我们家并没有受到什么冲击,只是被孤立而已。父亲要谈宋明理学和华严佛学是没人可谈了。"

"1954年,熊十力先生自北京移居上海,成为忘年之交。起因是我父亲在北大时有一位非常要好的朋友,叫张遵骝,他是张之洞的曾孙。张遵骝是学历史的,专长在佛学,钱穆先生、熊先生都教过他。牟宗三先生当年没钱,还靠他接济。他后来主要跟从范文澜,范文澜著作中有关佛学的部分,主要就出自张遵骝之手。张遵骝解放前在复旦任教,解放后才移到北京。他在上海时研究佛学的同道之一,就是我父亲,他们经常在一起谈佛。而我父亲认识熊先生、牟先生,都是通过张遵骝。记得我童年时候,牟先生到上海,还到我家吃过饭,所以我对牟先生是称伯伯的。"

"1949年,熊先生也曾南下,当时徐复观先生想把他接到台湾来,但董必武、郭沫若等人劝说他留在大陆,做了政协委员。这样,熊先生就在北京住了一段。但北京的气候他受不了,就移到上海来了。熊先生来上海前,张遵骝给我父亲写信告知这一信息,说熊先生也没有什么人可谈,要我父亲多与熊先生谈谈。我父亲本来就很敬佩熊先生,当时他给我的信中就曾表示一生最敬佩熊十力和陈寅恪,此前也已读过熊先生的书。这样,熊先生到上海后,两个孤独人就时常在一起谈佛谈儒。"

熊、刘"论学书简"产生的初因是:"熊先生在上海的住所离我家很远,所以他们谈问题往往要采用通信方式。熊先生的'新唯识论'是反对唯识论的,认为唯识论将生灭与不生灭截成两片,所以转到儒家,讲大易。我父亲与他辩论,认为熊先生对唯识宗的批判可能是对的,但佛教的精义却并不全在唯识宗。按照华严宗的观点,它的判教是小、始、终、顿、圆,从这一观点来看,唯识宗只是始教。所以因唯识宗而否定整个佛教,我父亲不能接受。他们谈论孟子,彼此意见也不同。因为熊先生那时变得非常激进,把孟子当作'孝治派',把孟子以及后儒都当作'奴儒',他的学生都不能接受,所以两人的辩论非常激烈,常常是大吵然后又和解。这些论学书信居然就保存下来了,这就成为1984年编撰熊、刘'论学书简'的雏型。"

"我父亲根本反对我念哲学。因为在佛家看来,一切都是空,理论建构也是空的,应付世俗生活,有一个工作就好。所以二弟任先学的就是机械工程,在西安建筑学院当教授。任先将我父亲与熊先生的所有书信收在一个盒子里,藏在小阁楼上,一藏就是几十年。1978年,我以探望老母的人道理由,在离开29年后,从美国首次回上海,才被告之有这样一批资料。后来任先又花了许多时间,将这些书信按顺序编好,托付一位香港学者、也是我的朋友和同事陈特带给我。我一看这些书信,就感到大有意义,它们正是熊先生在写作《原儒》《体用论》《明心篇》等著作时写下的书信,对于理解熊先生的这些著作具有史料价值。我立即写了一篇导论,发表在《中国时报》上,后来一并结集为《熊十力与刘静窗论学书简》。"

"我母亲王蕴聪,是一位彻底的传统型妇女,她将儒家价值观彻底内化。她是由我祖父母选中的媳妇,然后从吉安带到上海,几年后才同父亲圆房。父亲教她念书,教她英文,可她对那些东西没有什么心得;但她会照顾婆婆,照顾她的四个儿子和一个女儿,一辈子就做这些事。我在家的时候,连内衣都不知放在哪里,都是母亲包管。我父亲在1962年去世,那时不要说尽孝,连奔丧都不可能。大陆开放以后,我将母亲接到南伊大去住,但她感到很孤独,不如上海弄堂里左邻右舍人很多、很热闹，所以住了一年，实在受不了，又回去了。母亲是七十二岁去世的。"

二、行　　履

劭按：在第二部分中，述哥畅谈了他的学思历程。在此敬录他的人生格言与读者分享："知其不可为而为之，旨在谋求地球永续与人类持存。《易》曰：'天行健，君子以自强不息'，坚定信念！生命完成于不完成之中。"（摘自刘述先传略）引述《论语·宪问篇》原文："子路宿于石门。晨门曰：'奚自？'子路曰：'自孔氏。'曰：'是知其不可而为之者与？'"这便是述哥格言首句的出典。这种执着的人生与治学精神浸透了父亲的家训，我们兄弟都是"朝闻道，夕死可矣"的信奉者，家父对这两节夫子曰，曾在上世纪40年代对述哥，50年代开家学对任哥、震哥，60年代对我讲古诗词，前后历时凡廿年，曾向众子侄宣讲三次，深入家学传承，可见其之厚重。

家父曾说："夫子治学，胸怀天理纯真，是理想主义儒家的始祖；后人研儒过于繁复，有时失了初衷，便体认不到治学的愉悦！"述哥是长子，这一来自父亲的传承，便是胎记。印证真理，探寻求索，饮水思源，源头为何？述哥治学便身体力行八十年，壮哉！

述哥说："我在台湾大学哲学系本科毕业后，军训一年，然后再回台大进硕士班念了两年。那一阶段主要是受方东美先生的影响。我的本科毕业论文是对逻辑实证论和语义学的批判，我把论文寄给牟宗三先生，他帮我拿到香港的《自由学人》发表了。我的硕士论文是关于卡西勒的文化哲学，由方东美先生指导，那时我已将卡西勒的《论人》翻译出来了。1958年我硕士毕业后，由徐复观先生和牟宗三先生推荐，进入东海大学任教，占了一个学术岗位，此后至少在外表上看起来是一帆风顺。徐先生是东海大学创校元老之一，担任中文系主任。牟先生被徐先生从台湾师范学院（现在台湾师范大学的前身）拉到东海，承担通识课程中有关哲学的部分。后来打算要牟先生改教中国哲学史等专门课程，所以需要另找一人教通识课程。这样，我一到东海，就接替了牟先生的通识课程，介绍东西方哲学的行程。那时我已写出了《文学欣赏》书稿，就将这一内容也加入到通识课程中，非常受欢迎。后来我结集出版了《文学欣赏的灵魂》一书，由于当时同类书很少，这本书一时成为畅销书，以至盗版都有十几种。当时东海没有哲学系，学生们从我的课程中听到一些关于西方哲学的介绍，很有兴趣，有一批学生就要求我进一步讲授西方哲学。我那时还没结婚，所以晚饭后就找一间教室，给他们讲西方哲学，主要讲古希腊哲学。这一课程，学生没有学分，我也没有薪水。除了通识课程之外，我还可以随便开课，比如我那时做克罗齐的美学，就开课讲克罗齐的美学。听过我的这些课的学生中，有杜维明（后任美国哈佛大学教授、哈佛燕京学社社长）、刘全生（后任台湾中央大学校长）、王靖献（笔名杨牧，著名诗人，后任美国华盛顿大学教授，曾借调任台湾中研院文哲所所长）等。学生感到有收获，我也教得很愉快，我们之间的年龄相差并不大。"

"那时牟先生也还没有结婚，我经常往他那里跑，就在他那里认识了我太太刘安云。我太太是东海生物系第一届学生，我没有教过她。我们在1961年结婚。后来牟先生离开东海去了香港，我在东海留到1964年，然后到美国南伊利诺大学念博士学位。"

"我在本科毕业后，就已获得美国华盛顿大学的学费奖学金。当时文科能够获得美国的学费奖学金已经是最高可能了。但由于两个原因我没有去美国留学，一个原因是我认为自己的学问底子还不厚，现在留学对我不一定是最好的选择；第二个原因是仅仅给我学费，我的生活怎么办？那就得打工，我是全心在学术，不愿意那样做。所以我获得奖学金也没有去美国，就留在台大念硕士。"

"那时美国南伊利诺大学是一个新兴的学校，是伊利诺州立的大学。伊利诺州最好的大学当然是芝加哥大学，但芝加哥大学是私立的；公立大学中最好的就是位于 rbana-Champaign 的伊利诺大学。南伊大原来是一所师范学院，距离芝加哥三百英里，校园很广阔，随着人口增加，这所学校就成为伊州南部的学术文化中心。当时的校长要发展哲学系，哲学系主任 Willis Moore 就把老同学、密苏里州华盛顿大学的 Lewis Hahn 找来做研究部主任，大事扩充研究院。他们有两个构想，一个是同时注重专业和通识教育，由此将哲学弘扬出去；另一个是把眼光投向东方，发展比较哲学，所以要到东方去网罗人才。恰好这时东海大学举办了一个 Chinese Civilization Camp，有两位美国哲学教授来参加这个夏令营，其中有一位是南伊大的 William Harris，他特别喜爱印度哲学和中国哲学。他们就主动同我接触，告诉我说南伊大新办一个哲学博士班，负担全部费用，问我要不要去念学位。那我当然求之不得，这样我就到南伊大去念博士班了。"

"我在南伊大念博士班，念得特别快，两年就念出来了，而大多数美国学生却要念好多年，原因在于他们被第二外语阻拦了，美国人不会学外文，而我在台大时就学过德文，所以我的德文一下子就考过了。然后就是考预试，预试要考两天，那是要考得脱一层皮的。要考西方哲学史、认识论、形上学、价值论，有些人准备预试就要准备一两年。而我在台湾就是教西方哲学史的，所以一面上课一面准备，课程一结束我就考预试，就过了关。然后就写博士论文。这时我很幸运地遇见了我的导师 Henry Nelson Wieman。Wieman 本来是芝加哥大学神学院教授，是一代宗师，提倡'经验神学'（empirical theology），这是一种很奇特的结合，神学一般是超越的，怎么竟然有'经验'的神学呢？实际上他是将'内在'与'超越'联系起来了。所以他谈到最后 ultimate commitment(终极托付),乃是 creative interchange(创造性的交流)。这就同我们中国《易经》的内涵完全相通啊!也与方东美老师讲解的《易经》相通。这样我的论文就写得很顺畅,1966 年顺利毕业了。那年 Wieman 是 80 岁,南伊大授予我博士学位,授予 Wieman 荣誉学位。"

"那时在南伊大哲学系教通识的 William Harris,他的身体不好,病倒了,要找人代课,就找到了我。所以我博士还没念完,最后一个学期就已经在南伊大教通识课程。南伊大的通识课程是大班教学,一般有三百学生,在演讲厅上课,一周上课三个钟点,教师讲两个钟点,然后分成十二班,一个助教带四班。我原先是给 Harris 当助教,他病倒后,我就成为主讲,也用三个助教。我的教学反映好,Student Evaluation 对我的课给予很高的评分。因为 Harris 的病情不能很快复元,校方就要我毕业后留校一年,我也同意了。"

"由于我本来就抱定留美毕业后回本土服务的宗旨,所以我当初虽然可以不拿 Fulbright Travel Grant,但我还是拿了这个 Travel Grant。而按照 Travel Grant 的规定,我毕业后必须回原地服务两年,才能再出来。我毕业后暂留一年是没有问题的,但一年期满后,校方还要我继续留下来,我就不同意了。正当我准备离开美国的时候,却发生了一个插曲。傅伟勋到伊利诺大学念博士学位,我堂哥也在那所学校当工程教授,那年圣诞节我到 Urbana-Champaign 去了,住在我堂哥处,被傅伟勋约去一叙。傅伟勋劝我留在美国不要回台湾,因为我回台湾当然是想进入台大哲学系,东海大学没有哲学系,我当然不愿长驻东海,但傅伟勋分析说我绝对进不了台大哲学系,即使进了台大哲学系也做不成什么事,不如就在美国开辟一个新天地。与傅伟勋谈了一通宵,结果我决定留下来了。这时,南伊大哲学系主任到东部参加哲学会,已经准备招聘教师讲东方哲学课程,我就在 Urbana-Champaign 给系主任发了一封信,表示我还可以留校,他很高兴,说我们不用再招聘人了，就请你吧。那时工作好找，不像现在这么困难，我毕业时只是将我的档案、成绩单、博士论文资料一发布，并没有申请工作，就有三个offer，请我去做助理教授。我将这三个offer给系主任看，系主任说我去替你安排，他的安排就是把三个offer都回绝了，把我留在南伊大。这在美国也是少见的，美国学校原则上不留自己的毕业生，一定要到外边去闯荡，过一段时间在外边立足了，才把你请回来任教。可是我教的课程不是南伊大其他人可以教的，而且我来南伊大之前，在东海已经是副教授，所以他们就把我留下来了。"

"但是南伊大留我却遇到了大麻烦。因为我拿了Fulbright Travel Grant，按规定毕业后要回原地服务两年，我不回去就是违约。校方必须通过伊利诺州的众议员向国会送一份bill，说明南伊大需要这个人的专长，要他多留两年。这份bill并不需要国会通过，只要送进去了，我就可以留两年。这件事使那位议员很为难，他提的bill都是诸如造一条公路，几百万的事情，现在居然为了留一个人要送一份bill。但哲学系的意思很坚决，系主任对校长说一定要留这个人，这样就送了一份bill到国会，我就留了两年。两年过后还要留我，又送第二个bill，又留两年。这样就留了四年，而在这四年中我已经升任副教授，学校给我tenure，成为永久聘约了。可是在那四年中，我也有困难。凡是通过向国会递交bill方式留在美国的人，不能离开美国国境，一旦离开，就视为自动放弃居留权。所以我游览Niagara falls，那个景致是从加拿大那边看才更壮观，但我只能从美国这边看，而不能去加拿大那边，一去加拿大那边就不能回美国了。"

"在我第二轮bill送出去后，学校通过行政系统，为我提出减免返回原地服务两年的申请，理由是我的专长是美国需要但却培养不出来的。这一申请获得成功，我也就可以离开美国了，那是1971年。那一年唐先生、牟先生都已经在香港中文大学，邀请我去讲学，于是我在1971—1972年间从南伊大休假，前往香港，在中文大学的新亚书院教了一年书。那时新亚书院虽然已经并入中文大学,但由于新界沙田的新校区还没有建好,所以还是在九龙农圃道。我在新亚教书期间,正值中共取代台湾进入联合国,许多年轻人对此非常困惑,唐先生就组织文章讨论如何看待这一新情况,也要我写文章。我在《明报月刊》发表了一篇两万字的长文。在文章前言中,我表示赞成中共进入联合国,因为这反映了这一地区的政治现实。要注意我那时拿的是'中华民国'护照,这样讲岂不是'叛国'吗?当然我人是在美国,并不回台湾。接下来我论述在哲学、文化上认同儒家传统。洋洋洒洒一大篇,在香港引起很大反响。当时台湾驻美国领事馆的一个人看到我这篇文章,就把前言删去,然后发给欧美所有反共的华文报刊发表,结果我这篇文章成了我的中文著作中影响最大的一篇。蒋经国后来之所以那么尊重唐君毅,原因也在这里。唐先生去世后在台湾设祭,蒋经国独自在灵堂追思了几个钟头。也因为这篇文章,后来我回台湾,他们把我当作英雄。但其实我在政治上根本不是国民党,我完全是从学术、文化、思想上肯定中国传统。"

关于同唐君毅先生关系的定位,述哥是这样说的:

"我对唐先生并没有直接的师承关系,但我视唐先生为师长辈。我年轻时代受到唐先生《中国文化之精神价值》的影响。唐先生喜欢讲中国文化之精神行程、印度文化之精神行程、西方文化之精神行程等等,这种学术路向与方东美先生的学术路向是一个模式,都是文化哲学的模式,而不是牟先生那个模式。我自己与方、唐的模式比较契合,所以从方先生到唐先生,再到我,这条线索是很清楚的。而牟先生由于同我父亲是朋友关系,所以我对牟先生执故人子弟之礼。但到后来,在中国哲学、特别是宋明理学方面,我受牟先生的影响更深。"

"1972年,我从香港返回美国。1974年,唐先生、牟先生同时退休,就把我从美国召回香港,做中文大学哲学系主任。此后,我1974—1976年在香港,1976—1978年在美国,1978—1980年又在香港，1980—1981年又在美国。这样来来去去，每次回来都升一级。到1981年，香港中大要找人接替唐先生空出来的讲座教授位子，最后就找我去了。这时我想我不会再回美国了，就把南伊大的位子辞掉了。那时中大校长就是李卓敏，前面说过他是我父亲的老师，但我第一次去新亚的时候，根本没有与李卓敏联系，因为他在新界，我在九龙。到1974年我担任哲学系主任，当然要去拜会校长，我就告诉他我是某某人的儿子，所以他与我有一种特殊关系。可是我完全不是因为他的关系进中大的，是因为唐、牟的推荐进中大的。"

"我担任哲学系主任时，对哲学系做了很重要的变革。中大是由新亚、崇基、联合三个书院采取联邦制组成的。联合书院没有哲学系；崇基哲学系是基督教背景，有劳思光、何秀煌、陈特等人；新亚哲学系是中国文化背景，有唐端正、李杜、王煜和我这些人；这两个哲学系要进行整合。以前唐、牟两个大师在这里，随便怎么开课都行，但我们新一辈不能像以前那样开课。而要打破新亚和崇基的隔阂，将两边整合起来，这是一个全新的工作。但我做这件工作时，引起唐先生他们的严重误解，认为我背弃了新亚的传统。有一段时间甚至把我和余英时当作叛徒！余英时那时是中大副校长兼新亚书院院长。唐先生对我的人格有误解。但牟先生不同，虽然意见方面彼此相左，但在人格上从来没有缺少对我的信赖。"

注：胡治洪先生说："对于这段经过我比较了解，我对双方都给予同情的理解，认为实质上是两种办学模式和教育理念的分歧。这一看法，我在《大家精要：唐君毅》（云南教育出版社2008年9月版）那本小书中表述过了。"

"唐、牟是以传扬儒家哲学作为他们的主要关切，在这个前提下，我作了一个重要的转折，比较注重学术的客观性。中大没有博士班，学生毕业后,都是到外国去念博士学位,我不妨碍他们个人的发展,因为我相信理一而分殊,各人走自己路。站在唐、牟的立场来看,可以认为我起了一个很坏的作用。原来中大完全是儒家正统,可现在中大最强的是现象学、海德格尔那些东西。从唐、牟的道统来看,这当然是歧出的。但问题是唐、牟任教的时候,连我这样的学生都教不出来,因为那些学生太依附在他们的权威底下,到时候没有办法出来独当一面,所以要从美国把我拉回来。我的思想来源,一方面是唐、牟,一方面是方先生,还有就是外国的,我有一个多元架构,这种多元的架构就不能控制它的发展嘛。唐、牟的强项是宋明理学,但他们的学生大多不能教宋明理学,唯一可以教宋明理学的是王煜,可王煜是铺散型的,广度很够,著作量很丰富,但没有深度。唐端正对师说守得很紧,但不能开阔。其实自非嫡系的金耀基在1977年就任院长以后,成立钱穆讲座,龚氏学人,明裕基金,继续发展新亚精神。在我的通力配合之下,积极推动海内外的学术文化交流,促成李约瑟、狄百瑞、朱光潜、贺麟、冯契、张立文等访港,使新亚在不同方式之下,维持当代新儒家中心的地位。"

"从1981年到1999年退休,我在香港中大一直做讲座教授。至于1999年我从中大退休以后的情况,前面已经介绍过了。至今为止我的经历大致就是这样了。我早年遭遇乱世,能有现在这个样子,真是一个异数。记得当年在上海时,飞机投炸弹把我家的墙壁炸出一个脸盆大的洞。还有亲友看到日本飞机轰炸时,一个黄包车夫的脑袋被弹片削掉了却还在跑。每天都在恐惧中,哪里想到还会读书。"

三、哲　　思

勋按:引述《儒学的复兴》(2006,刘述先著)第一辑之《儒学、佛家与西学的对话》首节:"回到儒学、佛家、西学三者的问题,如果推到最后终极关怀，都是自己内在的抉择，无法妥协；所以梁漱溟的终极关怀是佛家，熊十力、牟宗三则是儒家。而我则比较特别，受父亲影响颇深，他总是说：'儒释之道如日月经天'，在肯定儒家之余，最后归宗华严。"这便是述哥要面临的抉择？

述哥回忆："我十几岁离家到台湾，我父亲写信给我，说他最佩服熊公，所以我大学暑假时，就跑到图书馆一气读完熊十力先生的《新唯识论》，迥心向往，由佛归儒，确定了自己一生的指向。"这是表达直白的终极选择，涵盖了他一个甲子的治学史。现在便要赞家父两句了：父亲是在1951年开始同熊公论学的，一开始便有分殊，但互相欣赏，并不强求同道；述哥是1949离沪赴台的，家父介绍述哥读熊公著作的"中秋述览"是在1954年，述哥已离开五年，他同熊公的论学歧见已见端倪，仍不改对激辩对手的欣赏，甚至让自己的长子去读对方的书，间接"培养"了一个思想独立于父亲的儿子，这就是家父对探求真理学识的态度。他不在乎培养一个传人，"传人是人为的，不独立的，听命于前辈的！"他更在乎造就一个学者，"学者是自知的、独立的，膺服于真理的！"这是家父1960年对我说的，面临经常不能通邮的情况，他说："你三哥长期不在我身边，他可以把握自己，假如他是我传人，我已输了；假如他是真学者，便该有自己独立的抉择！这是源于古训的北大独立精神……"所以，述哥治什么思想不是父亲的选择，但作为一个学者，能否把握到世界的真精神才是重要的！可以讲，述哥的成功，便是父亲的成功。述哥的开放治学意识，便来自父亲的启迪：他是推崇包容的。

述哥写道："佛家讲'空智'，儒家则讲'性理'，一虚一实，在这里是不能会通的，你究竟是佛还是儒？你必须自己抉择；在抉择之后，不必要采取排他主义，你依然可以肯定别人的优点而承认自己的缺点。这一段同家父的包容是衔接无痕的。"

"我的思想基本上可以用三个命题加以概括，就是'理一分殊'、'两行之理'和'回环'。'理一'是我们的终极向往，而实际上我们无时无刻不在'分殊'的状况中；但我们虽然在'分殊'的状况中，却又总是在追求'理一'。例如人们总是企望无限，但无人不是有限的；而人的有限性却又从来不能阻止他企望无限。又如不同的文化传统之间总会有相通之处，但这种相通只是一种极小的通，不可能是极大的通，相反，各个文化传统的发展可以形成极大的差异；但这种差异性却又不是一定要走向相互敌对的地步，彼此之间还是可以求同存异，这就体现了多元价值融通的理念。还有近年来的一个奇特倾向，也可作为'理一分殊'的例证，就是 glocalization。glocalization 是 globalization 与 localization 这两个单词的拼合，globalization 意为全球化，localization 意为本土化，所以 glocalization 的意思就是'全球—本土化'。这种倾向表明当今世界正是在普遍性的'理一'和特殊性的'分殊'这两极之间移动。各个地方都在趋向全球化，同时又都在保持本土性；但虽然都在保持本土性，却又都在趋向全球化。再比如一滴海水与整个海洋的关系，一滴海水的质素甚至与整个海洋完全一样，但一滴海水仍然是一滴海水而不是整个海洋；可一滴海水虽然不是整个海洋，却又相通于整个海洋。如此等等，都表明'理一分殊'的普遍意义。"

"所谓'两行之理'，既可作为'理一分殊'的另一种表述方式，也可用来表述其他面相。就'理一分殊'来说，'理一'就是一行，'分殊'则是另一行。就其他面相来说，主从、一多、同异、真俗等等，也都是'两行'。形上形下、大千世界、万事万物，都只能有'两行'。这一点我同意牟先生。傅伟勋曾批评牟先生的'一心开二门'说，认为应该有多门，这实际上是傅伟勋不懂。按佛家的说法，只能有真、俗二谛，真谛就是'理一'，俗谛则是多元，一多相容，所以只能一心开二门，没有说一心开多门，多门就不相干了，二门就是多门嘛。一与二、一与多，意思一样。所以牟先生批评傅伟勋根本不明白这个道理，我同意牟先生。"

"基于'理一分殊',可以认识到超越与现实总是处在一种动态的张力之中,这给我们的一个启示是,我们不能最终脱离自己的有限性去把握别的东西。有限只能通于无限,但有限却永远不能同于无限。如果说有限同于无限,就是僭越,就是以偏概全,就是悖理的,就有逻辑矛盾;而逻辑上若有矛盾,存在上就不可能,就不能存在。有限通于无限,就是'理一分殊'。有限就是'分殊',通于无限就是指向'理一'。我所说出来的'理一',也就是通过我的有限性所反映出来的无限,那已经不是无限本身了。没有人能够反映出无限本身。所以所谓'一即一切'只是相即的关系,而不是等同的关系。决不能说我能够拥有那个'一切',只是在一定意义上我可以体现那个'一切'。在这个意义上,我与那些信仰绝对'大同'的人有很大差异。那些人相信有朝一日差异将会泯合无间,存有界达到完全同一;而我认为只要牵涉到具体生命,只要落实到现实,这种情况就不可能,就一定有差异。我们都是指向'大同'理念,但这个理念在任何时代都不可能充分实现。在现实的分殊的层面,总会存在矛盾,并不因为有一个超越的'理一'就能够泯灭矛盾。但'理一'又可使矛盾在一定阶段一定程度达至某种调和。"

"有限永远不能同于无限,这是一个方面;另一方面,有限又永远可以通于无限。因此,宇宙人生都不是封闭系统,而是开放系统,处在永远的回环之中——由内在到超越,由超越到内在;由局部到全体,由全体到局部;由具体到抽象,由抽象到具体;由对立到统一,由统一到对立;由多到一,由一到多;……不断回环,无穷无已,永不封闭,永远开放。《易经》的最大智慧就在这里,全部六十四卦,第六十三卦是既济,第六十四卦则是未济。《易》之三义包含不易,就是绝对的'理一';又包含变易,就是相对的'分殊'。单讲不易就成为绝对主义;单讲变易就成为相对主义。唯有不易与变易相契合,才构成生生之易。《易经》六十四卦系统不是一个封闭的完成,而是一个开放的完成,是一个永远不会终结的辩证过程。劳思光老是批评儒家是一个封闭系统,我很不同意。我表述的儒家睿识,完全不是一个封闭系统。"

关于如何理解这三个命题是一种宇宙观和方法论,用以看待大千宇宙、人文世界乃至人类心灵的种种事物和现象;述哥说:

"这三个命题,在第一个层次上是方法论,是对客观世界的抽象概括,又可据以把握客观世界;但在第二个层次上,也是形上学,表明本体与现象互相涵蕴;还有第三个层次是实践论,可以指导思想和行为。这三者也是一个回环。"

"谈到本体,我如何来界定'理'?我所谓'理',是不能加以界定的。不加界定的'理'才有超越性。而一旦被言说界定,就有了限定性,就不是'一'而是'二'了,也就不是'理一'而只是'理一'在当下的一种呈现了。所以我所谓'理'是一个'道可道,非常道'的存有,只能够意会。"

当被问及:"您这是不是用儒家范畴构成一个普遍性的框架,来包容一切有限的事物和现象?如果是这样,那个形式化的'理'就仍然体现了您的文化背景和价值取向,这是不是仍然有判教的意味?"

述答:"我有隐涵的判教,也就是说我有自己的终极信仰。不过我并不强迫他者接受我的判教,因为一切判教都没有普遍性,基督徒总是会把基督教放在最高层位,儒家也同样会把儒学放在最高层位,唐先生也不能避免这一点,他的九个境界,最高的还是儒家'天德流行境',非儒家人士就不会接受这种观点。Neville(南乐山)等人作为基督徒,可以开放给我们儒家,我们儒家也应该开放给基督徒。所以我对'理'不加界定。"

谈及《终极信仰与多元价值的融通——刘述先新儒学思想研究》(姚才刚)所揭示的终极信仰与多元价值融通的主旨:"认为这样处理终极信仰与多元价值的关系,既具有合理性,又十分巧妙。合理性在于,一切现实的价值当然都是相对的、有限的,当然要通过回环而不断通于个'理'。巧妙则在于,隐藏了价值内涵之后,那种以儒家范畴构成的普遍性框架,就退而可以避免他者的批评,进而可以消解并且包容那些自以为是绝对的、独尊的思想体系,这在儒家仍然处于弱势的时势下是特别有意义的。"

述答:"那本书对我的思想体系的表述大体是可以的,不过我现在的思想比姚才刚那本书中所表述的内容又有了进一步发展。其实我的思想体系并不能解决现实中的争端。理念并不能平伏现实中的冲突。尽管理念可以相通,但现实中还是会有矛盾冲突。当然,现实中虽然有矛盾冲突,但理念是可以相通的。"

勋按:述哥当时虽年逾古稀,但仍然身体硬朗,心态安宁,思维清晰,又落脚于中研院文哲所这样一个具有优良学术环境和丰厚学术资源的所在,是否打算以著作方式完成自己的思想体系呢?

我得将往事追溯到60年前,在台大哲学系念书时,述哥"日以继夜,心无旁骛,勤奋攻读,先掌握了中、西、印三大哲学源流,继究心当代思潮。少年时狂妄无知,梦想通贯世界哲学,综合古今中外智慧于一炉,建立自己哲学的大系统。这样的想法虽不切实际,却暗合于由博返约的学术途径,为我积累了宝贵的资源"。这便是少有大志,后生可畏。对比他现今的认知,我感受到了力量、底蕴和睿智。

下面的三段认识是透析的,袒露了60年后的变迁,他不隐晦自己的观点,我将其在五年前的回应,分为三个自然段落后,便于分段解读:

一、"是否完成体系也很难说,就自己的机缘,能做多少就做多少。有了基本理念,要具体铺陈的话,也就是把材料加进去而已了。就像唐先生的'九境',也是有了基本思想,然后将具体材料加进去。"

"不过体系这个东西,孔子有孔子一套,孟子有孟子一套,程、朱有程、朱一套,陆、王有陆、王一套,唐、牟有唐、牟一套。体系一旦完成,就成为一定。"

二、"可是宇宙人生不会到此停止,宇宙人生永远是开放性的。人造的东西终究有限,它或许可以开放给无穷的时空,但毕竟会接受某些东西而又排斥某些东西。一个个体所能做到的极至,就是完成于不完成之间。人生一世,既不能不完成,但他的完成又不能阻止宇宙的运行,也不能阻止别人去发展新的体系。"

三、"我既然讲开放系统,就不会企图造出一个空前绝后的体系,那就是自相矛盾了。黑格尔犯的最大错误,就是总想制造一个空前绝后的体系,宣布一切到此终结,我认为这是悖理的。你本事再大,也只可能有限通于无限,不可能有限同于无限,否则就是僭越。人所能做到的极至,就是通过有限的生命与无限相通,所以不是一个封闭系统。可是我做出来的东西必然部分是封闭的,一本书写完了,有什么东西也就在这本书里面了。"

现在该为述哥口述的本文写结语了:因为又过了五年,吾长兄已八十又一!在我们五兄妹丰硕的2014年,述哥迎来了他的八秩金寿,台北的庆典显示了他登临高阶的辉煌殿堂,更昭映了他八旬长者的虚怀若谷。在他的著作全集集稿待发时,在我们兄妹合编"刘静窗文存"即将问世时,我谨代表全体弟妹献上我们最美好的祝福!

其实,结语是不该幼弟来写的,请重温第二节敬录的述哥人生格言吧:"因为格言的恪守,便是理想的呈献!"

劭注:本文撰于2015年3月4日。摘引及参考资料为:

1. 胡治洪:《南港烟春识真儒:刘述先先生访谈录》,《武汉大学学报(人文科学版)》,2010年第1期。

2. 刘述先:香港科技大学人文社会科学院包玉刚讲座系列

发表之《儒学的复兴》,2006,天地图书。

3. 刘念劬:《我的艺术人生》(自传),上海音乐出版社(待出版)。

[附]简历

刘述先,字衍言。

1934年8月11日,即民国廿三年甲戌七月初二子时生于上海。

中国著名哲学家,学贯中西,会通古今,以构建新儒学、弘扬新儒学为己任,被誉为当代"新儒学"第三代的代表人物之一。(见《剑桥哲学辞典》《中国哲学百科全书》《伦理学百科全书》等书)

1949年,与堂兄冠先负笈台湾。从此长时间与家人阻隔两地。

1951年,考进台湾大学哲学系。

1955年,获文学士学位。受业师方东美先生影响,从酷爱文学,到宏阔的文化哲学和比较哲学构架,树立了融通古今中外哲学,博览当代西方哲学,最后回归中国哲学的睿识。

1958年,取得台大硕士学位后,由父执牟宗三先生引介给徐复观先生,聘任东海大学教通识课程。

1958—1961年,担任东海大学讲师;1962年升任副教授。与牟宗三先生朝夕过从,归宗当代新儒家,作为自己的终极关怀。

1964年,取得南伊利诺斯大学(Southern Illinois University at Carbondale)全额奖学金,赴美国攻读博士学位。

1966年,取得博士学位,留校执教,任助教授、副教授。开拓中国哲学与比较哲学的领域。后研究转向,屡发英文论文向西方推介儒家哲学之意涵。同时,继续中文写作,发表《文化哲学的试探》(1970)、《生命情调的抉择》(1974),对当时的年轻人有广泛影响。

1974年,升任美国南伊利诺大学正教授(永久职务)。

自1971年,初访香港中文大学新亚书院后,至1980年此十年间,来往穿梭于香港和美国之间。针对1972年中共进联合国等时代敏感事件发表评论。1980年出版《中国哲学与现代化》,奠定了第三代新儒家的地位。

1981年,受聘为中文大学哲学系讲座教授。辞去南伊大的职务,举家迁至香港。专心弘扬新儒学思想、延续发展新儒家命脉。

1982年,应邀参加在檀岛举行的国际朱熹会议,继而出版《朱子哲学思想的发展与完成》(增订三版,1995),汲取牟宗三(哲学义理)、钱穆(思想史)之睿识而自成一家言说,荣获金鼎奖,成为国际知名的朱子哲学专家。

1982—1999年,编著出版了数本有份量的论集。利用香港的地利优势,推动海内外学术文化交流,使中大哲学系继续保持当代新儒家中心的地位。出版英文书《论儒家哲学的三个大时代:先秦与宋明,以及现代》(1998,2003),向欧美推介新儒学的研究成果。

1999年,从中大退休,担任台湾中研院中国文学与哲学研究所特聘研究员,出版论集。

2004年,再度退休,留任中研院文哲所咨询委员、兼任研究员。

2005年起,应聘政治大学哲学系兼任讲座教授。

2006年,应聘香港科技大学,任包玉刚杰出访问讲座教授。耄耋之年继续学问和教学的学者生涯。

2016年6月6日逝世于台北,终年八十二岁。

父亲刘静窗,毕业于北京大学经济系,不追随五四反传统潮流,儒佛兼修,言传身教对其子影响甚巨。故其年轻时努力介绍现代西方哲学;留美时又以英语介绍中国哲学之睿慧,成为深研中国哲学之契机。后编撰《熊十力与刘静窗论学书简》(1984),彰显父亲之治学风采。

格言:知其不可为而为之,旨在谋求地球永续与人类持存。《易》曰:"天行健,君子以自强不息",坚定信念!生命完成于不完成之中。

曾荣获 Budapest Club, Honorary Member(1998年)、金鼎奖

(1982年)、Phi Kappa Phi Honors Society，Member(1966年)。

曾任国际中国哲学会会长(1987年于美国圣地亚哥发表当选就职演讲)，新亚人文丛书主编及国际儒学联合会第二届理事会副理事长(1999年)。

父亲的精神境界与独立人格

刘任先

2004年,为新儒家第三代哲学大师刘述先教授七十寿辰之秩庆而发起的儒学、文化与宗教主题的世界哲学会议,在台北举行,汇聚了两岸三地知名学者,我接受了邀请,以论文《刘静窗先生的精神境界与独立人格》将父亲介绍给了当代哲学界。为了取信,当时以完全引用父亲的原著的方式来表达。

相隔十年之后的今天,劭弟发起父亲诞辰一百周年纪念,承担主编和参与注资,出版《刘静窗文存》,又适逢《清水刘氏九修族谱》《刘述先先生八秩寿庆论文集》和《刘述先全集》出版,诸缘汇聚,才重新启动我对父亲遗稿的校勘工作。

在三次校勘父亲遗稿后,父亲的精神境界与独立人格在心中回荡不已。在《刘静窗文存》面世之际,决定以父子情深的近距离方式再写续篇,就有了特殊的意义。这是本文写作的契机,以为父亲百年诞辰的永久纪念。

一、早年的家庭迁徙——昆明之旅

父亲在北大红楼上学时间不长,抗战爆发,举校南迁昆明,组西南联大。首先面临军训的生活,分配在绰号豹狗的师长军营中,首次面对军阀豹狗的斗争。

豹狗师长专横腐败,克扣学生军粮,学生吃不饱,压制着一股怒气,敢怒不敢言。当爪牙的枪托击打学生时,一学生忍无可忍,用手中的饭碗劈向爪牙,学生一哄而起,发生哗变。充当爪牙的下级军官一时不知所措,都退缩回营盘。父亲被推选作为领导者,与学生约法三章,保持严明纪律,连夜急行军离开险境,赶到昆明待命。父亲作为学生领袖与豹狗的上级军长谈判,取得胜利。学生军训调到昆明,受到了优厚的待遇。显示了父亲聪慧的辩才、果断的意志、高瞻远瞩的组织能力。又以慷慨热情交游,赢得了师生的信赖,成为同辈的佼佼者,他们送给了父亲一个绰号"春风"。

母亲时年才二十四岁,在长沙生我三天,就要躲地洞,以避日机轰炸。未及满月,当局下令坚壁清野,火烧长沙,每家门前一桶火油,才不得已离去。祖母、母亲和堂姐三代女眷,携着两位堂哥、四岁的述哥,怀抱着我,雇了一辆车,幸因两个年轻军官搭车,站立车厢两侧,沿途得以秋毫无犯。当时的形势,学生抗日救亡运动如火如荼,刚结婚的新娘在黄包车上,被日寇轰炸的弹片削去了脑袋;到处伤兵,变成游寇抢劫;沿途充满动荡不安。祖母又担心那年轻军官是否看上了我家女眷。一直到汽车越过整个防区到达安全边界,这两个学生般的年轻军官才礼貌下车离去,祖母才松了一口气。祖母说,那年轻军官一定是观世音菩萨派来的保护使者。其时,湖南正战云密布,一场国军与日寇的殊死恶战在即,我们会永远怀念那为抗战献身的正义军人,安葬在湖南的寂寞孤魂。

由安南（现在的越南河内）出海防，再由缅甸入境，经过蒙自，少数民族聚居区。经月辗转，千辛万苦，终于安全抵达昆明，依父亲而择居呈贡。在内陆边隅，刚刚建起一个相对安定的家。每周父亲由昆明回呈贡省亲，还有同学和老师，周末来家聚会，高谈阔论。父亲当时的心情，可见于《自呈贡之昆明道中微雨口吟寄蕴〔母亲〕代书》。

一个假期，父亲外出后，正打算返回昆明。遇到一位老太太，带着大包小包的行李，托运怕人偷，拉着父亲帮忙坐四等统舱，那老太太竟把父亲当作自己的儿子一般，诸事拜托。火车因为日寇的轰炸而屡屡停开，走到半路，干脆把这节车厢摔掉。经父亲去反复交涉，才勉强挂到下一班火车上，终于到站，有亲人来将老太太接走。父亲因此得以轻装回昆明。到达昆明已是半夜，需要经过一个深密的树林，才能到达呈贡。雇了马夫，马蹄"咚"的一声踏入水中，半夜三更，响声在幽静的树林中回响，传向远处，这种情况，经常发生劫财害命。父亲安全进入家门。最初家人难以置信地惊愕，然后唏嘘不已。因为父亲原来乘坐的火车班次在进入山洞前，已被日寇全部炸毁，全部遇难。父亲竟因老太太的拖累滞留而逃过一劫，幸免于难。

昆明这个城市留下了许多美好的记忆：四季如春，翠湖松岛、怀昙寺美景难收；但另一方面，日寇侵略，多少同胞，妻离子散，家破人亡，到处充满战争的创伤；狂轰滥炸，留下疮痍满目。中国的热血青年心中积淀了多么沉重的抗击日寇的精神荷担。

父亲在昆明与同学合租居住，许多住房荒无一人。他们的房东只剩下一个看守，每天进家门之前，恭敬站立，喃喃自语后，脱帽敬礼，才敢进屋，行动怪异。父亲和同学居住的房间顶上，半夜突然一声巨响，立即掌灯巡看阁楼，只有一张方桌与阁楼同高，找不到发声的原因。

父亲毕业回沪前夕，呈贡邻居一位退休高级将军请客，写对联为父亲送行，他家中四个儿子都参了军，服役陆军与空军，已全部殉难，留下一群儿媳寡妇,十分凄凉和悲壮。

父亲以优异的成绩破格提拔,免去两年助教资历要求,备选庚款留学预备生。但因祖母生病,父亲遂放弃留学机会,回到上海祖母身边。

二、沦陷区的第一次归隐——上海师从蒋维乔

1940年初夏,父亲自滇来沪侍亲,上海处于沦陷区,父亲不出去工作。

1941年,初识蒋维乔(69岁),谒见范古农。

壬午初,1942年震弟出生,写《三十自述》。

辛亥革命之际,蔡元培出任教育部总长,蒋维乔到部共事襄助。蔡元培辞职,蒋维乔也辞职回上海。以因是子静坐法闻名于世,也在沦陷区隐居。

蒋维乔先按道家功,后改学天台止观,晚年65岁学藏密颇哇开顶法。1941—1943年初,父亲师从蒋维乔学静坐。很快出现小周天、大周天现象,以及《童蒙止观》指出的种种现象。一天晚上,巨大生命力冲出顶部。耳根最后失聪,灵魂出窍,拼命向回拉,耳根首先复聪。请教蒋维乔,他没有回答。父亲连续几天出现这种状态,感到有生命危机而缺乏老师指导的恐惧和困惑,所以父亲逐渐放弃练习此功,继而转向佛家的禅宗和华严。

这时1943年初的蒋维乔已是71岁长者,我查考他的《我的经验》一文,已在开顶之后。为什么保持沉默,不得而知。道家有圣胎初成的描述,西藏密宗有颇哇(破瓦)的描述。

为什么不答,想是没有把握,这正是一个真正学者的朴素本色,我感到钦佩。

我自己并没有生命离体的经历和经验,所以无法进一步谈论这件事。但是,在学习静坐中,小周天、大周天,以及《童蒙止观》指出的过渡现象,我都亲身经历过。所以我对经络系统的存在,及其对养生治病的重要意义确信无疑。

我中学毕业前夕,父亲修书让我单独去一一拜见他的师友,其中一位就是蒋维乔,那时他已84岁高龄,言谈之下,他问我为什么不直接跟父亲学静坐。似乎仍然介意当年父亲离他而去。当我表达了诚意后,他约我一周后详谈。后来来信说,有北上的紧急任务不能践约。直至听到中央文件毛泽东主席关于"自信人生二百年"、"废止朝食论"的言谈,那明明是蒋维乔的话,才推断蒋维乔北上是指导毛主席静坐。

1958年,蒋维乔已86岁,大跃进时代政治运动如火如荼。一天,他对儿子说,他要走了,上楼静坐而逝。

三、临济宗传宗祖师应慈老和尚之缘
——华严境界的契机

父亲在《重印华严法界玄镜跋》有这样一段叙述:

"曩岁销夏中庭,夕阳既西,凉风微引,杯茗缕香,幽怀独欣。忽尔身心豁朗,冲融无际。倏焉而我——镕会于虚空,倏焉而虚空——销归于我。卷舒弥藏中,心潜其境,莫道所以。少小喜作山游,攀临危峯,俯仰两间,亦多此趣,意恒在林泉外也。庚辰之夏,侍亲沪渎。值天下板荡,朋侣星散,闲居寂寥,渐渐游心内典,始知有佛;既而谒见嘉兴范古农居士,窃道所以。曰:'是殆所谓华严境界者欤!'余默识之,始知有华严;自后从蒋竹庄先生游,先生数称道拈华老人,始知有本师。一夕冬夜,读紫柏老人集,至释毗舍浮佛偈文,邃触疑情,坐卧俱非,至忘寝馈者,浃旬而后已。繇是参访之忱,炽然不可遏止。癸未蒲月,初谒师于城南慈云寺,师慈悲摄受,如故相识,以二箧篮,分置东西,具示权实微旨。一承棒喝,不觉有三日耳聋之概。既而从师受杜祖法界观门,昕夕研穷,孳孳靡间,演及一尘不坏而遍法界时,拍案惊叫,叹为希有。至于周遍含容摄入无尽奥义,触露旧境,若归故物。一时悲喜并集,不自知其涕泪之奚从也。繇是稽首毗卢,服膺华严教海。"

癸未(31岁)蒲月端午节(1943年)前,一个偶然的机会,去老西门散步,小书店淘书,忽然感到眼前出现的路径和景致十分眼熟,顺着下意识的诱导,不知不觉地走到了城南慈云寺印月禅室,老和尚亲切欢迎他,一见如故。以三个箧篮和筷子比喻,讲解华严境界。竟和前几天做过的一个梦完全一致。这就是初谒应师的奇缘。

从此,以临济宗传宗祖师应慈老和尚为师,受杜祖华严法界观门,倾心研读。

对于梦的传奇:父亲曾请教过张遵骝伯伯的妹妹张遵颂,山东大学心理学教授,她说起苏联专家谈心理学禁区有许多关于预梦和前兆的例证。如普希金临终决斗前,爱犬死死咬住他的衣服不放。以及爱因斯坦的故事。

甲申重阳月(1944年)写《华严法界玄镜跋》。

甲申十一月十八日(1945年元旦)有《印经后记》。

四、抗战胜利,出山,解缆放船

乙酉五月廿八日(1945年7月7日)中午,祖母逝世。同年8月15日,日本投降。所以父亲说是大悲大喜之年。

内地抗战的师友到了上海。刘毅推荐父亲担当联合国善后救济总署重要职务。

怀念父亲刘静窗

父亲在人生哲理上的修养实践也进入了深入堂奥的层次。

祖父突然亲自来到父亲面前,问父亲为什么还不出去工作。这时父亲才决定接受工作。用他自己的话来描述他当时的心境:"我的人生已经可以进入'解缆放船'的阶段。"意谓,在纷乱的世事面前不会迷失方向。

父亲谦诚的君子风格与治家的严厉,恰成对照。父亲刚进总署工作,我只有七岁,刚从幼儿园进小学。因为总署医疗室可以为职工的儿女打防疫针。父亲给了医生一个授意,就去办公室上班了。等父亲走后,我突然被一帮护士摁倒在床上打了一针,随即爆发出一句粗口,显得缺乏教养,丢了脸,输了理。父亲事后知道了,立即向同事道歉,回到家中,用戒尺之类,重重地把我打了一顿,令我终身不忘耻辱。

后来,"善后救济总署"的任务面临结束,由李卓敏负责组建"善后事业保管委员会"。当时总署的工作人员即将面临失业,人心惶惶,工作不安心,都在极力谋求新单位的工作位置。唯有父亲,心如止水。因为他处在领导位置,一心忙着善后救济总署的结束收尾,仍在日以继夜的工作。直到李卓敏亲自去请他出任新单位——善后事业保管委员会的领导工作。李卓敏对父亲说:"唯有你没有对我说过一句私话!"

父亲说,在领导中,同事翁为,非常廉洁,他手上管理着联合国拨来的巨大资产。每天接送他的汽车,太太可以顺便搭乘去买菜。但是,汽车不允许为她打弯。所有的外国同事送了翁为一个称号"Typical Chinese"。

他们这个机构归属联合国与中央行政院双重领导。在他办公室,有一位国民党的老官僚,看到父亲行事的坦荡公正,表示佩服。就悄悄告诉父亲说,他实际上是蒋介石派来秘密监视父亲的,从此以后经常给父亲讲述蒋介石官场的掌故。

一次,单位组织游无锡。清晨,细雨蒙蒙,父亲到车站,服务人员说,因为有雨,其他同事都又回去了。父亲决定照原安排登车,到无锡后,有酒席欢迎接风。父亲说,他不需要酒席接风,各自自由,他一个人单独旅游。父亲留有鼋头渚的照片。在游玩中途遇见一小孩用绳索捆着鸟叫卖,父亲给他钱,叫他放生,看到小鸟自由冲入天空,心中愉快。天气转晴,尽兴而归。解放以后,才知道,这些服务人员中,许多都是地下党员。突然变成领导,请父亲上台讲话,父亲则坚持推让,请翁为上台讲话。

五、肾脏手术,第二次隐居——《华严观要》

1950年父亲肾石开刀前,写下了《庚寅遗言》。十月,举国进入抗美援朝。

1951年春,病中作《观海钩玄》一文。

1951年秋,《华严观要》编撰完成。这是父亲的一篇力作,指导着依文字起观照,依观照证实相的般若智慧之路。

在《华严观要读法》中,明确指出:

> 杜祖法界观门,以寥寥二千七百五十三言而括圆顿奥旨。千古极唱,无逾于斯。余于癸未蒲月谒本师应慈上人,得受此书。昕夕研穷,叹为观止。嗣读钱谦益氏《心经略疏小钞》,则宗贤首略疏。钞附连珠、慧灯诸记,以见义焉。钱氏比无智无得于泯绝无寄,而以略疏为初观枢钥,于以见杜祖贤宗,血脉连贯。诚笃论也。夫习教不至于无智无得,般若不现。修观不至于泯绝无寄,真空不成。李公通玄所谓"达本情忘,知心体合"者是也。趣菩提者,率由二空。证二空者,谛观五蕴。则清凉五蕴观文于心经蕴空之旨,亦针血之论也。是故本杜祖法界观门为宗,次贤首清凉

重重趣入。枢钥在握,扃键皆张。忘言之乐,可胜喻欤!余于观门,三复涵咏。终以拙钝,究无所得。仰师法乳,惭忝时深。因习教观,体念微旨。勉集贤作,思当骥图。首杜祖观门,次贤首心经略疏,次清凉五蕴观。汇兹数作,陶融一味,脉络宛然,庶洽元旨。

题曰:华严观要,明所自也。清凉有言:"圣远乎哉!体之则神。"古贤深衷,旨趣遥远。岂余末学,能探幽微。譬彼村人,聊当曝献。庶体真之士,知所依止。繇兹解证圆宗,斯亦存乎其人也已。

父亲在《毗舍浮佛偈略释》中序言:

曩侍慈亲病,居海上,稍涉内典,苦未得入。至壬午〔1942年〕冬夜,偶见明紫柏老人释毗舍浮佛偈文,初二两句,才接目际,遽触疑情,挥之不去,寝馈靡间,浃旬乃已。三百余年,慈悲垂手,古佛深衷,略窥隙明,亦可念矣。近人每好断章取义,拈提偈语,婆心难见,窃惴惴焉。癸巳〔1953年〕冬日,因寒伏病,壁观自调间,前段公案,悠然现前,弹指已经十有二载,慈亲亦已弃养九易岁矣。无常迅速,可胜道哉!故为略释,少酬宿因。偈为禅源,摄无量义,惟宗门下剿绝言思者流,勉可证知,余无分也。滔滔浅言者,庶有知止者乎?

同时,校雠小品大品二经,复以余力辑《正法眼藏》,以为应师纪念。见文存《正法眼藏》编余赘语,壬辰十一月初二日(1952年12月18日)。

1952年,虚云、应慈、圆瑛、来果四大僧人聚会上海,为佛教界一大盛事。

我还记得参加一天虚云的"打七",当时他已有一百一十三岁高龄,给我摩顶以示关怀;玉佛寺一餐一个大包子和罗汉餐,给我的印象也很深。父亲则随侍应师和虚云之间,并带我去见了圆瑛、来果。来果次年圆寂于上海,纪念的人潮曾惊动一时。虚云没有接受佛教会会长之衔,而去了江西云居山,身居孤境,六年后,世寿120岁示寂。父亲曾有诗句回应和警策虚云座下侍者的游戏诗文,可参阅文存的诗稿。

六、与熊十力书简的友谊三部曲

父亲与熊公两代人为真理献身而终身不渝的真挚情义,成为我内心最宝贵的人生激励。

他们的根本区别在于熊公的终极归属在立言,成为当代新儒家祖师;父亲的终极归属在亲证,成为追求真理而献身的典范。

1. 熊公举明朝吴康斋、陈白沙交游的故事,邀父亲北上。似有相识恨晚之慨。结果,熊公移居上海青云路靠儿子居住,第二次再移居淮海路独居,与父亲可以经常相见。

2. 学术大辩论:从相识、相见到多次辩论,就像层层剥笋,一直到达人格的核心,理论的尽头,与学术修养的肯定。最后,超越年龄与学养的障碍。互尊所学,和而不同。

3. 平常心——完全的生命的信任

熊公说:八年来,唯吾子终始相亲,慰孤老,相依为命,吾何能忘你乎?

进入坦诚的无忌讳的内心交流:

(1) 熊公说:他曾因神经衰弱去杭州长期修养,在修养期中,忽然发现眼前的世界像纸做的一样,成幻境流动,持续好久。父亲说,这是天台宗空假中三观修行中的假三昧境地的呈现。

又一天,大雨滂沱,祖父叫景书叔来请父亲马上过去,描述了静中,忽然虚空粉碎大地平沉的莫名状况,请父亲判断和证明,父亲说这是空三昧的境地。

(2) 不疑何卜

熊公病中,托父亲找人帮他占一卦。父亲回信:"卜筮之验,不谓必无,实难其人。信口滔滔,江湖衣食之辈为多,斯可取信者寡矣。传有之,卜以决疑,不疑何卜。以先生之明,愿不以是为介也。"以理服人的方式加以劝阻。

(3) 熊公和父亲交流了偶然接触到中阴身的经历:

熊公说:他在革命旅次中,一天傍晚,突然梦见胞弟站在他面前,惊醒过来,全身毛孔直竖,记下日记。后来回家乡,才得知胞弟就是在托梦那一时刻而离世的。

父亲在联合国驻上海的善后救济总署任领导职,去湖南长沙视察。晚上梦见同学张岳,突然惊醒,全身毛孔直竖。张岳,西南联大毕业后回湖南老家探亲,没有音讯。托梦第二天,父亲马上发动朋友寻找,得知张岳毕业后因为路费不够,中途患病滞留长沙,在医院中与护士结婚。在医院中刚刚病故,正是托梦那一刻咽气。由父亲筹集资金为他安置后事。

一天上午,父亲正在天井藤椅上假寐。忽然,见我的一位堂姐的丈夫,五哥哥,推门进来,叫了一声叔叔,父亲突然惊醒,全身毛孔直竖。不到一个时辰,就来报丧。

后来我阅读美国伊文思·温慈博士编辑西藏喇嘛达瓦桑杜传承莲花生大士的经典《西藏度亡经》,才知道人的死亡过渡有"中阴身"这回事的权威的详细叙述。以后又读了在美国的西藏转世灵童出生的学者索甲仁波切著的《西藏生死书》中文译版,而后又追寻了英文原版 Sogyal Rinpoche,*The Tibetan Book of Living and Dying*。

我是做科学研究的资深教授,我的科研成果和经验,根源于我远离荒诞的严谨治学态度,以及我决不会轻易放过一个人生的疑点和启示,保持锲而不舍的精神。我们的先驱牛顿、爱因斯坦、霍金等都是这么做的,在探索真理面前,不可以顾忌和退缩,这是一个学者的本色。

七、父亲对我的教育和他的精神与风格

1. 他对我的教育

（1）父亲引顾亭林的格言"博学于文,行己有耻"做我的座右铭。

我从初中开始,假期要学儒家的《论语》《孟子》《大学》;学佛家的《般若波罗密多心经》《童蒙止观》《老子》《庄子》《读史记》。

又让我读以西洋学派为主的姚璋著作《八大派人生哲学》,他分三大主要思潮:中国、印度和西洋,介绍十五位哲人。中国举老子、杨子、墨子、孔子;印度举佛陀;西洋举斯多亚、康德、叔本华、爱辟口罗斯、边沁、弥尔、达尔文、斯宾塞、苏格拉底、亚里士多德。

当时,看到别人放假可以玩耍,我却没有时间玩,感到苦。长大以后,具有广泛的阅读兴趣和能力,这是托父亲之赐。

（2）他一再教育,又临终嘱咐:"要顶天立地,挺起脊梁骨做人。"

王阳明云:"无声无臭独知时,此是乾坤万有基。"

引辛弃疾的词:"正直相扶无依傍,撑持天地与人看。"

又说:"人不可有傲气,但不可无傲骨。"

在上海九曲桥的湖上,看到豫园园主的雕像:穿着满清官吏的朝服、马蹄袖、长辫子,卑躬屈膝的奴才相。父亲说:这是中国人的耻辱。

（3）引用王阳明"允恭克让"的教导：

这是另一版本的"人不可有傲气,但不可无傲骨"教导。

王阳明赞扬他做官的学生邹东廓先生曰:"以能问于不能,谦之近之矣。"又叹其不以迁谪为意,邹东廓先生曰:"一官应迹,优人随遇,为故事耳。"文成默然良久,曰:"《书》称'允恭克让',谦之信'恭让'矣。自省'允克'如何?"先生歔然,始悟平日之恭让,不免于玩世也。

(4) 追求真理,决不论资排辈。

他的师友,他认为最好的,都推荐给我,让我独立请教,直接拜师。

他让我直接拜他的老师应慈老和尚为师,赐名大行。这是当年应师和父亲给我留下的最好榜样和教育。应师以九九老人的署名写了一副对联送给我:"勤修戒定慧;熄灭贪瞋痴。"可惜文革抄家时遗失。

(5) 要读史,以史为鉴

历史上的忠烈,例如江西庐陵家乡的信国公文天祥和他的《正气歌》。

正义和智慧是史官的灵魂,一个伟大民族的真精神得以不坠,是以英雄的生命和鲜血谱写了历史,而史官的刚正不阿,不畏权势,奋起直书,正是保卫了这种浩然正气的真精神。

文化史上的圣贤,孔子、孟子、老子、庄子。儒家斥责乡愿为德之贼,旗帜鲜明。

释尊拈花,迦叶微笑,开启祖师心印的传承,要读《五灯会元》宗教史。

(6) 真人真事的时代榜样

张遵骝、蒋天枢等纯粹的学者和至交在客厅的言谈,是学者良心的忧虑与交流,给我的印象深刻。还记得:谈论知识分子思想改造时期,熊十力三上毛主席论孔夫子;陈寅恪接受中古史研究所所长的条件是学术思想的平等、开放与学术自由;梁漱溟受到不公正的批判后的表态,公开引用论语的话回应说:"三军可夺帅,匹夫不可夺志。"表达了一个学者在高压面前的坦荡胸怀和不受屈辱的人格气节。

2. 父亲的精神在我心中的归纳

真诚为基,三个理念:

（1）主人翁的人生态度：自由心灵，自由意志，做自己的主人。

（2）师道尊严：服膺杜顺和尚倡导的华严法界观的重重辉映的超越时空境界。以《漩复颂》为座右铭。

（3）本地风光：不修饰，不做作，心灵坦荡。超越的心灵，灵光独照；智慧的涵盖，和光同尘。一切显本来，本来涵一切。

父亲说：我平生研理二十余年，读书差强万卷，于今年光老去，检点所学，十九不出光影门头，至可愧也。中于佛学，用力尝勤，契怀洽旨，始终无间者，亦惟《般若》《华严》二经，实乃穷体极用之谈。撮其要义，一言可尽，曰"本地风光"而已矣。

记得"大跃进"后，一年半都没有机会回家，一次我回家探亲，走进里弄，老远看见一个穿着灰色旧布长衫的干老头形象在弯着背，做公益，徐徐掏阴沟，走近一看那就是父亲。回到家中，进后门厨房里，一头伏在父亲膝上号啕大哭，父亲抚着我的头，良久相视默然。在父亲的诱导下，就像沐浴在春风中那样愉快，直到假期终结。父亲说他的身体已无力到车站送我。他拄着手杖，我们搭公共汽车来到桂林公园，桂花香满园，我们陶醉在晚霞之中，说着说着，天色渐暗，父亲依依送别。

三个理念互相融贯，圆满理念又不离初发心，所谓"精诚所至，金石为开"。初发心即圆满皓洁，辉耀天中。

依此理念，步步紧跟，不离当下。既是信仰，不含糊；又是日常，平常心。

八、期望、怀念与继承

父亲喜欢高山，会临绝顶，俯仰两间。巍巍乎，志在高山。使我仰望景慕。

父亲喜欢流水，逝者如斯，不舍昼夜。洋洋乎，志在流水。使我徘徜忘返。

父亲勉励说:"儿生于六月之望日,当夕之月,圆满皓洁,辉耀天中,愿儿一生自养其品与学者,勉若是焉!"

当我世事沉浮,急起直追,则父亲正在前面。

当我不忘做自己的主人,踌躇满志,则父亲原本就与我同在。

"头顶青天,脚踏实地,独立人格,自由决择。"这是我的人生格言与勉语,也是对父亲的追随和缅怀。

[附]简历

刘任先,字衍行。

1938年7月12日,即民国二十七年戊寅年六月十五戌时生于长沙。

1961年,交通大学机械系五年制本科毕业,西安建筑科技大学教授。

1984年至1986年,加拿大滑铁卢大学访问教授,承担加拿大国家技术开发项目,与蒙特利尔艾柯科技学院合作研究开发新型热塑齿轮传动、新型球面蜗杆传动、新型热塑齿轮传动、行星齿轮传动的综合与分析理论的发展等研究项目,多次荣获国家部委与省级科研奖励,为国际同行所瞩目。

1992年10月,国务院授予国家有特殊贡献专家证书。

2004年,为新儒家第三代哲学大师刘述先教授七十寿辰之秩庆而发起的儒学、文化与宗教主题的世界哲学会议,在台北汇聚了两岸三地知名学者。发表论文《刘静窗先生的精神境界与独立人格》。

2004年,又接受中研院中国文哲研究所邀请做访问教授,发表专题演讲《哲学人生与人生哲学》,讲述一生治学的心路历程。

2012年,赴加拿大与女儿团聚。

父亲的题词本及其他

刘震先

题词本是一本 16 开、用锦绣丝蒙面的折叠本子。这是父亲刘静窗先生在我 11 岁考取徐汇中学时送给我的礼物。

父亲享年五十岁,和我相聚仅二十年。但此题词本一直保留着熠熠发光的墨宝,伴随我度过了六十多个风雨春秋,就像一位希望精灵,展开金翅、手提金斧、劈向未来。激励我!鞭策我!推动我义无反顾地行进在苦难的岁月中。

在此,以题词本作为契机,打开回忆的开关,记述和父亲相聚二十春秋的点滴琐事。

一、石库之缘

母亲常说在怀上我时,妊娠反应十分强烈,楼下一根针落地的声音都能听得真切而烦躁,可是楼下住着大伯家,一个已拥有 9 个孩子的大家庭,伯母也怀上了堂妹葆华,在此大环境里很难闹中取静。于

怀念父亲刘静窗

是我父亲匆匆择居,从福禄村的小洋房,搬进附近的老式石库门里弄。公元1942年,农历壬午大年初三,我就出生于上海建国西路福德坊,号称上海市近代优秀历史建筑的老房子里。石库门房子夏热冬冷,隔音较差,住宅不舒服,所谓优秀只是其独创的建筑形式罢了。我们家在此一住就是40余年,父亲在世五十年,最后二十个春秋都在这里度过的,此地给我留下了太多太多的回忆。

当时敌伪统治,我家地处上海原法租界南边,隔一条马路就是污染严重的臭水河——肇嘉浜,隔着铁丝网是龙华镇大片农田。有日本鬼子持枪驻守巡逻,晚间实行灯火管制,粮食配给供应糙米和橡树面,生活十分困苦。有的农民为了生计,冒险背着大米偷越封锁线,常常被打死或狼狗咬伤。我父亲曾经用钱和药救助过伤者。

在如此困苦的日子里,第二年大年初三还为我办了周岁宴,父亲端了一盘物件让我挑选,我哭闹得很凶,勉强抓了一杆笔,父亲舒了口气说:"可学之才。"这时大伯上前一摸我的脑袋,惊道这孩子发高烧,还在"试周岁"?父母听闻,马上带我到襄阳路程天枢诊所急诊,万幸流感未转为肺炎。后来妈妈说起这段事加额庆幸,黯然又说起没有留下名号、长我十岁夭折的哥哥,白白胖胖、不哭不闹,竟在满周岁时接种牛痘,仅因长者说:"此儿健壮,是否加苗?"被庸医刘悟叔多接种一针,浑身起脓疮死于非命。妈妈说孩子那乞怜的目光终身难忘,后两年述哥出世绝然相反,不爱睡觉、哭闹无比,她喟然叹息说是报应啊!

在父亲的《三十自述》中,我的身影第一次出现了:"旧岁正初三日(从夏历计),复举一男,字曰震先,玲珑善笑,天真流畅,时时逗动人颐",便是在下。我排行老三,上有两个哥哥,大哥刘述先是当代大儒,新儒家第三代领军人物;下有弟弟妹妹,其中弟弟刘念劬,又是中国著名的作曲家,可见我这老三不简单,贬则帮他们吹喇叭、抬轿子;褒则承上启下,或会在他们的作品中露上一鼻子。

二、记忆之初

　　人老了,健忘了,奇怪的是成年的事情忘记得越来越快,但童年的不起眼的小事会时时跃现眼前,这大概就是留下的所谓"赤子之心"?

　　我对父母的最早的记忆,可以追溯到四岁那年:1945 年 7 月,海会寺殡仪馆举行祖母的追悼会。当时妈妈怀上幼弟念劬,已有了五个多月的身孕,我牵着她的衣角走进了灵堂。但母亲要跟随父亲接应络绎不绝的亲朋好友,她把我安放在一个太师椅上就走开了。我年幼无知,等得不耐烦了,就从椅子上滑溜下来,东张西望,再也找不到原有的椅子。于是号啕大哭,似乎灵堂中的一切都那么高大,我是那么矮小,都要我去仰视。我的哭声早已淹没在迎客的长号呜呜声、悼亡的号哭声和和尚的诵经声中。这是我到人间来走一遭,第一次领略娑婆世界的冷漠、无奈和孤独无援,就是佛祖所讲的"四谛"吧?许久听到堂姐淑华喊道:"震弟,怎么啦?"我答:"我要找妈妈!"她把我领回到母亲身边,我拽住她的衣角再也不松手了。后来修习气功,四岁时的场景又会跃现虚空中,似真似幻,不可解耶?

　　及长认字多了,看到父亲的写字台玻璃板下祖母遗像题词:"哀哀我母,生我劬苦。终岁辛勤,以育以抚。儿今成人,母已作古。慈悲音容,长留胸腑。呜呼痛哉,千言何补!"

　　从 1945 年祖母逝世到 1962 年父亲驾鹤西去,历时十八年,此题诗一直压放在红木写字台的玻璃板下、祖母遗像的位下长存如故,浸渍着无限的思念。据母亲说在祖母的追悼会上,父亲痛哭以至咳血;母亲也因治丧做七过度悲伤劳累,造成弟弟念劬幼年体弱多病。后四年,父亲又把弟弟的名字由"履先"改为"念劬",进一步加深对祖母的怀念。

我思忖父亲崇尚佛儒,放在第一位的应是"孝悌"二字,深为父亲对祖母的一片赤诚纯孝之心而感动。

《诗经·小雅·蓼莪》有"哀哀父母,生我劬劳"之句,父亲借典思母。诗句更为感人。想起其另一段诗文:"父兮生我!母兮鞠我!拊我畜我,长我育我;顾我复我,出入腹我。欲报之德,昊天罔极!",其译文如下:"父母双亲啊!您生养了我,抚慰我,养育我,拉拔我,庇护我,不厌其烦地照顾我,无时无刻怀抱着我。想要报答您的恩德,您的恩德就像天一样的浩瀚无边"!寄以我对父母的一缕感激之情。

三、公园走失

1947年,父亲在善后救济总署工作,周末大学同学刘萩、赵忠懿等人来家吃午饭,饭后余兴未尽,拟坐吉普游法国公园(即复兴公园),那时我才6岁,喜欢坐车跟风,也挤了上去。到了公园游人如织,他们边走边聊,我跟在后面边走边玩,在一片大草坪上我走丢了,急得大哭,后被园丁领到大门口,眼巴巴地等他们来认领我。后来他们来到公园大门,我激动地又哭起来,父亲只说了一句以后不要瞎跑了而已,至今记忆犹新。打从此后,我开始明白:大人的事千万不要掺和,否则大人稍有疏忽吃亏的是小孩自己。在弄堂里打打玻璃弹子也蛮开心,何必去跟风开洋荤呢?(我说的句句不虚,可有照片佐证。)

父亲是个喜欢交友,十分重视友情的人。1940年,父亲毕业于西南联大法商学院经济系,同期毕业生共计410人,有文学院72人、理学院95人、工学院77人、法商学院133人、师范学院33人。当时和他最相契的同班同学,除了上述的刘萩、赵忠懿;还有宋振兴、傅奎良、李重曙、朱堃荣和吴敬硁等;文学院张遵骝和工学院姚翰园等。

父亲的学习成绩极佳,是同窗中的佼佼者。他师从著名经济学家李卓敏，曾以优异成绩考取公费留美研究生。后因祖母和一家老少都依从在身边，祖母患右腿疯痹，多方求医无效，被迫放弃留学机会，取道海防、香港回到沦陷了的上海，但誓不为敌伪做事，苦熬了四年。

1945年，父亲又经历了祖母失恃之痛，准备追随上海慈云寺华严座主应慈法师遁入空门。他在亭子间布置静室，整天诵经打坐参禅，闲时再练太极拳，已有相当造诣，据母亲说他已打通周天、遥知遥感和元神出窍。有一次他在坐禅，突然喊母亲说："赶快迎客，某某来了！"其实此时某某远在数里外，事后母亲感叹说："你真成神仙了！"但同年9月抗战胜利，11月幼弟出世，家庭琐事牵累拖延着他无法脱身。

一天，一群年轻人来访问，向来冷清的石库门房，一下沸腾起来，原来是父亲的经济系同学刘萩、赵忠懿等来了。在昆明他们是家里的常客，年少气盛、高谈阔论之际，祖母和母亲会做点可口的点心、或留他们共进晚餐给他们打打牙祭，当时在食品十分匮乏的云贵大后方是极为珍贵的，父亲的大方慷慨，妙言如珠，让他们无拘无束，相处极为融洽。

抗战胜利后，为了和联合国救济总署接轨，成立了行政院救济总署，设立在上海外滩，当时吸纳了许多社会名流和专家学者，父亲的毕业论文指导老师李卓敏担任了总署副署长，他的许多学生顺理成章地成为救济总署的公务人员，聚集到了上海。

同学好友阔别五载，倍感亲切，七嘴八舌地汇成一句话，报告就业喜讯，请父亲出山去救济总署任职。但遭到父亲的回绝，让大家感到意外和失望："当年谈论国事慷慨激昂，以天下为己任的刘兄到哪里去了？"过了一周他们又上门来请，这次父亲最相契的同学刘萩（字芸陔）还带来了老师李卓敏的寄语。他的浓浓湖北口音，相当有磁性，仍然没有打动父亲。后来年已七旬的祖父闻讯，亲自叩开父亲的亭子间佛堂静室，语重心长地说了几句修身报国的话，父亲幡然有悟，收去僧服，立即打电话给同学刘萩，恳切地表示求职的心愿。

怀念父亲刘静窗

刘萩闻讯大喜逢人就说:"刘某二请不动,正要三请,却不请自来,真是当今的诸葛!"因此父亲到职大家都会探究一番。久而久之,他的诚信待人、娴熟业务、敏捷思路、组织才能;流利娴熟的英语水平,很快得到上下认同,升迁极快,给他配备一辆军用吉普专用,当时在里弄里满显眼的,上下班用车接送,唯有父亲了。此后我家的石库门房一下子热闹起来,周末更忙,又成为西南联大同学的聚会中心,来的人除了经济系的,还有文学院、理工学院的同学,当时他们都叫他定邦兄,聚集在他的周围,真有点安国定邦的气势。

1947年,刘萩迁任救济总署湖北分署署长,那次我在公园走失、后来再也没有见过他。据说救济总署工作结束后,他出任某公司总裁,在1951—1952年的"三反""五反"运动中,他被"打老虎",饱受逼供折磨,被迫编造出"金条藏匿在竹竿里"的神话,差点死于非命。他早早离职闲居在家,和父亲常有书信来往、诗歌唱酬。下面录父亲一首七律:

寄芸陔(丁酉[1]二月倚枕作)

梦见芸陔情意甚厚,相携至家共进面餐,久别喜逢,絮谈无厌。

觉后尘影恍然犹新,因就枕边作句寄之,梦事梦话,聊为一粲可耳。

梦里惊逢絮语长,尘中风雨几星霜。

英雄肝胆存知己[2],儿女襟怀思故乡[3]。

满百忧千嗟岁往[4],冠张戴李看人忙。

病夫自愧无余力,一盏清茶一味香。

自注:

[1] 丁酉即1957年。
[2] 余朋友中,芸陔性情豪爽。
[3] 佛家以众生为浪子,以涅槃作故乡。余治内典,有深感焉。
[4] 曹子建句:"人生不满百,长怀千岁忧。"

1956年，刘萩的长女携幼孙来访，带来全家福的照片，此时他年仅五旬，眉毛头发斑白，已现老态。因值中秋，带来数合冰糖莲子月饼，清香爽口，如今联想周敦颐的《爱莲说》，不禁对父辈的人品友情肃然起敬。

相比之下，另一位家中常客赵忠懿，是个气度轩然的北方人，似乎同窗情谊差多了。他因加入地下党逃避拘捕，一家五口在我家亭子间躲避半年，后来父亲设法把他全家送出上海。直至1951年父亲病休在家，才意外接到他从天津打来的长途电话，简单问候近况，再无音信。1966年，又意外有人到家调查赵在我家躲祸的情况，方知他是山西某市委书记。

五十年代，大陆实行公有制经济，学经济的人才明显过剩，特别是留用人员无用武之地。父亲的许多经济系同学都改行，相互间的交往大为减少。交往的只有张遵骝、蒋天枢、姚翰园等其他院系的学友。1962年父亲病危时，来看望的经济系同学只有傅奎良一人了。1962年父亲去世后的一天，我一个人在家忽闻敲门声，开门一看竟是久未上门的西南联大经济系的宋振兴伯伯，听我叙述两个月前父亲去世的消息不禁失声痛哭，良久起立喃喃自语："定邦兄，我来迟了！"蹒跚离去。

四、老孟司机

为父亲开车的司机姓孟，孟司机有点《马路天使》中赵丹的神态，办事机灵周全、办法很多，深得父亲喜爱。他多才多艺，模仿上海滑稽戏惟妙惟肖，例如两人对话的段子："骂侬！侬要买马桶啊？眷侬！侬要买藤竹椅啊"？逗得大家开怀大笑，如今六十余年过去了，想起来还要发笑。

他变起戏法一套又一套的。有一次手指拎个怀表,两个手变换,张口用嘴吃掉,用手一抹嘴吐了出来,让你目不暇接、百思不解。后来我发现他把表藏在后衣领里,揭穿他引起大哗,三岁小弱弟念劼乘机爬上身拽其衣领,大家笑成一团。

　　但是有一次差一点让他"沾包"。我玩吉普车的方向盘,无心踩上油门,"呜"的一声车冲出半米,幸好车前无人,否则后果不堪设想,父亲知道后责备他,我好没趣,以后我再也不敢胡闹了。

　　1950年,父亲肾结石在仁济医院手术后病休在家,有一日孟司机突然造访,告知应征参加抗美援朝运输队,父亲马上嘱我买啤酒为他壮行。因我家跟随父亲茹素,故下酒菜只有花生米、素鸡而已。三杯下肚,孟司机感言:"刘先生是个好领导,你在部里或可为我说话!我家有七旬老母病摊在床,以后苦了我的老婆啊!"后又含泪侃言:"保家卫国嘛,我会努力的。"他默默走了。

　　当时捐献飞机大炮热火朝天,我没有征求母亲同意,拎着个破铁锅送进了学校。当时大家都担心又要有个八年抗战?每天早晨,我都会第一个起床,端起陶瓷尿盂,哼着"当祖国需要的时候,我们马上端起枪,冲过鸭绿江"下楼。有一次哼得太专心,脚底打滑从楼梯上滑跌到一楼,夜壶粉碎,尿液四溅,惊动了尚未起床的父母,问道:"出了什么事情?"忙个不亦乐乎!一度我成了全家开玩笑的对象。

五、昆山远足

　　我九岁上四年级,一天下课,班长宣布:大家放学到南洋中学去听报告。因为是自愿的,到南洋中学要走半小时,约有半数同学没去。放学后,由体育老师带队,我们步行到南洋中学,坐在操场地上,听少年儿童队的介绍报告。我们男生小动作不断,什么也没有听进去。第

父亲的题词本及其他

二天课间开会，班长又说：昨天去南洋中学的举手！我就跟着举手，随后宣布举手者是少儿队员，于是我成了光荣的一员。这时有一个同学质疑我没有去南洋中学，我们吵了起来，这就是我第一次的光荣和尴尬。

六月间，校少年儿童大队部组织了一次昆山远足。第一次出远门，还能背上父亲的行军水壶，我兴奋地一夜没有睡好觉。头天晚上，父亲告知我昆山是经学大师顾亭林先生的故乡，游玩之际好好看看他的遗迹。第二天蒙蒙亮，我们就去学校集合，乘车一路颠簸到昆山。然后分中队集合，一场登山比赛开始了。伴随着老师的训斥声、女生的尖叫声和男生的打闹声，我们冲上了山顶，还是让六年级一中队占了先机抢到了第一。眺望四下，雾茫茫的一片，除了林林总总的农田、民舍，天际流的长江不知在何方？一阵凉风吹爽了汗流浃背的身躯，下山已是浑身粘搭、饥肠辘辘了。其实当时赫名远扬的昆山，只是仅百米高杂草丛生的土石山，竟连个一座像样的宝塔或亭子都没有，景观没有留下什么印象。

下山后听到大队辅导员刘老师喊道："到亭林公园集合，按中队和你的编号到亭子里领取午餐。"走进公园，只见一个油漆斑驳的亭子里有块石碑，转圈堆满了一个个纸包食品。我是三中队26号，大概26号双十三是个不吉利的数字，我搜寻再三竟找不到我的食包，失望之余听到班长呼喊我名，我的破碎食包竟在他的手中，其实不过是一个沙拉面包和两块糖而已。面包就着军用水壶冷水，还满鲜美的，吃完了就和同学打闹，无暇顾及亭子里石碑刻的是什么？父亲的嘱咐早已抛到九霄云外。

傍晚到家，父亲问及亭林公园看到了什么？我支支吾吾地说："亭子里有块石碑，好像刻有匹夫之勇……"。父亲斥责之："什么呀！天下兴亡，匹夫有责，真是竖子也！"我不服，嘟囔着顶撞："程咬金三斧头，骂人才叫匹夫呐"！后来看到父亲的诗集记载如下：

儿辈将春游昆山，示怀吊顾亭林先生一首

经学先生践其真，于今犹自凛精神，

钱吴当日亦名士，俯仰何曾梦见君。

只字未提我的远足，可见当时对我满失望，故说竖子不可教耶！诗中颂扬顾炎武抗清复明的气节，惋惜钱、吴的屈辱。钱是指明末东林党首领钱谦益，吴是明朝崇祯皇帝钦点的殿试第二名榜眼吴伟业，清兵破南京入关，都当了贰臣。后来看了陈寅恪先生的《柳如是别传》，更感到钱某品行之低下，见地不如一个名妓；倒是吴伟业已经辞官在家，父母痛哭求他保全家族，逼迫他勉强出任几年闲官，他写的《圆圆曲》，刻画吴三桂的无耻入木三分；他写的《过淮阴有感》："本是淮王旧鸡犬，不随仙去落人间"，又是何等伤感无奈！呜呼哀哉！自古以来改朝换代"引颈就戮"的忠臣能有几人？多数人都当个贰臣良民，还讲什么龙蛇变化和伸曲之术，汉奸的逻辑。

纵观父亲为人，褒顾，贬钱、吴，可见他心目中以孝悌为重，但名节更是重中之重，这就是中国人的脊梁骨！

六、蒙学三章

我在小学里算术一直出色，因贪玩语文平平，成为"不起早、不偷黑"的中等生。升到四年级时，一件意外的事情发生改变了我的人生道路！那是一个六月初夏的上午，天已经十分炎热，上午第三节语文课临下课时，忽然一个纸球误飞到我的台板上被老师截获，下课了我和抛纸球的同学一起被请进了教导处。结果乖巧者承认错误释放了，我不识相辩解几句被留下。教导处主任大怒，责令班主任龚老师送我

回家受罚。当我领着老师进家门时,围坐在红木方桌吃饭的全家人都停下来了,用询问的目光看着我们。这时我冲上二楼拿下来一把界尺交给父亲,大哭请求惩罚!以至故事戛然而止。第二天,父亲写便条让我交给老师,了结这桩公案。经过这次奇耻大辱,我的玩心大为收敛,语文成绩明显提高。

转眼间小学即将毕业,由于教会学校收归国有后,1953年秋季中学招生出现了"公立、私立重点、私立和民办"等四种形式中学并存的局面,招生也分四个时段独立进行,弄得大家非常紧张。当时我报考的公立学校是离家较近的徐汇中学,曾经是上海徐家汇天主教区的百年老校,向来以校风严厉著称。那年招生250人,报考人却达3000人。因为我抱着试试看的想法,没有什么思想负担,于是超常发挥,一举考中。公立学校教学质量好,收费便宜,给家庭带来了实惠。当父亲把此消息当成喜讯告诉年近八旬的祖父时,看到其难得的宽慰笑容。父亲即兴题上了三首诗,书写在一本锦丝面的题词本送给我:

示 勉 震 儿

癸巳夏日,震儿投考徐汇中学,幸膺什一之选,邻居庆贺,堂上八旬严亲为一开颜,因题数句,略示参勉。

> 男儿第一要谦虚,多见多闻多读书,
> 事事勤求真道理,胸怀乐趣欣有余。

> 民主辉煌美百千,中华儿女自娟娟,
> 热情四海推兄弟,文化薪传待少年。

> 一生幸福在儿童,活泼肫诚好用功,
> 堪慰家庭情趣里,笑颜堆上白头翁。

并要求我读懂记住,这本子伴随我三天后,父亲就开始考问我,于是我开始磕磕巴巴地、在他的提示下背了个大概,他无奈地说道:"玩心太重了!"

当我拿着录取通知单回小学转学历卡时,班主任龚老师惊讶地说:"真考上了!我还以为你没有考上呢?"这年我们班上只有三人考取公立学校,我成为其中的佼佼者。我班的班长先后考了四次才进了一所民办学校。由于父亲的鼓励和诱导,增强了我的学习热情和信心,我第一次尝到了学习好的甜头,从此引导我从小学的中等生转变为中学的优等生。

七、做好学生

初中三年过得很快,我的毕业考试十二门课有八个"五分",班上名列前三,但没有评上三好学生,被排除在直升高中的名单之外。父亲看了我的学生手册和成绩单,当下提笔在白纸上写下**"刘震先　好学生"**六个大字给我。我的品学得到父亲的承认,给了我极大的鼓励,信心百倍投入升学考试,毫无悬念地进入了徐汇高中。

但高中三年却是政治运动成串的动荡三年。1956年,抓捕天主教红衣主教龚品梅反革命集团,徐汇中学一下抓捕了十几个教师,被迫停课三天,只好从位育等校借教师复课。1957年暑假,整风反右,在大礼堂贴满了大字报;学生进行了全校的"苏联老大哥援助大公有私"辩论。开学第一天,就有十几个右派老师扫马路;我班有两个同学扣上思想反动帽子被开除团籍。一时学校出现教师荒,不得不又启用一批右派老师。记得数学老师杨翔浦上课前,由教导处主任领着,申言学生要分清敌我、划清界限。接着杨老师低声宣读书面检查,才开始上课。课后一个同学请教问题,被批评不分敌我。1958年,全民除

父亲的题词本及其他

四害运动，我曾一整天坐在徐家汇天主教堂的钟楼天窗外小尖顶上，敲打面盆轰麻雀。还有一批同学则在郊区拦网捕捉、用气枪散弹击杀麻雀。我的好友庞俊达不幸额头挨一枪子，急送医院手术取弹，一时熟食店里酱麻雀堆积如山。1958年，学校开展勤工俭学，我们干过各种体力活，最刺激的是光膀子托着涂釉彩的瓷器，进百度高温的大窑。大汗淋漓，在鼓风机前喝冰盐水；工厂的装配车间搬进了学校，学校变小了。

我们有时上中班半夜回家，第二天上课半数同学都睡了。有一次语文老师风趣地说："累了就睡吧，但别出酣声，让我一个人唱独角戏好啦。"1958年12月，全民大炼钢铁，我们停课了，去浦东拉过焦炭、砌打铁炉炼钢、半夜跟卡车去江南造船厂拉废钢板充数。新年的钟声响了，学校到教育局报喜，炼了六吨钢，哈！一半是我们从江南造船厂拉回来的。因三天未好好睡觉，回家倒头就睡，一睡就是24小时。

这三年父亲在家，也得不到一点安静。1956年，父亲已经病休在家六年。因没有薪金收入，祖遗房产又公私合营，折产5％作为每年定息，定息仅十年。因深虑生计及子女教育费用，极力鼓励母亲从业，后任职于上海南市区小南门房管所管理员，管理三四千户房屋收费维修等业务，相当现在一个物业公司的工作量，时年母亲已35岁，仅书塾三年文化水平，能有如此胆略胜任工作，相当得益于病休在家的父亲。每天回家都要在父亲指导下编写报表、维修申请和工作小结。两人常常开夜车，第二天还要早出门赶公交班车，弄得父母都十分疲劳、体能每况愈下。二哥任先考取西安交大，负笈远游，家事难以帮上忙；次年幼弟念劬考进上海音乐学院附中专修钢琴、住校读书，家里更加冷清了。1957年，整风反右，四堂姐在清华被错划右派；蒋维乔先生闻知儿子受到冲击，寂身坐化归西。知识界如此蒙难，父亲十分堪忧。到了1958年，僧尼还俗，慈云寺改成织物工厂，仅保留后院供应慈法师养老。一次，父亲去拜谒应师时，只闻织机轰鸣，禅堂成了食堂后

51

院。父亲感慨不已。

在公社、炼钢、打麻雀等大跃进狂潮中,我们这帮中学生都撇下书本,下工厂、农村和勤工俭学,平静的书桌常常用于打盹之好去处。我这个好学生徒有虚名,成了浪迹大洪流中的混子。父亲在家养病,无人照应,无人说话,如住人间孤岛,故自号观漩复楼主,刻印章表心迹。

八、其疾之忧

1959年初,我们毕业班开赴朱行乡参加人民公社化劳动,从事土地平整、深翻土地、创亩产万斤高产田等作业。最恶心的是平整坟地,常常恶心得饭也吃不下,所谓的成果之一就是平整一座占地半亩的明朝古墓,挖出半粪桶金玉器。又持续了一个来月,直到春节后细雨绵绵、无法下地才回校复课,几乎半年没有好好上课了。

就是这次下乡把我带进了一场噩梦深渊。一天晚上,我们五个班干部在开会后,摸黑步行半小时,溜到镇上小店吃馄饨。当热气腾腾的小馄饨刚端上来,教导处主任毛传祯探头探脑的身影出现了,一看见我们,满脸怒容,结结巴巴地说:"你们吃……吃得开心!"回校后没有任何谈话,就在全校下乡劳动总结大会上点名批判。更可怕的是,班主任丁老师在学生手册评语中写道"三化运动中严重违反劳动纪律"等等。从此,我背上了沉重包袱,以为考大学无望,又不敢告诉父母,一度变得沉默寡言,常常在晚饭后洗完碗就告退,关在亭子间里拼命读书。终于有一天,爸爸憋不住发怒了:"你是木头人,还有没有嘴巴?"此后雪上加霜,痛苦万分,一度曾有轻生想法。

好在一起受批判的同学,有一个工人学生叫翁子方,比我年长4岁,看我愁眉苦脸、如此消沉,时而劝我想开点。终于有一日,他告知我,管毕业生政审的郭茂荣老师,已经动手改掉了评语中不实之词。

我听了欣喜若狂,压力一下成了动力,全力以赴把三年功课复习了一遍。当同班同学刚开始复习,老师那种普及式的复习已经无法引导满足我了。此时,父亲似乎已觉察到我的心理的变化,主动把他的名章交给我,让我自己选择在家或上课来备考,因此,那个学期我的请假条交了30天;父亲还把他自己服用的三听炼乳给我增加营养。记得那年在上海师大应考,因太紧张,开考前一天失眠,第一门语文考试中我竟然睡熟了,是监考老师叫醒我,才急追快赶完成了作文。后几门心态放平了,没有出现意外,终于以第一志愿进了清华大学。相比之下,另一个同学没有我们幸运,因躲在家里读书不参加学校组织的劳动,老师家访把他从床底下拖出来,取消了高考的资格。

我考取清华,没有给家里带来多少喜悦。妈妈在上班之余,忙着给我准备行装。怕我不适应北方的严寒天气,给我准备了厚的丝棉被;又翻箱倒柜、找出父亲年轻时的花呢长衫和皮袍子,请中装老裁缝段同生赶制皮袄和皮大衣,一直等到行装快装满硬木皮箱时,父亲才给我讲述三十年代北方的风土人情,北大的学子生活,还有北京社科院历史三所的老同学张遵骝先生。父母的心思竟如此周密。

临近开学,父母亲和弟弟、妹妹一起到老北站为我送行,此时我的喜悦已经没有了,竟会有"苏武牧羊,昭君出塞"之感。学生专车走了三天三夜66小时,"大站不停、小站小停、没站大停"的特慢车,这是有生以来第一遭的乏味旅行。

清华报到后,新生们被安排住在东部刚开发的新宿舍校区,一片荒凉的黄土不毛之地。第一个晚上挤在12人同住的房间里,躺在上铺,打开题词本,一篇熟悉的父亲墨笔题词赫然跃现眼前:

父母唯其疾之忧。调摄身心常健长乐,敬长亲贤虚怀从学,进德修业精神充沛。诚念无息能如是者,虽相去千里不啻目前,可以解忧矣。己亥之秋,震儿考取北京清华大学研习工程化学将

怀念父亲刘静窗

行书此示勉。

　　静翁（静窗长寿印）写于观漪渡楼，时大病未愈息居上海。

　　我禁不住流下了热泪。

　　这年，清华还沉浸在整风反右、大跃进和反右倾、拔白旗的余波中。政治学习和体力劳动很多，"三分天灾、七分人祸"的困难时期已经裸现；学校开始强调基础课教育，学习科目多。苏联教材过于繁琐，这样"三管齐下"大大加重了学生的负担，特别对我这个身高1.71米，体重仅98斤的瘦子，是个极大挑战。唯一的亮点是许多右派教授重返课堂授课，我们的数学、理论力学、材料力学、机械原理和电工学等课程，都是右派教授或副教授主讲，让我一睹他们的讲课风采，的确与众不同。

　　到了1961年，学校的伙食特别差，男同学每人每月平均定量供应33斤粮食，玉米占90%，我较瘦弱，被定量为32.5斤，半斤被扣克给食量大的。时年秋天，我感染肺结核住进了校医院，三个月后炎症吸收，让我休学。我把此消息函告父亲，接到的却是劭弟的代笔信，大致意思是"赶快带上你的所有行李回家，我们不念这个书了，设法转学回上海"，当下看了我又掉泪了。

　　1962年初当我回到家时，父亲已卧床不起，由张遵骝伯伯介绍了远亲潘永龙医生诊断治疗，潘医生十分热心聪明，经常是下班来看父亲，并教会我替父亲每天注射肝针（营养液），但父亲的体气每况愈下、日趋恶化。后听潘医生建议，父亲住进卢湾区医院治疗，因他的身体十分虚弱，多数时间在昏迷中。弥留之际，由母亲和我日夜守护身边。一天早晨母亲回家取衣物，让我一个人留守在身边。突然听他低声说："挺起脊梁骨做人"、"来得清楚、去得明白"，随后浑身痉挛。我急按警铃，陈医生赶来打强心针急救，为时已晚。当医生为他盖上白布，嘱咐办理后事，我已木然。护士打开了门窗通风，突然感到一阵暖气荡胸而过，或许是我过于敏感所致？

"五七"由沉香阁妙文师主持彻夜诵经。母亲忙上忙下,及午夜我请母亲小睡,她和衣熟睡。我下去照应一番,上楼坐在木椅闭目养神,听到楼梯脚步声,抬头看见父亲不用拐棍健步上楼,音容笑貌如同从前,他说:"妈妈太累了!"我突然惊醒、只见妈妈在睡梦中呜咽,急唤醒她时,她说爸爸回来了,当时我们相对而泣。后来母亲又说起我报考清华大学这段往事,她曾建议父亲,让我考上海高校。父亲慨然回答:"好男儿志在四方,岂可限之?"听到此我只有默默垂泪而已。

现在回想父亲的题词,"父母唯其疾之忧"源于《论语》,是人子尽孝道的经典之言,一语双关。第一种解释:"其"可理解为父母,这句话含义为"父母最要关心的是他们自己的疾病"。第二种解释:"其"又可以理解为子女,含义又转为"父母最担心的是子女的疾病"。当时父亲肾结石手术后十年卧病在家,生活难以自理,我的两位兄长都远游在外,我应该就近上学照应家庭才是,我报考清华有失偏颇。《论语》讲孝道还有"父母在,不远行"之说,那么我的作为就大错特错了!

后来我为了归还一些医用器皿、到潘医生家去过一次,他家住在茂名路西式洋房里。我去时潘医生不在家,家具物品都已打包,他的夫人身材修长,那双冷漠哀怨的大眼睛令我至今难忘,后来才知道他们已办了离婚手续。两年后又听张伯伯讲:潘医生是因援疆被迫离婚,已经客死于戈壁滩上。尝记家父的同学李重曙,在上海中科院工作,也是调往新疆而亡故,六十年代困难时期,上海支边是件苦事,有时也会变成官儿们整人的一种手段。

九、几回兄弟

1945年11月,弟弟念劬刚降生到人间不久,一次母亲下楼拿东西,让我照看好弟弟。不久弟弟醒了、哭了,我去哄他、抱他,结果连我带他的蜡烛包一起滚落到地板上,我们一起哭成了一团。事后母亲没有责怪,反而表扬我有爱心。后来在兄弟间我比较会做家务,多半是因为她的鼓励所致。

记得劭弟曾经给我写过如下一段话:"看到幼时我俩相依相济的往迹,真的是你中有我,我中有你了!这一份兄弟情谊只有在回忆的阀门打开时才泛滥,太宝贵了!有一种被人砍一刀两个人一齐受伤的默契!来世还做兄弟吧。不过你总是有点吃亏,但由小到大,又不见你妒忌!这便是父亲讲你的纯孝了!我俩是全然不同的人,我比较江湖义气,呼朋引类,个性反叛,率兴而为!您比较循规蹈矩,恪守礼义,秉性随和……这便是互补有缘了。"我想四岁时,把他拽落床下、哭成一团时,就注定了"老三老四、不离不弃"的情缘。

相比之下,我和两个哥哥年龄相差较大,兄弟情谊中多了一分敬畏。因大哥述先十六岁离沪远行,二哥任先喜欢充当老大,我和弟弟又不服管,时而会发生一些摩擦。中学时期在亭子间读书,他占用写字台,我用方桌。一次我临摹柳帖,他在旁边挑毛病引起争执,被父亲听到了,让我们在二楼走廊坐地思过。他满脸愠色、不断小声责怪我,我则他顾而不理他,直到深夜母亲说情才结束处罚。此事我早已淡忘,但在我1960年暑假探亲时,请父亲在题词本上留言时,他题写以下文字,可见其用心之良苦:

> 法昭禅师偈云:"同气连枝各自荣,些些言语莫伤情。一回相见一回老,能得几回为弟兄。"词义蔼然,足以启人友于志爱。然余尝谓人伦有五,而兄弟相处之日最长。自竹马游嬉,以至鲐背鹤发,其相与周旋,多者至七八十年之久。若恩意浃洽,猜间不生,其乐岂有涯哉!近时有周益公以太傅退休其兄乘成先生以将作监丞退休年皆八十诗酒相娱者终其身。章泉赵昌甫兄弟亦具隐玉山之下,苍颜华发相从于泉石之间皆年近九十,真人间至乐

父亲的题词本及其他

之事,亦人间稀有之事也。

　　庚子秋震儿暑假还沪省亲为录鹤林玉露一节少留纪念。余以久病体日衰败不觉有老耶无用之感任运自化亦无忧也喜尔兄弟皆渐长成循序为学可以自立尚望能常不失其赤子之心友好亲诚相互爱护植身世间舍其所以为人斯慰念耳

静翁（刘静窗印）
写于观漱复楼,时养病上海

　　日后二哥赴西安求学,我到北京读书又去吉林工作,离多聚少。尽管见面时客客气气,但缺乏沟通,遇到家事往往意见相左,引起不快。再想想父亲的题词,感慨油然而生。兄弟间为些些小事有伤和气,误大事啊!

　　明陈继儒《读书镜》又谓:"乃有不相往来,不通耗问,遇于途则耻下车,阋于墙则思角讼。"这就是母亲用江西方言说的"兄弟武野、乱舞淘缸"嘛,更应警惕。

十、追忆秦娥

　　1959年寒假,我没有回家。父亲在信中写了一首《忆秦娥·勉学》给我,后来父亲的词作真迹和其他家书一起失于十年动乱,仅记得上半阕及下阕末句。五十余年弹指间,苦想多日,追思补阕如下:

忆秦娥·勉学

青春乐,青春莫使闲消却。闲消却,浦江千里,有人愁着。
莫道名校多智者,满损谦益勤为学。勤为学,海阔天空,鹤飞鱼跃。

怀念父亲刘静窗

清华采用六年长学制,我病休半年又赶上史无前例的文革,在清华滞留了八年之久。经历了完整的三年困难时期,先后参加过八达岭打炮眼崩山、造桥、植树劳动;金工劳动;化工厂劳动;抢收大白菜、抢收小麦等等劳动。连毕业设计都是下厂半年完成,外加一年四清运动、文革滞留一年,实际读书不过四年光景。

清华没有班主任,启用高年级学生党员任辅导员,我们在校政治运动不断,管理简单粗暴,伤害了不少同学。记得一入学每天晚上听"教育、科研和生产劳动相结合"的三联会议;接着就是红专辩论,我们班组织批判"三钱",即右派钱伟长为"老富农",反右倾拔白旗的电机系讲师钱家骊为"新富农",我班的同学钱鸿源说了句"不读好书、红有何用"被扣上"小富农"的帽子。这就是清华的所谓又红又专、两个肩膀挑担子的"工程师摇篮"!当时这种政治环境,父亲对我的勉学词篇绝不能和他人道说、只能默默记在心里。

1962年初,我休学,有幸和父亲相聚月余,为他送终。半年后我回校读书,又逢十年动乱,毕业分配到吉林工作十九年,才回到上海。忆昔抚今,追忆父亲的《忆秦娥·勉学》,和之三首,寄以哀思:

追 思 一

青春误,背亲离乡游京都。游京都,菜梆窝头[1],寒窗苦读。

清华难觅擎天路,十年动乱劳筋骨。劳筋骨,远戍吉林,雾凇飘拂。

追 思 二

青春热,年少气盛择新科[2]。择新科,红专炼狱,八年沉疴。[3]

偶记清华荷塘月,香山登高赏红叶。赏红叶,目穷故里,云叠雾遮。

追 思 三

青春累,小小离家老大归。老大归,慈亲已故,景物皆非。

二十七年从业垒,乡音已带关东味。关东味,猪肉粉条,国宴大烩。[4]

58

自注：

[1] 困难时期北京学校的伙食极差，多是白菜梆子和玉米面窝窝头。
[2] 高考填志愿，我报考的工程化学系吹嘘为尖端科学。
[3] 红专辩论专整学习用功的学生，故称炼狱；我滞留学校八年。
[4] 赵本山调侃东北佬没有见过大市面："猪肉炖粉条是上国宴的。"

十一、"三圈"略说

　　家父从儒入佛，潜心研究"经中之王—华严经"，最推崇的是唐朝华严宗初祖杜顺法师；最相契的是禅宗临济支脉第四十二世传人、华严座主应慈法师；最刻意探索的是应慈法师最初向他推荐、杜顺法师撰写的《华严法界观门》，也是他毕生最向往的华严境界。

　　1951年《华严观要》出版问世后，父亲对"华严"和"般若"的研究，又有了很大的飞跃，"体相用"的"三圈表示法"就是一个里程碑。让我印象最深的是如下几次教诲。

　　1959年暑假，我高中毕业将北上读书。一天，他拿我的圆规画了许多圈图，有三圈鼎立、两圈交叉等等，其中一张定稿，就是上述的"三圈表示法"，左右为无色圈和涂色圈，中间是带光芒的圈。当时父亲告诉我：佛祖有三身，三圈就是代表法身佛、报身佛和应化身佛。

　　1960年暑假，我刚下火车到家，午饭后沐浴，父亲又拿出这个"三圈表示法"（详见图示），已加上了来往的箭头。孜孜不倦地给我讲解佛有三身，又告知众生也有三身："法身是你的体（本质）、报身是你的相（形象）、应化身是你的用（应用）。"但旅途太累，我开始打盹，此时父亲善意地笑着说："去睡吧。"

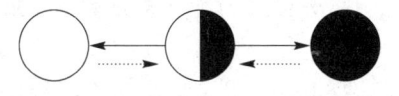

　　此后父亲又多次给我讲解"三圈表示法"，让我开始对华严宗的

"五教十宗、三重观门、四法界、十玄门和六相圆通"等基本教义有所了解。我再愚昧不化,怎能忘记父亲形象的三圈阐述?可惜他的诸多手稿已经失散,当今只好用我当年笔记和记忆,概说家父演绎的"三圈"理论,供大家批评指正:

1. 三圈缘起

父亲用一首五言绝句加以概括:

应师常以三圈表三身[1]示人,奉呈一笑

参禅本绝言,图解垂方便,若要会三身[2],打破圈儿见。

注:

[1] 法身、报身、化身。
[2] 法身体大、报身相大、化身用大。

2. 三圈演绎

(1) 佛祖三身

可用三圈形象表示,如上图所示。

法身佛(毗卢遮那佛)自性身。见左白圈所示。(体)

报身佛(卢舍那佛)受用身。见中花圈所示。(相)

化身佛(又称应身佛,即释迦牟尼佛)变化身。见右黑圈所示。(用)

(2) 佛祖三身阐述

法身佛为纯法性的佛体,如同真理,不可见的、一切具足的而又无相。

报身佛有具足三十二相的庄严法相,为佛在极乐净土之身,诸佛菩萨等可见。

化身佛是佛祖开化世人在六道中显现的各种法相。其中释迦牟尼佛就是佛祖在世间开化世人的应身,有生老病死(涅槃)之显现,可为世间人畜所见。

(3) 三圈连线

说明三身间的区别与联系。可谓"观用非有,依体为用,用虚而体实,故体复非有,二空为性,不碍用故"耶。

(4) 众生三身

法身是他的体,本质;

报身是他的相,形象;

化身是他的用,变化。

(5) 众生三身阐述

法身就是真正的生命。本自具足、不生不灭、不垢不净、不去不来、能生万法、不会断灭的赖耶心念。有情众生的真如是无始无终的,从出生至死亡的过程,只是生死轮回报应身的呈现。

报身就是报应所得之身。例如人、天人、动物、孤魂野鬼等,都是不同的报应身。就众生而言,一切都是自己造业、自己承受果报而已。经云:"所作业不亡,纵经百千劫,因缘会遇时,果报还自受。"

化身就是变化万千之身份。例如:在儿女面前称父母;父母面前称儿女;配偶面前称夫/妻;在职进修又成为学生。同一个人,场合不同、对象不同、时节因缘不同,身份就随之而变。

3. 同体大悲

世间如同一棵大树,众生就是广深的树根树干,诸佛菩萨就是繁茂的枝叶。了解了众生的法、报、化三身后,可以加深认识佛的三身:"清净法身佛、圆满报身佛、千百亿化身佛。"

经云:"心、佛、众生三无差别。"众生心即佛心,因无明障蔽,众生不能自见其本自清净与佛无异之法身。法身是万法的本体,报身和化身则是法身所呈现的相貌和作用。体、相、用三位一体,法、报、化不即不离。

4. 三观四门

初祖杜顺作《华严法界观门》,华严宗四祖澄观演四法界。

华严宗的三观门、四法界,是以事法界为基:
(1) 观事法界体,能观真空观、即理法界(理是体义)。
(2) 观事法界相,能观理事无碍观、即理事无碍法界。
(3) 观事法界用,能观周遍含融观、即事事无碍法界。

十二、为学诗章

1961年暑假,父亲在题词本上写下了一首七言律诗,这是他留给我的最后一篇墨宝:

少年书种曩曾期,胸蕴真诚始有基。
理贯新知穷旧学,道通物理造神奇。
体融空有深深证,用彻人天实实思。
东土薪传谁善继,杜公法界后贤师。

此余为学一首示儿旧稿,别有自注七则文繁不录,偶复念及犹可存,并书于此留为参考。

静翁(静窗长寿印)写于观漻漵楼

当时他明确告诉我这是"为学一首示儿旧稿",又让我抄写其七个附注(详见"文存12 静窗诗词集"第75首),落款为"庚子初夏"(即1960年6月),但在文革间随我的信件一起在家里流失,五十余年来我对此诗的理解一直处于肤浅之中。2014年10月,任哥从西安带回上海的父亲遗稿复印件,意外出现了我用清华大学信纸抄录的"七律:为学示儿诗注解"的原稿,失而复得,思绪万千。

家父一生做了许多诗词,多已流失,他的诗词集稿中仅存74首。

现将此诗及七条注解归入,作为家父的诗词集的压轴篇,我以为更可谓"文存"的自序之作耶。

家父最推崇的是"江西诗派"的开山之祖黄庭坚和"诚斋体"的创始人杨万里,他曾送给我一本《宋诗精华录》,特地亲手包上白纸封面,端端正正写下了"宋诗精华录 刘震先"的墨笔行书,在此诗集中家父用红笔圈点的仅杨万里全部诗句,可见其嗜好之偏重。纵观家父的这首《七律·为学示儿》,八句用了七个典故,词语精炼,对仗严谨,深得山谷江西诗派的三昧,兼蓄"诚斋体"的风格淳朴,和构思新巧。全诗仅56个字,包含的内涵太丰富,故家父用了7个注、共600多个字进行简要的诠释这首诗。

现用通俗语言直译本诗,并概述七条"注释"如下:

1. 少年的读书人从前曾经有过期望。

2. 当胸中蕴有"真诚"才开始有了基础。

"注一",总结了"盈天地间,森罗万象,刹那之间,顿起顿灭,变化无穷"的规律,指出胸蕴一片真诚,可以"为物主宰"和"证应理事"的关键;也是深证"体用不二"奥旨的基础。如果心无所主,随波逐流,是不可能做好学问的。

3. 理(即事物规律)贯穿了新知识,囊括了旧学问。

"注二",孔子讲过"温故而知新,可以为师矣"、"吾道一以贯之"等二段语录,兼取二义,就可以达到孟子讲的"过化存神"(即经过之处受到感化;停留之处作用神奇)和"无往而不融贯"。

4. 道(即终极真理)指导科学创造了神妙的奇迹。

"注三",进一步明确:"道"指导的"物理"就是"社会科学和自然科学的综合是天人合一的科学",创造的神奇,就是"为全世界一切众生创造幸福美好生活"。

5. 体(即本体)融汇"空有"得到了深刻的验证。

"体"与"用",是中国哲学的一对范畴,指本体和作用。"体"是最根本的、内在的、本质的，"用"是"体"的外在表现、表象。一般说来，中国古代哲学中所谓"体"就是根本的，第一性的；所谓"用"就是从生的，第二性的。

注四，进一步阐明佛教的般若经中的"空有"观，即："空有双彰，于相对明体。空有双泯，于绝对证体。"

6. 用（即作用）贯彻"人天"进行足踏实地思考。

注五，提出"天人"新概念：即自然科学所研究的对象统称为"天"，社会科学所研究的对象统称为"人"，使得"歧路互融，瞬息转化，垂垂无尽"。为学证体深深，如知其趣。

指出《易经》所云："天道鼓万物而不与圣人同忧"，就是矛盾对抗以至于斗争转化、自然驱使万物的规律，最宜深思。"圣人同忧"和孔子讲的"圣人悯焉"的含义是相同。然而，老子讲的"天地不仁以万物为刍狗，圣人不仁以百姓为刍狗"，此"圣人"的含义大异，要注意辨别。

进一步剖析孔子提出的"圣人悯焉，变理阴阳，融通造化，以人弘天，转天成人"，即矛盾（天道）得到和解（人道），即干戈（物理）变成玉帛（人情），这样世界大同的境界可期待了。

7. 东方国土上（学术思想）的薪尽火传，谁能很好地继承？

注六，明确指出："东土学术思想以释儒两家为大宗。证体深深，莫如'般若'；章章有明月，莫如华严大易。（体用不二而有分，此宜深会）。"年轻人能够知道这些"往圣绝学"者太少了。这些绝学悬弱欲坠，没有想到我已是著作《易经》后的断种之人，感到忧思啊。

8. （就是）杜顺和尚的"法界观门"的后继贤德大师。

注七，综述华严宗初祖的《华严法界观门》如下："初唐杜公，法顺老人依华严经，述华严法界观门。寥二十千余言，而体系完整，千古绝唱。实为中印文化思想江流之一大发展，彼函'空''有'两宗，此方'心''理'两字，望尘所不能及。观门以事法界为基而成三观。盈天地万物莫非了也。观事法界体，能观真空所观谓理法界（理是体义）；观事法界相,能观理事无碍法界。观事法界用,能观周遍含融,所观事事无碍法界。三观以真空为体,层层腾进,绮在钩锁。摄如重重镕融无尽,为一昧法。"

唐代中期后,能够传承其要旨的人已经甚少,启函烛潜、发挥中土先贤绝学、令闻于世,尤期待于年轻人,不知道是否有善于继承的人师?

家父的《为学示儿》七律诗和七条注解,可视为他一生进行学术研究的概括。联想1954年家父曾对同窗挚友张遵骝坦言:"弟之从学,以般若为宗,华严为行,征会多门,时为抉择。"又预言:"假我以年,不为境累,当有可能以现代的语言意识,将东西一些分歧论点,判其各个层次,融摄成片,将来或者作为《法界观门》注解的形式写出。"才有他老人家1960年留下的《庚子信笔》。

《庚子信笔》,落款为"静翁,庚子初春",顾名思义是1960年初春信手拈来之笔,共计22节。家父曾谦称为"思想过程之迹痕,非思想结果之确论",概括了他一生为学的心得精髓。在文中,家父以"般若"和"华严"观点、现代的语言系统诠释许多哲学概念、判别佛、儒和基督、中西学术流派。文中直言儒家心学片面、"道"和上帝、大公无私、民主自由、存在意识、客观和主观能动、康德和黑格尔、孟子和马克思等等,有许多创造性的论述。由于文稿成于1960年,尚未形成"法界观门的注解",故只能尊重家父的意愿,称之"姑且存之,略备日后参考"的草稿。

遥想当年,熊公和家父都深研"佛、儒和大易",又都契识"体用不二",可以商榷研讨的方面太多了,成就了他们情胜父子的忘年之交,但家父的思想体系从悟空有、破二执、依悲悯、观瀛渡,崇尚自由民主、同体大悲的华藏世界,又和熊公大相径庭。可惜家父的上述两篇大作熊公都未见到,如果当年能一阅、或加深对家父的理解、改变其晚年"体用论"的一些观点;或行文层层辨识批驳,将会把各自的论点推上更高层次的诠释,哲理将会越辩越明。

在参加《文存》的编辑之初,曾发奇想要写一篇"1942—1962家父的二十年的治学心路",从2014年9月回到上海,先阅读了《华严观要》和1984版的《刘静窗与熊十力论学书简》;后又浏览10月任哥从西安带回父亲文稿的复印件,总算对家父遗留的文稿有了一个较全面的了解。看多了,使我犹豫了、力不从心了,我现已年过古稀之年,如果"假我以年、不为境累",也许花上十年,会写上一篇家父的治学心路吧。

父亲崇尚华严,父亲追求的精神境界应该是"华严以般若为密,般若以华严为显",尽虚空、遍法界、圆通无碍的境界,也就是佛祖在菩提树下成佛时的境界。八万四千个法门,离不了戒定慧无漏三学,佛法是要实修实证的,父亲自号观漩复楼主,发悲悯、行六度,茹素食斋,打坐参禅,印刻佛经,考证校勘华严经论造诣极高、功德无量。但他参悟的华严境界只能意会、难以言传!且是我们这些凡夫俗子能说得清、道得明耶?

十三、音容长存

在我心目中的父亲,永远是一个包容世上一切真善美的慈父良师,他一生的爱好可以概括如下:

格言:竖起脊梁骨,直立天地间,读世间第一等好书,做世间第一等好人。

佛学:华严宗、禅宗

儒学:王夫之、黄宗羲和顾炎武

诗歌:黄庭坚、杨万里

小说:罗曼罗兰、哈代、陀思妥耶夫斯基

体育:杨式太极拳、旅游和乒乓球

戏曲:京剧、昆曲

音乐:贝多芬第四、第五交响曲、春天奏鸣曲

饮食:功德林的素菜宴

如果他在1959—1962写给我的20余封家书尚存,我可以有理有据书写更多音乐、艺术、旅游、人文历史的佐证;他叙述的老北京、北大和清华的轶事。用我在北京求学时期体验和对比,让文章会写得有点品味。可惜这些信件随我1962年病休带回家遗失了,以至我的文笔终究缺乏了灵气,可惜啊!

十四、编校留声

从2014年8月,幼弟念劬倡议出版刘静窗先生百年纪念文集,到兄妹五人赞同;并公推劬弟为主编,承担策划、编撰、协调、签约与经济运作(这是念劬认定的职责)。至今编校《刘静窗文存》已有七个来月了,在文稿即将送交上海古籍出版社之际,对参加的编校作如下小结:

(一) 手稿、墨宝和资料

1. 中国诗史

(1) 书中名片家父钢笔题写:

陆侃如、冯沅君合著　中国诗史,卷一,1932三版　1.40　卷二,1932再版　1.60　卷三,1932再版　2.00　大江书铺

(2) 扉页钢笔题词

民、廿一至廿四静窗在中学时代读的书,静窗藏的书(即1932—1935年)

2. 楚辞四种,世界书局印行

(1) 扉页题词:

闻一多教授讲述。静窗民、廿七、初冬,在昆明联大(即 1938 年)

(2) 书内页有红笔圈点,并有少量批注

3. 任哥 2014 年 10 月从西安带来、交给昭妹的资料

总计 501 页,其中复印件 499 页、震先手抄件 2 页。统计见下表:

序	名　称	总计	手稿	(墨宝)钢笔	手抄	打印	备　注
1	55年集稿文抄	175	1	1	—	174	—
2	复张遵骝等函	84	58	46	12	26	—	(复张函72 蒋函12)
3	三十自述等	19	1	1		18		
4	述先等题勉	14	14	14				
5	诗词集	31	1	1		30		包括原件2
6	语录及补遗	8	—	—		8		
7	观漪复颂	4	2	2				
8	庚子信笔	72	72	—	72	—		
9	述先家书	73	71	43	28	2		
10	心经略释等	21	—	—		18	3	
	共　计	501	220	108	112	268	13	包括原件2

4. "华严观要"(1951 年版)复印件

5. 从网上下载的"刘静窗与熊十力论学书简(刘述先编撰)"(1984 年)

6. 2014 年 9 月任先"刘静窗与熊十力论学书简"校对稿邮件及照片墨宝影印件

7. 赠震先的题词本、扇面及题词(真迹)

8. 赠念劬的题词和扇面

9. 赠任先的扇面和印章题词

（二）俗人言疑

编校完成后,家父的手稿墨宝的保存和传承可以提到日程上了。

《文存》中《寄长子述先家书》(30 封信)独立成一章,如果任哥 1956—1962 在外求学工作七年的家书尚存,如果我的家书不被遗失,父亲写给我们兄妹五人的书信可以独立成书出版。

最后还想探求父亲的隐居之疑。1950 年父亲肾结石手术后,从此不再出仕上班,邀请他进文史馆和市政协,都婉言谢绝。以往我们都以为是身体原因,但从 1952 年 6 月 12 日给述哥书中看到一段话：

> 我十年前侍母病中,孑然无友,曾绝意参学,略有消息。嗣后垂手入廛,自以为见理不差,掉臂无碍,若非逢囏困中大病一场,几乎在富贵世缘边际悠悠了却一生,更无进境矣。明紫柏老人有言："天厚其人,众患煅之,不能欢喜领受,便是薄福种子。"菩萨行六度法,依精进为终始。奋而后启,悱而后发。此为学不二门径也。

似乎又是研究学问过于执着所致。当时我们在大陆的兄妹四人都未成人,家母从 1956 年参加工作十年,仅能挣得菲薄的薪金贴补家用;家父在家省吃俭用、无人照顾,以至健康每况愈下、其寿不永。家父是一个绝世聪明之人,隐身埋名,究竟为了什么？不得而知矣。

[附]简历

刘震先,字衍通

1942 年 2 月 17 日(即民国三十一年壬午正月初三寅时)生于上海。

1966年,北京清华大学工程化学系本科毕业,高级工程师。

历任吉林化学工业公司研究所所长,上海工程化学设计院设计项总、上海氯碱化工股份公司主任工程师,工程咨询公司副总经理等职务。

幼时随家父去上海沉香阁(即慈云寺),拜谒禅宗临济支脉第四十二世传人、华严座主应慈法师。师问何名?答:"震先矣!"师摩顶笑曰:"好啊好!大震也。"及长浏览史书,不求甚解,游离于佛、儒、黄老间。尝游普陀,聆听寺僧晚课,作揖不停,泪如涌泉。自嘲:"前世不守清规逐出庙门,今世扣动心弦仍不开悟,悲矣。"

艺 海 寻 梦

——自父亲哲思的心灵参悟及勾指之约

刘念劬

一、艺海寻梦——自父亲哲思的心灵参悟

  作曲家爱梦,爱幻想,更爱两者交融的梦幻。因为,日有所思,夜有所梦;最后日思夜梦纷至沓来,益发不自已,便引出发自心灵的讴歌!创作便经常是晨昏颠倒的白日梦:"艺海寻梦——自父亲哲思的心灵参悟",便是这样来的!

  因为我的学思历程是随父的蒙学开始的,那一年我四岁;而由父亲开浚的哲思启蒙,则是起自十五岁上高中后,他对我之文史哲的熏陶便集中在他生命的最后三年,但其影响力则持续了五十年,在自己也快成为史料中的传奇时,才能够总结。因为"自父亲哲思的心灵参悟"是个大题目,没有人生的阅历便无从解读,因此,个中并无顿悟或大悟,但他成为我前半生创作的哲思录,使我的创意血脉中流着对父亲哲思的长时间的秉承和参悟,这第一程就走过了整整三十年。在后

一程"从心所欲而不越矩"的海外创作人生开始时,我已经四十五岁了。因此,从15岁到45岁的哲思进化,便体现在我作品中不时跃出父亲哲思的火花,而其实,父亲早离我而去了,但他人虽不在思想犹在。我把其人其事其思,连问号一起写进了我的作品,这随形成了我作品中的文史哲元素,乐评家津津乐道地评说我这种特有的多元创作风格。正是这种来自心灵的参悟,极大地影响了我的音乐梦幻之旅。下面便谈三段启蒙于父教的哲思:世纪循环大爱的哲思、人类探觅真理的哲思及爱与死永恒主题的哲思,如何成功地演变成了创作,成为我中青年创作时期的三部曲:摇篮曲第1号《甜梦》、大型清唱剧《生命宇宙的春天》及二胡协奏曲《夜深沉》。

此文光讲哲思是不够的,哲思的历史厚度只有进入创作才能升华,因此,它不能独立存在于我的艺术生涯之外,因此,简单介绍一下哲思在我创作生命结构板块中的位置是有必要的。中国大陆和香港的乐评家,将我的创作生涯划分为三个时期,这一划分,刚好对下面三大哲思的阐述,形成注释,可对照阅读。

1. 甜梦时期(1957—1976)

我1957年考入上海音乐学院附中钢琴专业,1958年12岁生日写下我有生以来的第一首曲子:钢琴独奏《快乐的生日》,而家父则在我初中的三年中有计划地向我亲授了唐诗、宋词以及唐宋八大家作品;1960年我直升高中转作曲专业,1961年便写出了钢琴组曲《生灵之歌》:雄狮、大象漫步,金丝猴之舞等极富想象力的作品,欢快而灵动。这两年,父亲先让我去跟蒋伯伯学楚词,接着讲王安石、陆游,读了泰戈尔、拜伦和歌德作品,还介绍了世界的哲学流派。这是因为父亲认为:"音乐,诗歌,与哲学,思维共通、交融可期!"

在以下的第一节中,写到了1962年父亲去世的恶梦;这种突如其来的变化,会给一个人的性格带来巨大的冲击!我在这一年之后忽然告别了童年,忽然懂事,从17岁创作处女作"甜梦"开始,我作品中再无欢快的华彩,代之以忧伤和优美的笔调,甚至在奉命写作歌颂领袖的作品中,也时有显露唯美主义的倾向。1966年之后的全民狂热,我的创作倾向当然被诟病,至少也是"小资产阶级的无病呻吟"及"非社会主义音调"。在受到批判改造后,从此走上了扭曲的"光明主义",从1971年去上海歌剧院当驻院作曲,也难以改变"假大空"的"尊命作曲"状态,创作如写标语及喊口号,自身创作个性是不存在的。

这一时期近二十年,前九年在求学,后十年是文革,可用"学子求知与初涉写作"来概括。《甜梦》的创作在此一时期中是具代表性的,取向是朴质、唯美的。

2. 清唱剧时期(1977—1989)

这是我在上海从事音乐创作的鼎盛时期,形成了标题性的浓烈油画风格,成为中青年作曲家的领军人物,狂想曲《帕米尔风情》、音诗《晨钟》及舞剧《凤鸣岐山》均在此时期脱颖而出;尽管1984年后任文化局常务副局长六年,但从未停止笔耕,这十二年留下了两百余部(首)作品,及至抵达峰巅状态的清唱剧《生命宇宙的春天》的诞生,这一时期也就结束了。演出这部作品的刘念劬作品音乐会,像是我在大上海的告别演出,在演出大获成功后,我一个急转身,从此走下舞台,亦步亦趋,渐行渐远,往后,便只剩背影了。这便是给众人留下廿五年来的问号。

这一时期的前半段,是对文革的反弹,知识分子参与的思想运动是对真理标准的激辩!引致思想禁锢的松绑,创作生产力的相对解放,此时知识分子的志得意满写在脸上,我们称之谓"文艺界的春天"。我在作曲方面的成功,享受到了鲜花和掌声,成为多年的先进工作者、市劳模、人大代表、音协理事、跳级加薪、一级作曲……最后经群众推举,学而优则仕。1984年走上高位时,我曾经头脑是冷静的,因为我从来就不是一个官本位主义者,我上台半年便因病辞职,以后曾四次递交辞呈,在当官和作曲之间徘徊:遇文山会海,不堪重负,有时便走神入定：反"此时无声胜有声"而用之，学家父教我的"此处有人胜无人"，在"如若无人之境"的冥想中构思自己的作品。

十多年创作理念的思考，用"满"这个字来形容这个时期是不夸张的：英国剑桥世界文化名人、上海首任国际艺术节总监、中国音协执委兼上海音协副主席、上海群文学会会长、上海文管会副主任，首届上海文学艺术奖（音乐），上海文化成果奖……一般要到花甲之年才有的"勋位"我都拿全了！我又重新走到了人生的十字路口，是北上还是南下？北上是升任文化部高官；南下是应大哥之邀赴港整理父著，当平民作曲家；最后我作出了一个纯粹私人的决定：赴港。在这之前，写了一部上海青话的电视剧，主题歌便是《我又要走了》，内子叹曰："一语成谶！"这回不是前十年漫游祖国山水或带团出国演出，而是真走了，一别廿三年。

在这些年中有两部作品是同父训有关的：

一部是1982年的音诗《晨钟》，曾获当年上海交响乐选拔第一，是同父亲早年一首诗作《山寺远钟》有关的一部作品，家父吟曰："一切有情，生老病死；一切器界，成住坏空！尽管我十分不愿意，无奈是自然的铁律，不由得不服从！"他叹"世间的绝代佳人，锦绣河山，盖世英雄！……浮云泡影，瞬息无踪！""搔首问天公：滔滔今古，刍狗万物……难道我们的一命运归宿，如此终穷？"下面这几句是我最喜欢的："天公不语。悠悠独立，情怀万端，悲泪无从！夕阳斜照，凉风微吹，从那幽远山中的古寺，传来几声晚钟。"又叹："一个起灭不停的幻境上，能有些什么永恒的真实……醒醒吧……莫要尽朦胧！"朦胧过后，便是清晨，《晨钟》一曲的构思是晚钟的明日，其内涵我写在《刘静窗文存》第十二章诗文篇第6首的按中：此家父罕见的白话诗文，既像点拨世人的醒世恒言，又像大彻大悟的独立格论，无其为何？最后三句"涅槃寂静，光明圆满，方是自家的真正主人翁"，乃精到的篇末点题。这便是家父"晚钟冥想"的彻悟，我1982年的"晨钟冥想"实乃鹦

鹦学舌。但这种在此时期非主流的思考,在七、八年后成为主流:

这便是清唱剧"生命宇宙的春天"的思考了,后述不赘。同时面对文艺界和官方两个复杂的载体,我难以驾驭,我不若将此放下,去追随真理,清唱剧就已作答。这一时期可用"登临高峰,急流永退"来加以概括。

3. 夜深沉时期(1990至今)

假如前一时期以清唱剧为高峰的哲思是求索、探寻;那么1990年的冥想静思便是反思、质疑!当我什么都拥有了,都"满"了,我忽然发现我对自己不满,因为囿于哲学的贫穷,我连自己将来该做什么也不知道?我欲摘去桂冠和光环,洗尽铅华重新出发,这是一个多么沉甸甸的决定啊!我从1990年元宵后冥想静思了一个月,开始创作二胡协奏曲《夜深沉》,我喜欢这个标题,隐喻了冥想:这部作品的第一乐章是楚汉之争的激战,第二乐章南邦子是激战后的静谧!有点像我从政六年后的退隐,我又重新回到了我的钢琴前,叩响了我重新出发的钟鼓之声!

《夜深沉》是1991年夏在香港首演的,我一文不名地走进了这个商化的社会,曾经的荣耀光芒不再,眼前的艰难层层压来,把我满脑子的理想哲思击得粉碎,需要为生计而"重新出发"!这是现实。我从1991年初至今,彻底完成了自身的哲思转变,在《文存》附录二07—3中,我披露了这些往事。这一时期的创作显现了对旧时的追忆—回味—再思!我在这里,没有1982年写"上海之春"开幕式重唱《浦江之春》的激情,但我会写狂想曲《帕米尔风情》的续集《狂想风情录》:"江东风情"写江浙的醉春、"寨南风情"写云贵的狂欢、"川西风情"写熊猫的故乡、"塞北风情"写内蒙的莽原;"天音"是对西藏的怀旧、"布达拉情圣"是对六世达赖的描述……我少壮的经历和素材,在45岁之后可以再创再思,打开了一片新天地。在这里,我有数百名学生成材,我和内子也成为第一线的双钢琴演奏家;在又"重新"被确认为著名音乐家时，我俩莞尔一笑，这就是人生：你落魄时，您的过去被抹杀；你成名，虚假的荣誉又上身。当年离沪后的情况，也大同小异，有人刻意将我们从曾经的作曲家队伍中剔除，幸好人们还记得《黑猫警长》《封神榜》，但这重要吗？音乐家不是文化局长，他是不能被"任命"的，我本是音乐家，现在做回我自己，我此生足矣！这就是后廿三年的"朴质意识"，在作品风格上也是，由繁复到简约；我不再会追逐任何同名利有关的事。2014年夏天，我回归上海，寻回游子的根，我在《文存》的"编后存言"中镌下了难忘的记忆。

父亲四十岁，写下庚寅遗言，令我刻骨铭心；1990，我四十五岁，写出一部承传父说的《夜深沉》；是异曲同工的，因为我走出了另一个自我。人们是难以理解"隐退"的滋味的，从一切拥有到一切没有，从官人到平民……这是我同家父共同的拥有。这一时期以《夜深沉》为起点，可用"回到自我和归璞返真"加以概括。我写这些人生和学思的历程是对下面三节的注释和导读，可以按编号对号入座，可算是本文一个不规则的前奏。

二、《甜梦》——爱之梦，世纪循环大爱的哲思

说起《甜梦》这首曲子，便牵引出许多往事。这首曲子有四个版本，第一版是16岁时写的钢琴作品《摇篮第一号》(1962·初稿)；第二版是在十五年后加了中段后易名《甜梦》(1977·修订稿)；第三版是又两年后在广州太平洋公司录制的盒带《甜梦》(1979·乐队版)及在香港刘念劬钢琴演奏会公演的第四版《甜梦》(1999·钢琴演奏版，2004在广州中唱录制)。2014·整理出版的《刘念劬音乐作品集(中唱上海)CD专辑》，将同时收入第三第四两个截然不同的版本，跨越了两个世纪。

艺海寻梦

　　1962年对我来说是忧伤的,灰蒙蒙的天总是欲雨还休,这一年我失去了我最敬爱的父亲!他年仅五十。我的日后蒙正式传世的处女作《摇篮第一号》(献给亲爱的父亲母亲)便是在父亲去世后一个月开始动手的。在我的回忆录《我的艺术人生》第一章中,我记述了我出生三个月蒙难的故事,如无父亲挥泪决定用有瑕疵的盘尼西林救治,吾小命休矣!我一出生,便成为父亲生命的负累,令他在我的童年时代经常四处求医,劳顿异常。虽我曾是由奶妈陪伴到七岁的顽童,但却能早早地读懂父亲的大爱。

　　我的处女作是在恬静中的一抹忧郁,一般人是难以感受到的。她记录了一种寻觅、一种渴求,恰如一首令人窒息的哀乐或悲歌,在我幼小的心中回荡……在父亲生命的最后三年,我成为他的小友,随着哥哥们均去外地求学,父亲便开始把我当作大人,这便是我忧郁的根由。因为我刚开始同他对话,他便离去了,而且是永久的离去。生死相隔的重门沉重关闭,大门坠地的轰鸣声砸碎了美好的憧憬,刚被开启的哲思启蒙成为问号,留下了太多缺憾和痛思。和同龄青少年相比,我在哲学上是早熟的,因为思索了太多在这个年龄段无法破解的谜。我夜有所梦,梦见的全是问号,两年后便得了严重的失眠症,因为我惧眠惧梦。

　　在我的青少年期,我窥见了父亲丰富的人生内涵,他的博大的心胸是无比包容的。你看:讲儒家,他与熊十力、牟宗三为友;参佛学,他拜虚云、应慈为师;论政治,他茫然不知,家中曾是共产党地下要人的藏匿地;谈音乐,他可以从孔子、庄子一路谈到贝多芬……他与各界顶级人物的"华山论剑",奠定了他自己所参悟的学识层次。凡与他交往过的人,没有不赞叹他的过人才思的。同理,他也刻意安排顶级学人为我作蒙师,这是我一生的荣幸:他在1960至1961年请复旦蒋天枢教授为我讲多次《楚辞》,其中一次专讲《离骚》;他嘱张伯伯请中科院谢国桢先生为我讲明史,请吴晓铃教授为我讲中国戏剧史(这两项虽是在七十年代完成,但全然是父亲生前的安排);引申出北大季羡林教授为我讲《诗经》。均是生前一诺,死后兑现,这种士为知己者死的风骨,曾令我佩服得五体投地。与今人相比,无疑天地。这种直接同学术大师的对话,犹如醍醐灌顶,顿开茅塞!没齿难忘,影响了我一生。父亲欣赏居里夫人对子女的教育方式,即并不上学,请名家直接到家中讲课,不重作业重对话重理解,这同他自己的学思历程是有关的,因为,自幼多病的父亲便是用很少的几年时间,完成中学学业的。

1978年后,当我完成了父亲安排的全部学业,自己也娶妻生女后,我才将《摇篮曲第一号》易名为《甜梦》,一首曾多次获奖的管弦乐曲,这已是在初稿写作的十五年后。因为父亲的哲思溶入了我的血脉,我作了毫不自觉的大修订,获得了一种死而复生、苦尽甘来的人生寻觅、一种生命循环、周而复始的哲学苏醒,从苦涩转为甘甜。这便是贝多芬说的"这是从血管流出来的音乐",他从哀思、凄婉、憧憬、回归爱与平静,倾诉了我童年的故事,这便是迟来的心灵参悟:我出生前几个月正值祖母王氏孺人谢世,父亲如我一般作为幼子的心情我感同身受,面对这种无私的真情大爱,儿子无以为报,他将对母亲的爱浇铸了念劬这个名字。多少年后我方能体会《诗经·小雅》中"哀哀我母,生我劬劳"的大性大情。实践了周而复始的爱之梦:在我们自己为人父母之后,便知道,得到的爱,回报不了失去的爱!正因为那是不取回报的爱。如此,请将相同的爱带给您的子女吧!所以十五年前失去爱的《摇篮曲一号》会在十五年后转化为得到爱的《甜梦》。这便是世纪循环大爱的哲思。

三、《生命宇宙的春天》——未来之梦,人类探觅真理的哲思

幼时,父亲最喜欢同我讲:"孔夫子游学的故事"、"唐三藏西行的

故事"和"哥白尼追日的故事",我说没有这个故事,只有"夸父追日"。父亲笑说:"夸父是传说中的神,他追日是不会死的;哥白尼是现实中的人,他追日便被处死了!"父亲说:"追寻真理的人,精神强大,生命脆弱,但不畏强暴!在哲学词典中他们被称为先知和开拓者。"

"中国古时,便有屈原!你明年该跟蒋伯伯去学学《楚辞》了,望你学到精粹。其实,国人并不太明白《离骚》中'吾将上下求索'的含义,有时学问讲得太玄奥,反而将一目了然的哲理弄含糊了。其实,用生命去体证宇宙的真理才是最可贵的!"

他接着又说:"西人中能与之比美的便是发明太阳系说的哥白尼!他以血肉之躯对抗愚昧强权,最后被处以火刑的例证,便是人类的瑰宝。他是真理的捍卫者,早就明白了以一死唤醒世人的道理。但我们这个星球,真理的信奉者为何如此之少呢?这便发人深省了。"

"可悲的是,人类承认真理的勇气比承认错误还要差,今人比古人差!比起孔子和唐僧就更差。所以我欣赏戊戌变法的君子谭嗣同,他不谋逃生,慷慨赴死,将六尺之躯献付真理,那种'我自横刀仰天笑'的气节,无人能及!"

这是我最爱听的父亲故事,他教人寻觅启蒙、发现良知、追逐真理、热血创造!

这是父亲给我留下的种子,在三十年后,他发芽了,爆出了一部充盈哥白尼精神的大型清唱剧。

无论在哪朝哪代,率先找到真理的人都是异端,他讲的真话便是邪说,他行的善举便成恶行,甚至轻取其性命而不作惜。这些人,创导知行、形同蝼蚁;即使学说得到承认,也难正其身。此便是人类的丑行和不公,无人怒责,法不及众;真理与宵小总是被列为同类,这便是人类的悲剧。父亲的正义潜藏于他的哲思中。

但是,春夏秋冬,周而复始,大地母亲的生命之钟,主宰天道运行,从不因愚昧无知而停止。我歌颂生命宇宙之天道,更歌颂用生命去认知和印证天道的先行者。这种无所畏惧的前行是伟大而悲壮的颂歌。我自写的词稿便更直接地表述了这种哲思:因为《生命宇宙的春天》毕竟属于人类,属于我深爱的地球村。

在一乐章《生命之钟》的篇首,"我拉开了序幕:白雪茫茫的严冬、千里冰封的旷野、冷雾凄凄的寒夜及万籁俱静的大地;萧索、凝固、朦胧、沉寂,叩着死神远去的脚步声!"在序幕的篇末我唱道:"骚动,命运的未来;骚动,未来的新生;母亲你熬过阵痛,送走了冬,分娩了春。大地母亲的生命之钟,震撼了苍穹!"这是生命宇宙苦尽甘来的天道运行。

第二乐章《三春之歌》,"春风、春雨、春夜、春思,如大地回春的梦幻;春的种子,绿色的希望;春的气息,醉人的清香;春的求索,生态的兴旺;春的轻狂,爱情的歌唱。大地、原野,在春天的怀抱,重放宇宙生命之光"。这是生命宇宙美轮美奂的天道运行。

第三乐章《大地母亲的咏叹》便直接唱生命宇宙四季有常的天道运行:"春夏秋冬,年复一年,周而复始;从盘古开天起,就是如此,往返再现。四季纷呈,星移斗转,经万劫磨难;自人类有灵时,就是这样,循环变幻。""分娩在春天,成长在夏天,收获在秋天,孕育在冬天;就在您的怀抱中,春夏秋冬年年变换。"这便是生命之钟的时限:"归去来兮,时光在前!这就是大地母亲的咏叹。"

《新世纪的回声》是开拓者与创业者的未来诉求!是生命宇宙的必然!第四乐章的哲思——是人类寻觅真理的宣言!我不必专门去唱孔夫子千里游学,唐三藏踟蹰西行,哥白尼追寻太阳,谭嗣同横刀仰天及当代人探真求理。因为,"月亮有月盈和月亏的那一天,地球有白昼和黑夜的那一变,太阳有日出和日落的那一瞬,世界有大地和天际的各一半"。在流动的生命宇宙运行中,早已包容着科学、真理、文明、变革的哲思,它预示了"新世纪的黎明:生命宇宙的春天!"

我不讳言:作为一部大型声乐套曲的词作,不可以当作哲学论文去看待。艺术作品只能有哲思的意味,难表述透彻的理念,只能点到即是。这部作品在同行的眼中已是极限,我不敢再多说了,因为再多说,音乐便变成"音文"了？会被同道好汉嘲弄的,就此打住,一切尽在不言中。但假如您去读一读父亲的庚寅四十所写下的遗言及诸多随笔,便知,我决非父亲理念的抄袭者,但绝对是他的儿子,是他理念的继承者。

四、《夜深沉》——楚汉相争之旧梦新解,人间爱与死永恒主题的哲思

在父亲生命的最后一年,1961年11月,他赠我两份京剧音乐曲谱,一面放送着他珍藏的梅兰芳唱片,并一面明确地指示我:"有机会要用京剧《霸王别姬》中的虞姬名段'南梆子'和京胡曲牌'夜深沉'去创作中国交响音乐的传世之作。"我很吃惊他的态度,很决断,很有一点嘱托的意味。他说:"时下改编的京剧音乐都是卡戏,是用乐器在模仿人声,缺乏理解和创造。"我忽然对他"刮目相看",实在太专业了！因为我便是持相同的看法。

他又说:"贝多芬的伟大,并不是他将席勒的《欢乐颂》写出了一支歌,而是将诗作的精髓变成了解脱大爱的交响——人类生命的赞歌,他的哲理依据是东西方共通的'四海之内皆兄弟',这是贝多芬在最后一部巨作第九交响曲中的彻悟！""楚汉相争的故事流传千年,我们有没有一点旧梦新解的彻悟呢？"

他抽出我们江西同乡巨擘王文公安石的诗文说:"请看这一首中的末两句,'汝生不及贞观中,斗粟数钱无兵戎！',这便如白居易'卒章显其志'的笔法,乃对唐太宗'贞观之治'民众安居乐业无战争的赞赏。"他说:"王安石任职鄞县知县,目睹实行盐茶专卖,官府尽收天下

盐利,本县盐民苦不堪言,势成官逼民反之势,即上书直谏,效'古之君子',勿失百姓之心。写下了'一民之生重天下,君子忍与争秋毫'的名篇。"父亲嘱我细品"一民"的大义:"便是孟子所曰:'行一不义,杀一不辜,而得天下,皆不为也。'此乃大爱! 王文公心中纳之。"

"楚汉相争流传千年,霸王力能拔鼎,霸王剑舞别姬,霸王听楚乡愁,霸王乌江之刎;时而激昂,时而低婉,唱是帝王争霸,凄美殉情,一死谢天下,无一不留千古绝响! 成全爱与死的永恒主题,足可匹敌莎氏之罗欧之恋。可是无人去追究发动战争的原罪:生灵涂炭、民不聊生、血流成河……王文公体认孟子的民本,便应是项刘演义故事的新义新解!"父亲很吃力地对十六岁的我,讲完了这些,我听懂了:"爱是指对万民苍生的大仁,死是指杀一不辜而得天下的不义!"

我八十年代末与刚故世的二胡名家闵惠芬君的"勾指之约",正是来自父亲上述艺思与哲思的指引,这才会有三十年后拙作二胡协奏曲《夜深沉》在两岸三地的悄然走红!

《夜深沉》的构想是颇有一点巧思的:

第一乐章的标题《夜深沉》是一首京剧曲牌,由平淡舒缓到激越高昂的旋律,其刚劲有力的精神气质,经逐次演变,极像在讲一个愈演愈烈的千年故事,充满了戏剧元素。他的字义引申出问号,他在翻开沉寂的历史巨册,发问:是夜,你在想什么? 为什么这样深沉? 楚汉相争的故事便在边角与金鼓的乐声中拉开了帷幕,于是人们重温了这个百听不厌的故事。其实,这首曲牌的容量,并不能涵盖这个历史传奇,同传统演绎霸王的民间音乐毫不相干,这便是哲学隐喻的厚重和古老京剧音乐的幻化,它的千年跨度是毋容置疑的。

夜的深沉思考是:人类与战争。

第二乐章的标题《南梆子》,是另一首京剧曲牌,她同楚汉相争故事扯上关系是梅兰芳的《霸王别姬》,因为虞姬的唱段如此出名,所以为曲牌打上了标题性属性的烙印! 其实其他音乐名家也唱《南梆子》,

但用于其他戏中也就不带属性了。奇怪,梅兰芳一唱《南梆子》,便是讲这个故事。父亲认为这是世间最美的音乐。

羽姬绝恋的深沉思考是:战争与爱情。

第三章乐《乌江赋》不加入新的音乐素材,是前两个主题的戏剧引申发展,它的华彩乐段是我加给项羽的感慨:霸王愧对江东父老,仰天长叹,乌江自刎,千古遗恨。所以,初稿的标题是《乌江恨》,虽然我让项王临终诉说了对战争的扬弃,他之恨,不应是难成帝业之恨,而应是深悔征战带来灾难之恨,最后,在首演前将之改为《乌江赋》。

作赋的深沉思考是:战争的原罪。

如果说日后成熟如《夜深沉》般的创作思维,是经三十年发酵的醇酿,那么后易名《甜梦》的处女作《摇篮曲第一号》便是原点,"从《甜梦》经《生命宇宙的春天》到《夜深沉》",便是我艺术人生上海段的创作缩影,包孕了我艺术哲思的成长期。父亲是当之无愧的导师。

后记:"勾指之约"

这是一则由近及远的后记。

在2014年的盛夏,二胡名家闵惠芬君真的去了!我有点不信。因为我已数次面对这位故友的劫后重生!她,总是会回来;但,这次,她真的去远行了,没有也许……我想,她只是艺术人生的又一次谢幕!我们还可以在共同打造的唱片《凤吟》中经常见面,况且我最近又在《刘念劬音乐作品集》光碟集成的CD4,收入了这部作品的第二乐章《南梆子》,她,太投入了,无懈可击!

那是在2013年的11月我父亲百周年诞辰那一天,我上海的老友许晓明君为我邮来了二胡名家闵惠芬君的新专辑《凤吟》,其中压轴的三乐章大曲便是拙作二胡协奏曲《夜深沉》,我焚一支檀香,泡一杯香茗,将这一新专集供放在父亲刘静窗先生灵座前,祭酹他的冥寿日。因为,没有这位艺坛"先知"的引领,便不会有《夜深沉》这部二胡协奏曲的问世,更不会有廿四年前刘闵的《勾指之约》。

二十世纪九十年代中期,闵君来港偕香港中乐团同台献艺,下午彩排后我请她在香港文化中心二楼向海餐厅晚餐,席间闵君慨然曰:"念劬兄,我不畏死,但我们该做的事太多了,因此如果可以选,我宁选择在舞台上倒下;不愿选择在病榻上离去!"说罢,她对着窗外的维多利亚海港做了一个大大的拥抱姿势,似在祷苍天给她更多的时间和包容!今天,她实践了自己的诺言。

八十年代后期,闵君恶症扩大住院医治,在病情稍微稳定后,她托长年为她作扬琴伴奏的丁言仪君(我夫人蔡璐的同班好友)来我家找我,说:"老闵有要事相商!"我周六下午赶赴医院探她,她说:"刘兄,我快死了;如果我真死了,你就关心一下刘振学(指她的丈夫),今生我欠他太多!还有小赤佬(指儿子刘炬),给他点机会!"我听了鼻酸,便说:"老闵,找我来托孤啊?""不!"她停顿良久,两行清泪沿脸颊慢慢流下,我见了难受,便说:"有话就快说吧!"她终于困难地说:"假如我大难不死,你为我写一部二胡协奏曲!"

我头大了,这是可以随口答应的吗?我其时主持政务,已成业余作曲家。香港中乐团和新加坡华乐团的约稿均未完成,可真有点犯难了。相持了十几秒钟,她说:"我知道你是个大忙人,不会答应。"失望的双眼竟露出了将死之人的哀怨!为了鼓励她的重生,我没有选择。

"好!我答应你!"她说:"一诺千金!""那就勾勾还还!"(上海话的"勾勾还还",即是:"勾指约定、永不反悔!")我们认真地勾了勾小指。

我走出医院,看着满天的星斗,自忖:假如拼死写一部大型作品可以挽回一颗巨星的陨落,我义无反顾!但写什么呢?我想着闵君那对哀怨的双眼,和不舍人间的期许,不啻生离死别,我在静安公园的幽暗中,思考了很久、很久……

艺海寻梦

此刻便忽然有一个熟悉的声音传来:"用、南梆子,写霸王别姬!"

竟然是久违的父亲!他讲完后便飘然离去,我怎么也追不上他。其实,这是我坐在公园长廊中的梦!于是,一部作品的主题便慢慢在我心中发酵了。

这事又得回到从前:早在1977年,我就自己尝试过用京剧的"南梆子"去写一首钢琴曲,但无法表现出那种凄婉和场景,便知难而退了。假如要用,便是不易为而为之的冒险!我们同行中人是忌讳用京剧曲牌作素材的,因为,失败者居多。回家后同内子谈论了几次,虽未果,但她赞成用父亲另一建议:即用京剧曲牌"夜深沉"写的意见,逐步占了上风。我也觉得是比较贴切的见解,因为相对讲,从京胡演奏转向二胡,虽保持不了那种苍劲,但韵味不减,于是第一乐章有谱了。但这仍是不得已才能为之的事,就搁下了。

半年之后,闵君突然造访我家,她,索债来了。她假假地说:"当然,你忙,方便的时候再说吧!"再蠢的人也会知道她的来意。我别无选择了,便说:"试试这两个京剧段子吧!"她便聚精会神地练了起来。最后说:"难!但你敢写,我就敢拉!我会在二胡上去模拟人声,学拉京胡!""好!试试看吧。"我在闵君走后,思绪才慢慢展开。

又半年之后,我退出了政坛,回归阔别的作曲生涯,在即将离沪赴港之前,我完成了这部在中国大陆留下的最后一部作品:二胡协奏曲《夜深沉》。

剩下的便是目的和方法的关系问题了。

首先,父亲留给我的哲思,框定了这部千年绝唱的旧梦新解,是哲理推动的理念回归,主题的成立是显而易见的。

从音乐创作的自身规律而言:《夜深沉》是戏剧性的,《南梆子》是抒情性的。本身构成了相辅相成的选材优势,天衣无缝,相得益彰;两个主题的对比与糅合水乳交融,这便是先天优势。

而从二度创作而言:让闵君演绎京剧风格的二胡:先用《夜深沉》

讲"楚汉相争",再用《南梆子》讲"霸王别姬"这两个老幼皆知旧故事,是不二之选,是闵君定能担当的!而且自成风格;这便又形成后天优势。

于是,在我1991年初离去后一年,《夜深沉》即荣获"上海之春"音乐节优秀创作演奏奖,当闵君含泪向我报告这个喜讯后,忍不住喜极而泣!因为对一个绝症患者来说,克服身理病变带来的桎梏,重新回归舞台便意味着艺术生命的新生!而早在1990年作品问世时,我们曾经历了一次失败的录音,闵君的右手难以达到过去的技术常态,令难得的唱片制作失败了,留下了多年的遗憾。我曾怀疑,她还要付出多大的努力,才能恢复功力。

从1991的十余年间,《夜深沉》完成了由中国走向世界的历程:香港、上海、台北、澳门、新加坡、纽约等地的首演,1996年我在香港完成了供交响乐团演奏的西乐版本,并由闵君完成了由彼得堡交响乐团协奏的交响乐新版本。

我期望这个版本早日得见观众:因为这是我父亲的遗愿,我已经在自己五十一岁时完成了。假如说:这部作品的动因是来自我同闵君的"勾指之约",那么应首推来自我父亲的灵感及哲思,这种参悟,恰是我同父亲的"心灵之约"。是"心灵之约"引领了"勾指之约"!以此来告慰和祭奠:两位跨世纪参与者的在天之灵,这是,实至名归及功莫大焉的颂扬!因为,这是用人的生命印证的哲思和创造的艺术。

啊!不朽,不朽的灵魂。(请参看附录四:皮黄琴韵和情缘)

注:在编纂父亲文存的2015年后,我继《甜梦》的哲思完成了瞬间曲《樱》;继清唱剧的哲思完成了第一交响曲《天伦》;又继《夜深沉》的哲思完成了第二交响曲《永恒》(随想曲两首)。至此,初步完成了父亲的遗愿,将他的哲思化为交响乐走向世界了。

[附]简历

刘念劬,字衍诚,又名履先。

1945年11月24日,即民国三十四年乙酉十月廿日寅时生于上海。父义成追忆祖母王氏孺人一生劬劳、养育之恩,取名念劬。

中国著名音乐家及社会活动家,1989/1990入载英国剑桥第五十四届"世界文化名人年鉴",其后又相继发布为澳大利亚及亚洲地区文化名人、美国及太平洋地区文化名人;并获美国洛杉矶市政府颁发"荣誉公民证书";2014年获上海图书馆中国文化名人手稿馆收藏其艺术档案,荣获"妙笔手稿贡献奖"。

1957—1971年,考入上海音乐学院附中及本科专修钢琴、作曲,兼修指挥。

1972—1983年,任上海歌剧院作曲兼指挥。

1984—1991年,当选中国文联委员及中国音乐家协会理事,兼任社会音乐委员会副主任,上海音乐家协会副主席,中国国家一级作曲家,为上海中青年作曲家群之领军人物。

其间,曾任上海市文化局副局长(1984),后升任常务副局长(1985—1990年主持工作),于1987年首创上海国际艺术节,任艺术总监兼秘书长。

1990年作出急流勇退、回归音乐专业的选择,潜心创作、教学。

1991年移居香港。十余年间,偕夫人蔡璐(著名卡通片音乐《黑猫警长》作者)在中国大陆和港台、美国各地从事作曲、教学及钢琴演奏活动。

1991年—1992年,任香港艺术专业学会会长。

2000年—2006年,创立香港刘念劬国际音乐中心,任公司总裁兼校长。

2007年—2016年移居美国西雅图，为国际版权协会终身会员，出任西雅图歌舞团总顾问、名誉艺术总监。

2017年，先后出任上海大学音乐学院特聘教授，中国唱片（上海）有限公司首位音乐顾问，上海对外文化艺术交流协会国际艺术交流总监及亚洲音乐节首席顾问兼执行机构艺术总监。

其创作音乐作品达三百余部，其中主要作品有：大型神话舞剧《凤鸣岐山》（1980，上海首演），清唱剧《生命宇宙的春天》（1989，刘念劬作品音乐会上海首演），二胡协奏曲《夜深沉》（1991，香港首演），钢琴协奏曲《天音》（1999，台北首演）及歌剧《多布杰》、管弦乐《甜梦》、狂想曲《帕米尔风情》、音诗《晨钟》、大提琴协奏曲《漫步》、交响诗《啊！祖国》等；曾偕夫人创作影视音乐上百部，其中美术片《黑猫警长》音乐、四十集电视连续剧《封神榜》音乐影响最大，"神的传说"一曲在海内外流传甚广。

曾荣获上海文学艺术奖（音乐首奖）、上海之春音乐节优秀创作一等奖、中国文化部优秀作品一等奖、法国巴黎市及希腊比雷埃夫斯市荣誉文化大使证书及上海市劳动模范称号；为香港政府市政局文康类金牌得主。

慈 父
——与兄长们眼中不一样的父亲
刘昭华

在述哥笔下,父亲是学贯中西的哲学巨擘;在任哥笔下,父亲是通儒晓佛的旷世名硕;在震哥笔下,父亲是指点迷津的睿智先知;在我的脑海中,不会有父亲薪火相传给劭哥的妙曼哲思;在一个父亲离开时年方十三的小女孩脑中,父亲就是父亲,是不会有其他称谓的!无论在日后有人给他增添多少道奇异的光环,他仍是我那个触手可及的、相依为命的、无比亲和的慈父,是同兄长们眼中不一样的父亲。

在父亲生命的最后几年,举步蹒跚,早早地用上了拐杖。有一次出门后回家说,今天乘公交车有人叫我老伯伯给我让座了。有好几年,我放学后爸爸会牵着我的手到襄阳公园去散步,走得时间长了,他便会扶着我的肩膀缓缓踱步,我们一前一后相依而行,此刻我便是父亲的小拐杖!

我1948年出生时劭哥还不满三周岁,他由于在三个月时因母亲无乳便断奶,改用人工喂养美国的克宁奶粉,他抗拒人工喂养便成天疴肚,搞得体气孱弱,身材瘦小。我则不同于他,自幼从未吃过母乳,从来就是吃克宁奶粉长大，且每次饮一大樽，中间从不间断，因此身体健康，身量壮硕。父亲称我为"克宁奶粉宝贝"。并说：假如劭儿自幼不吃这三个月母乳便会同昭儿一样，这其实是"奶痨"。劭哥直至七岁，都有发瘰的毛病，一直由干奶妈阿宝悉心照护，因常夜间啼号，故每晚便跟阿宝睡。而我则无病无痛，健康长大，每晚便会跟母亲睡在与父亲的同一间房，这种模式维持了好多年。在阿宝回乡后劭哥才独立，但母亲不放心，仍让他跟震哥睡在离我和父母一板之隔的小房间，便于夜间探视。同劭哥相比，我的身体状况是从不劳父母操心的。

我同劭哥性格截然不同，他外向我内向，他大胆我胆小，他凡事当先，我遇事在后，两人形成极大反差。就讲考位育幼稚园吧。他三岁时去应考，当堂侃侃而谈如外交家，立即录取；而我去应考却从头哭到底，因为胆小，便失去了读位育幼稚园的机会。以后也不再报考其他幼稚园，两年后便直接上位育小学一年级了。母亲评论我的胆小用江西话讲："出头不出脸。"父亲则调侃说，不该生肖属鼠。劭儿属鸡便天光就啼，昭儿属鼠便躲在人后。并说，女孩子不要胆子太大，温存一点好，将来要嫁人的。从小我便依赖父母，母亲1956年外出工作，我才8岁，先跟姨婆婆，1958年姨婆婆也走了，我便跟爸爸，被劭哥称作大人的"老鼠尾巴"。我也依赖小哥，有时他不欲我跟他，便叱我是"跟屁虫"！忽又说"划不来，你是虫，跟我？我成了什么了？"这种口角在我们之间是被允许的。我们的性格互补，一刚一柔，从小在里弄里，是没人敢欺负我的，因为小哥是皮大王；他的强势，弥补了我的怯懦。

父亲对我的教育是宽松的，在我身上并无像劭哥那样须四岁背唐诗的压力。对学校的学业也是听其自然，极少干预。我一般来讲是循规蹈矩的好学生，记得仅有一次少做了暑假作业，第二天开学要缴，父亲并不责罚，反而嘱震哥、劭哥帮忙，结果是震哥代做数学、劭哥代做语文，一个小时完工。父亲反对死记硬背，反对校方给许多暑期作业，由此可见一斑！他对我和小哥打趣说："学问是背不出来的，阿猫阿狗

慈　父

都能背的学问叫背问,学问写在脑中,背问写在背上,睡一觉便压没了。"我们谨记着他寓教于乐的风趣教诲。

1956年,在国家公司合营的浪潮中,我家在南市元兴里、方斜里的房产被清产合资,政府以发放七年定息(后延长至十年)的赎买政策,让私产步入国有化的进程;而同时将私方人员"改造"为自食其力的劳动者。此时,父亲因病留职停薪在家,我们家在已坐吃山空数年的情况下,决定让仅有四年私塾学历的母亲出山做事,成为南市小南门房管所的助理房管员,接受"改造",赚取微薄的薪金帮补家用,她管理数千户住户,承受了极重的工作压力。每晚回家,母亲除辛苦洗涮拖地外,还要完成公司带回来的事务,经常由父亲坐在她身旁操算盘,幕后帮妈妈写规划做报表及算账。这是因为爸爸眼光长远,深知自己多病恐不永年,便忍痛鼓励妈妈出去工作,为的是让她今后有劳保,不拖累子女。这便苦了他自己:他必须孤单在家,独立承受病体的桎梏。但我从未见到过父亲消极、悲观或自怨自艾。他通儒崇佛,经常随沉香阁的印慈老法师参研佛理,维护了从信仰中获取的自尊,他的人格精神是强大的。

1958年,在家中帮助料理家务的姨婆婆(祖父小妻)又出任里弄干部,甩掉了包袱(指为我家料理家务)。久病的父亲便面对自己料理生活的困局了:最大的问题便是要自己料理中餐。每日清晨,母亲会煮一点简单的饭菜留下,中午在煤饼炉上加热,便简单进食。由于震哥和劭哥都在校内中餐,因此通常共进午餐的便是我们父女俩,也因此我才十岁就学会了操炉弄灶,热煮饭菜及制作面食等事务,为父亲分忧。爸爸有严重的胃溃疡,我中午回家帮爸爸做一个面饼,黑粉制饼硬而难以下咽,他只能吃中间一块软的。那时蔬菜匮缺,家无存货,我每天到离家一站半公交车程的菜场买菜,后来碰到一位好心的卖菜阿姨,她问了我家里的情况后还上门家访,看到我家确实困难,有个生病的爸爸需要照顾,就特别加恩每天留一份菜给我,从此,我就不用一早去排队买菜了。

　　同年,全民大炼钢铁,我和劭哥到处寻找适用的废铜烂铁交去学校,作为炼钢的原料,曰支援国家建设,十年赶超英国。我们上交的铁器多寡便有先进后进之分,家中不用的铁锅钢勺无一能幸免。某次,我再找不到废铁上交便急哭了,父亲便嘱震哥爬上阁楼找一把还可以用的铁熨斗给我,这才算交了差。

　　一个星期天,已成为里弄干部的姨婆婆带着青年突击队敲锣打鼓来到后弄堂,她先趋前来对母亲说:"各家抗拒拆防盗的铁窗架,你是我亲戚就带个头,先拆你们十五号!"母亲愕然,尚未作答,便听见一阵呼然的锤声,不到十分钟,防盗铁窗便荡然无存。父亲在内室拈香点燃一撮到地,然后插入香炉,口中念念有词,不知是在念《心经》还是《往生咒》,只听得他良久不语,最后轻发一叹:"该来的总要来的。"他对母亲说:"该有此劫,恐怕避不过了。"母亲见父担心便回答道:"随业漂流!"

　　一种政治意识开始在里弄中滋漫,似乎在家养病的父亲不是自食其力的劳动者,也要被"请"去参加读报小组,向居民讲解时政。每周还要组织居民政治学习,父亲照例请假。好在后弄堂的居民小组长由姨婆婆兼任,故未曾受到诟病。

　　1960年后,国家因天灾人祸进入困难时期,油粮定量,细粮改粗粮,这对长期患胃溃疡的父亲来说不啻是灾难!父亲缺少足够的营养,唯一照顾病人的只有每天一瓶鲜奶及每月一斤的鸡蛋,有时父亲看我瘦小,要同我分食,总被我谢绝,他都会无奈地叹息。有时我们父女俩会做一个粗黑面粉的面饼充当中餐,父亲只能挖一块较软和点的充饥,父亲还常赞我饼越做越好。我还学会了炒"钢铁菜",即一种又大又硬的包心菜,我将粗筋切除,切细丝腌制,然后炒吃,省油省功夫,父亲也称赞我"有本事"。

　　那时候限量的全国粮票可换鸡蛋,母亲换回了一盘约30个,嘱父

慈 父

亲每日吃一个。父亲心挂孩子们,有一次嘱炒五个鸡蛋给大家吃,吃得尽兴,劭哥至今仍然记得、仍觉美味。有一次,爸爸躺在床上,特意让妈妈打开柜子取出一条天蓝色羊毛围巾和一副米色羊皮手套送给我。当时我如何能体会父亲的深爱呢!

父亲常为里弄做分外之事,连续好几年为邻居写春联,便是乐事,我们家客堂挤满了邻居来求父亲的墨宝。我特别觉得自豪,以父亲为荣。我小学三年级家校联系时,教语文的班主任陈老师看到爸爸的一手毛笔字这么漂亮,十份欣赏,赞叹不已,隔几天特意登门拜访并请求爸爸为学校填写期末颁发的奖状。爸爸有求必应,毫无架子,那年他真用毛笔,为我校填写了一叠奖状。

母亲工作经常在外日晒雨淋,得了皮炎,父亲让我去广慈医院为母亲挂个皮肤科号,我排错队结果挂了个外科号,母亲说:"错了。"父亲却说一试无妨,结果搽了外科的药反而好多了。父亲夸我:"你这个号挂得不错!"我阴差阳错,还得了表扬。很过意不去,父亲的豁达及幽默由此可见一斑。

那时我们经常去襄阳公园休憩,在那里父亲有时会去茶室泡上一壶茶,一坐便是一下午;有时他也会带我去远一点的复兴公园,该公园有动物园,便会吸引较多儿童,其实该动物园经费拮据,不养老虎(因胃口太大),仅养一只豹,成天瞌睡。但常会在小卖部为我买些零食,而且让我可作一次自由选择。

父亲营养不良,脸上脚下均现浮肿,母亲逢周日常会陪父亲去乔家栅吃碗有点油水的汤面,是不用付粮票的高价面。每次,父亲总是嘱母亲带个饭盒,多买一碗面,回来时便招我和劭哥分食。他自身已病况严重,仍心挂家里两个小儿女。

在父母的陶冶熏育下,我一生尊儒崇佛,只期平安度过一生。虽人生不如意事八九,但尚能谨遵孝悌、恪守本分,把持自我。1962年父亲去世后,我随母兄度日,虽无粗茶淡饭之虑,但却倍感孤独,完全能够体认劭哥前文中所写的对父亲的苦苦寻觅及呼唤。梦中总是出现步履艰辛的父亲、手扶我的肩头在襄阳公园踱步的情景,其实根本就是现实的重现:夕照如金,秋风渐至,父亲渐显晚景之沉寂,他常会对着喷水池,对着芳草地,长时间地冥想,我乖巧地不出声,依偎在他身旁。

我,是父亲永久的拐杖,真希望他可以扶掖着我,缓步前行,直至永远……

此次值父亲百周年诞辰,能兄妹五人合编父亲文存,意义非凡。我承兄长们的厚意亦忝列其中,倍觉荣幸。记得幼时父亲讲过一个故事如下:

从前有个十分耿直、又十分重男轻女的老学究。见人家生男孩会道声"恭喜";见人家生了女孩不屑一顾,说句"也罢"。一次上街看到四个轿夫抬了一位小姐,街人叫道:"四个恭喜抬了个也罢",引起街坊们哗然。

我家兄妹五人也是如此!四位"恭喜"兄长能否和睦相亲?能否继续顾念我这个"也罢"吗?

[附]简历

刘昭华

1948 年 7 月 17 日,即戊子六月十一日生于上海。

上海市第四女子中学高中毕业,任华东电子仪器厂新品开发助理。

作为家中幼女,孝悌事奉双亲,在沪协理兄长冗务,为家庭事务默默作出奉献。近年来参与其兄念劭上海团队的工作,成为驻沪的委托人,为家族事务辛勤付出,亦为父亲文存的编撰承担了后勤事务。

父母亲的旷世情缘

刘震先

尽管"父母之命,媒酌之言"成就了父母亲一世婚姻情缘,父亲曾当着母亲的面说起这段往事,调侃道:"稀奇稀奇不稀奇,陌里陌生做夫妻。"母亲听了仅莞然一笑而已,宽容柔顺如此,这是一般女性极难做到的。一次,昭妹语重心长地说:"妈妈心里,爸爸就是天呵!"这就是一个中国旧式女子的旷世情缘吧。

其实,"陌生"二字也注定了母亲的坎坷生平。她先后经历了少年痛失父母怙恃、青年痛殇长子医误非命、中年痛历夫君病故归西等人世三大不幸,仍能毅然决然挑起持家教子的重任,生命不止,奉献不息。如今追忆其贤妻良母的伟大胸怀,难以止笔啊!

一、将门虎女

母亲王椿秀,又名蕴聪,吉安县固江镇坊下村东大常王家村辛亥革命名将王忠勇公和莲金敏孺人之三女。1914年2月24日,即民国三年甲寅正月三十日午时生。幼时"父母媒酌",成就了她和父亲的婚姻。

东大常是一处依山傍水、山明水秀的山村,为了防备盗贼、虎狼侵扰,沿山修建围墙,有便门直通后山的崇山峻岭。曾外祖父善太公,家境殷实,在乡间是最为乐施好善的乡绅。善太公经常教导子弟:"地方不靖,危邦难居,尚文习武,藉以自卫。"在善太公的安排下,外公幼时就读于宗祠私塾;家中延请武师教习武术,外公和宗族子弟一起习武健体。此后外公的"护境安民"思想伴随终身,即源出于家教。

在家乡尚文习武的环境熏陶下,母亲的性格既宽容柔顺,又豪爽实在,及至老年性情时而偏急,体现了将门虎女的风范。母亲就读家塾三年,粗通文墨,因迫于女子无才是德的封建陋习,幼时只能跟随外婆做家务习女红。

二、童年轶事

我在幼时喜欢粘在母亲的身边,缠着她讲故事,常会问:"还有呐?"至今记忆中存有许多她的童年轶事。

母亲幼时,曾见到家门前池塘边大树结满了枇杷,情不自禁脱鞋上树采了一大兜枇杷,在摘细枝上大个枇杷时身体失衡,咚地一声坠入池塘,池深逾丈,险遭不测,幸亏两位族兄路过救援,才免于难。

我问:"还有呐?"

她沉思一会说:"又大又甜的枇杷没有了,外婆忙着启用炭盆,帮我烤干衣服,没有责骂过我一句。"我又追问:"没有谢谢那两位族舅?"母亲打个哈哈,唱起江西山歌:"麻子麻,偷枇杷。枇杷树上有条蛇,吓得麻子倒转来爬。"逗得我哈哈大笑,糊里糊涂进了梦乡。后来我听说那两位族舅参加了红军,做到红二十军参谋长和师长,1930 年因 AB

团错杀,直至 1989 年才平反。

她还给我讲狼狈为奸的故事、狼在山坡土丘上戏弄族叔帽子的故事,但印象深刻的还是从未见过的"麂里"。她说:"麂里是一种生活在山上的麋鹿,前脚短后脚长,常常跳跃上山,又连滚带爬地下山,逃避虎狼袭击非常奏效。但难逃猎人下的陷阱或网套。"母亲感慨说:"人心毒似蛇!"过一会叹口气说:"麂里肉蛮鲜美。"2014 年秋,我回家乡祭祖和奉请九修族谱,在族弟的家宴中第一次品尝到一种鲜美野味,他们告知是体型矮小的"麂里",竟不忍下筷饱餐。

当时乡下还时兴缠脚,母亲十分痛恨此事。白天被外婆莲氏孺人和姐姐们抓住,用粗布带把脚缠成弓形,痛得走路都困难,晚上睡后,母亲马上擅自拆掉裹脚布,松快脚丫一觉睡到天亮,马上被外婆发现,又重新按住缠脚,这样反复多次,脚终究没有缠成。外婆无奈叹说:"一双天足,怎么嫁人?你好自为之。"此后,母亲自己缠脚,松松垮垮,成就了一双脚趾有缠痕的天足,和伯母、姑妈等的小脚比,她做事灵便得多,为日后和父亲相亲相随,走出家门工作创造了条件。

三、痛失怙恃

外公王忠勇将军先后经历了少林求师、建忠勇营、投笔从军、辛亥举义、云南集训、护国讨袁等重大事件,从晚清到民国,他的军旅生涯长达 34 年。1923 年,因不满军阀混战的局面,外公年仅 50 岁就退役致仕,告老还乡。他在晚清历任副将校尉(副帅之属官)、护军校尉、骁勇营管带(水师之陆战队)、夏州屯田司、混成协代理协统(从三品的官阶);在民国又任新军旅少将旅长、教导团少将团长、军部高级参议兼新军点阅局总办、军务提调署署长(驻赣州)兼军事委员会参议等职务。

外公回乡后重整"忠勇营",挑起"护境安民"的重任。不久,外公以其威望及军事雄才,被共推为吉安县团防局局长兼县国民议会副议长,后又出任五县联防局主席。时年母亲年仅九岁,深得外公的喜爱,每天晚上外公回家,就会喊"三娌、三娌"(因母亲排行第三,故昵称三娌),拉住幼女的手,说不完的知心话。

经历北伐战争,到1927年,忠勇营扩编至两个加强团,约有两千余人枪。至今乡里还津津乐道当年"忠勇军"的风采盛况:指认王家宗祠金匾是护国军唐继尧大帅的题词,西首是"西校场",有一长排厢房及操练的场所,是忠勇军的驻地;东首一个硕大的的窝棚,称为"东粥厂",又是将军施粥行善之处。在饥民如流的年代,这里逢观音斋施粥。"义工"就是外婆、姨妈和母亲等人。外公叮嘱,切勿驱赶饥民,让他们吃饱喝足,有个栖身之地。行思如此细微,令人钦佩。

1928年的江西已成乱局,外公掌管的地方团练步履艰难,面临旧军阀的拉拢、共产党的策反、国民政府的收编和土匪的侵扰等多重危机。外公曾一度萌生举家迁居赣州经商的念头,拟暂将忠勇营交付四弟和爱徒吴时球掌管,作为韬晦规避之策。但因四弟突然患病,终究放弃了急流勇退的机会。

在1928年冬日,外公离城(驻地)返家小住,一天晚饭后接到吴副官长派人送来的急报,驻地受到来历不明的部队攻击,大有破城之势。外公焦急,急率四个护兵回城(驻地),在山间小路上遭遇伏击,将军和三名护兵遇难,仅有一名护兵逃回家里报信,才把将军等人抬回家中。据母亲回忆:外公前胸中弹,后背洞穿,疑是被国际上禁用的达姆达姆弹(即开花弹)击中。外公到家时尚未咽气,见到外婆后,伤口血崩而亡。外婆备受惊吓,突患喉部恶疾,不到一年也病故归西。

母亲一年间,痛失父母怙持,孤苦伶仃,欲哭无泪,处境艰难。

四、投奔夫家

外公遇袭亡故后，忠勇营失散，无人护境安民，土匪经常进村洗劫，常常火铳枪响，财物粮食牲畜搜刮殆尽；后山围墙破损失修，虎狼进村捕杀鸡犬时有发生，真是豺狼当道、人心惶惶、民不聊生啊！

家遭凶变时母亲年仅十六，因和吉安清水田岸村刘氏有婚约，祖父闻讯马上委派姑丈王藻屏君去东大常迎接她到吉安城里，再赴南昌，第二年送她到上海，拟和父亲刘静窗完婚，帮她彻底摆脱困境。当她离开娘家时，除了几件替换衣服，两张父母照片，几乎是净身出户，没有带走分文。来到刘家后，祖母待之如女，关系十分融洽。

尽管父亲出生于一个殷实的南货商贾之家，他出生时，家境已经进入小康。他上有哥姐，年最幼深受疼爱。但四岁时不慎错服鹿茸，伤及脾肾咯血尿血，被迫十年中药消炎救治。当母亲到上海时，他又患膀胱结石，在上海求诊西医。据母亲回忆："当时他常常因排尿疼痛，满头大汗。疾病影响发育，他的身高还不及于我，可知我的身高不到一米六零，此等身体让我伤痛欲绝。后祖母闻姑妈语，坦言对我说道：如手术无功，当收汝为螟蛉女，如顺利康复则择日婚庆圆房，又令我感激涕零。后来他的手术成功，一年间，身体康复极快，身高很快超过了我，当时阖家上下欣喜无比。"

父亲手术成功一年间，身体康复极快，先系统梳理自己的学业，准备迎考中学；同时，送母亲进补习班学文化、英文和风琴，力求提高文化素养。1931年，祖父母为他们举行了盛大的婚礼，婚后母亲王椿秀取学名蕴聪。母亲生性敦厚，乐施好善；侍候公婆，乐此忘倦；相夫教子，任劳任怨。深得婆婆信任，怜爱倍加。次年父亲考进中学读书（明光公学），母亲生了一个胖儿子，因此全家老小都交口赞扬母亲，她是父亲命中的福星。

五、千里寻夫

1933年，未留名号的哥哥刚满周岁，雪白健壮、宁静乖巧，深受全家上下老小喜爱；在"民国二十年辛未秋，祖父母六旬双寿全家及女婿等合影"的照片中，祖母怀抱了他，是他至今留存的唯一照片。当时我家住在老城厢石库门房子，一天医生刘悟书上门为儿童们接种牛痘。一位长辈问道：此儿健壮，是否加"苗"？庸医竟欣然给他多种一针。后因疫苗过量，全身出脓毒液攻心不治身亡。父亲伤悼爱子，一度终日卧床、废食忘寝，后经祖母劝慰才勉强起来视事；母亲痛殇幼儿，说起娇儿临终时奄奄一息的乞怜眼神，仍伤感不已。后两年大哥述哥出世，极其吵闹，保姆要有节奏敲打客堂木门，才能入睡。母亲黯然说："这是报应啊！"

1935年，父亲考进北京大学经济系，母亲在家担负起侍亲课子的重任。1938年抗战爆发后，北京大学等三校经长沙又奔赴昆明组成西南联大；母亲也随祖母从上海迁居长沙。这年二哥任先出世，母亲产后三天就躲地洞避日机轰炸。任哥未及满月，当局下令坚壁清野，火烧长沙，每家门前一桶火油，被迫离城逃难。母亲开始了奉婆婆、携述先和任先二子暨冠先、达先二侄子，先华、淑华二侄女跋涉千里，云南寻依夫君的艰难历程，显将门虎女风范。

讲起这段往事，至今令人后怕。这个逃难团队由年仅25岁、腰缠金银钱帛的母亲担纲。上有六旬的祖母、下有花季少女（堂房大姐和二姐）、三岁的述哥和襁褓里的任哥，应门办事的竟是一个近视眼、耳朵聋、说话结巴的远房老叔，逼着祖母和母亲亲自办理一应事务，开始汽车行驶在难民如潮、千里西去的征途之上。一日早晨车行不久，被两名青年军官拦截,申言要搭车去桂、滇省界某地,此事让母亲为难,倒是六旬祖母深明救国大义,慨然同意军官搭车,一路上好饭好菜招待他们。这二人就坐在行李上,并不进车惊扰女眷,一路上过关出卡,竟然起到十分作用。及将入云南,要分手时已有点恋恋不舍。让人想起秦叔宝和尉迟恭等两尊守护门神。

值得一提的是襁褓里的任哥,一路上车行则睡、车停则醒,水土不服、跑肚拉稀,竟然一点没有瘦弱,真是"天将降大任于斯人"乎?据说他剃去胎发,直至周岁竟未生一根头发,才有一老者批评母亲:"小孩头发不拟剃光,容易感冒啊!"他真我家之奇人也。

此行辗转经月,抵达昆明,依西南联大读书的父亲择居"呈贡",在内陆边隅,重建祖孙三代之蜗居。当时和他最相契的同班同学刘萩、赵忠懿;还有宋振兴、傅奎良、李重曙、朱堃荣和吴敬硇等;法学院唯一的女生金文和;文学院张遵骝和工学院汉源等人成为家里的常客,他们年少气盛、高谈阔论,祖母和母亲会做点可口的点心、或留他们共进晚餐打打牙祭,在当时食品十分匮乏的云贵大后方是难能可贵的,父亲的大方慷慨,妙言如珠,让他们无拘无束,相处极为融洽。

六、夫唱妇随

尽管父母亲之间的文化程度差距越来越大,性格迥异、生活志趣日渐远离。但父亲一辈子没有做过饭、四季衣衫包括内衣裤都是母亲帮他打点。他们的"濡沫与共,相敬如宾"的夫妻情谊,父亲1942年的《三十自述》可以佐证,写得栩栩如生、惟妙惟肖:

余妇蕴聪,憨拙如恒,未易乡曲故态,遇事依违无执见,家人辄以糯粱称之,盖戏喻言其柔顺如此,而余性固刚鲠,以是得无一言相左,恰成如宾之侣焉。

尝共侍膝下,慈亲笑谓之曰:余此吾偏怜幼女耳。余曾举褐衣藜羹、鹿车共挽故事为言,欣欣然若将行之者,此岂若晚近以龟婿金藏为平生得意者比类哉。余时右祖名教,不务风尚,以此持身,虽若未足与世争一日短长,而一家之中,朴拙相与,泄泄真情,亦不屑轻为非我道也。

余妇少遭丧乱,流转失学,比见余氽情册籍,心恒慕之,余因择诗文短简,为之讲解,意或不相应,余辄戏谓:"顽石胡不点头?"则曰:"正讶生公不似耳!"相与掷卷大笑而罢。

自后余负笈迁徙,聚少离多,此事遂尔间断,而延师课读,则以家务儿女分神,终难遂意精进,偶读古人"书到今生读已迟"句,掩卷黯然曰:"余岂类是耶?"余亟慰之,谓:"我特嗜痂成癖耳,卿即不似,庸何伤!若教杯券以为,徒汨性余而已,岂有取耶?"意乃稍解。独于缝纫编结之事,过目若所凤悟,且匠心出奇,无不如意。余乃谓曰:"男读女织,此殆可以互胜也已。"

有此等深情妙文,我且能行文饶舌吗?原谅我这"文抄公"吧。

七、定邦出仕

1940年,父亲师从李卓敏教授,以优异成绩毕业于西南联大法学士,考取公费留美生。但祖母从湘避乱滇中,未习地气,右腿遂患疯痹,多方求医无效。父亲只好放弃留学机会,奉母和一家老小取道海防、香港到上海求医治病,遂隐居沦陷区。祖母的腿病治愈,然又患恶性颈瘤,在敌伪统治下,缺乏有效治疗,终究在1945年撒手归西。

父亲经历了祖母失持之痛,万念俱灰,一度制作了僧衣,准备追随上海慈云寺华严座主应慈法师遁入空门。他在亭子间布置静室，整天诵经打坐参禅，闲时再练太极拳，已有相当造诣，据母亲说他已打通周天、遥知遥感和元神出窍。有一次他在坐禅，突然喊母亲说："赶快迎客，某某来了！"其实此时某某远在数里外，事后母亲感叹说："你真成神仙了"！后因9月抗战胜利，11月幼弟念劬出世，拖住他无法脱身。

由于母亲对父亲的感情几乎到了柔顺迂腐的地步，父亲想出家这么大的事竟能郁闷在心。还是姨祖母心直口快，告诉了祖父。时年七旬的祖父闻讯，亲自叩开父亲的亭子间佛堂静室，语重心长的几句修身报国之话，让父亲幡然有悟，收去僧服，立即打电话给好友刘藝，接受了西南联大老师和同学的邀请，先后以"定邦"之名出仕"中央行政院善后救济总署责任秘书（行政主理）"、"善后事业保管委员会简办秘书（代理秘书长兼行政总召）"等职务。

1946—1948年这三年，是抗战胜利百废待兴的三年，父亲打破当时党派之嫌，全力投身于联合国善后救济事业中，作出了许多成绩。父亲在工作之余和周末，都会带领母亲和我们儿辈，开车旅游，我们先后去过无锡、苏州、嘉兴、松江和青浦，品尝了许多农家乐的新鲜菜蔬，使得我们的见识常会高于同龄人。但父母有较多的应酬，经常看到母亲穿着旗袍、玻璃丝袜、高跟鞋和海狐绒大衣出门。当他们坐吉普车走后，我们去不了，剩下的只有翘首以待他们归来了。啊，这三年是父母亲和全家最开心的日子，至今回味无穷。

八、任职十年

1949年5月，堂姐先华偶得两张机票，匆匆决定堂兄冠先和大哥述先赴广州去台湾读书。之后父亲带一皮箱衣物飞到香港，此时收到华东军政委员会粟裕将军回沪共商大计、保护家属的邀请信，慨然寄放衣物箱于爆竹店老板处,匆匆回上海。先后任职华东军政委员会工业部秘书处责任秘书、总文书主任、部委委员及联合部委办总召集人(代副部长)。可是1950年突然发现血尿,X光检查发现右肾结石大如鸽卵,于是5月初夏在上海仁济医院做了右肾切除手术,因手术消耗体能极大,扶拐行走。当时没有实行劳保制度,只能申请在家养病、留职停薪。

为了应对家庭的生计,留存我们兄妹五人的抚养教育费用。家里辞退了保姆,母亲毅然挑起了相夫教子的全部家务。1956年社会上全面开展社会主义改造运动,我家祖遗房产、股份面临公私合营,按当年政策"折产5%作为每年定息,定息十年",父亲深虑十年后生计及子女大多没有出道的实际情况,鼓励母亲从业。后母亲任职上海南市区小南门房管所管理员,领导一个由泥瓦工、水电工和木工等组成的维修小组,走街串巷,管理起三四千户房屋收费维修等业务,相当现在一个物业公司的工作量。此时母亲已35岁,仅书塾三年文化水平,能有如此胆略胜任工作,相当得益于病休在家的父亲。每天回家都要在父亲指导下编写报表、维修申请和工作小结。两人常常开夜车,第二天还要早出门赶公交班车,弄得父母都十分疲劳、体能每况愈下。母亲如此早出晚归、挤公交车、勤奋工作了十个年头,直至十年动乱开始患高血压病戛然而止。

母亲因常在外面工作,日晒雨淋,脸颊易患皮症,竟把特别嗜好、其辣无比的"盐渍豆豉拌朝天红辣椒"放弃了。今年我回江西吉安故里,有幸又尝这等鲜美食品,其辣无比。

九、中年丧偶

1957—1959年这三年,先后经历了整风反右运动、僧尼还俗、公社、炼钢、打麻雀、反右倾等，我们这些大中学的学子都撇下书本，下工厂、农村、勤工俭学，此时的中国大陆已放不下一张平静的书桌。父亲在家养病，开始请姨婆婆帮助做顿午饭，后来外面的跃进热潮唆动她走出家门，参加居委会工作，带头拆铁门，忙个不亦乐乎，一度和我家十分疏远。使得父亲白天无人照应，如住人间孤岛，自号观漪复楼主，只能刻印章自表心迹。母亲看在眼里，急在心上，下班回家，想的和做的都是第二天的午饭、洗衣服和打扫卫生。她的勤奋让父亲又心疼又难受，有时会申斥我们："你们把妈妈当佣人啊！"我们会马上笨手笨脚接替母亲家务，从此家庭开始蒙上一层淡淡的哀伤。

随后大陆油粮配给，蔬食匮缺。此时父亲的胃溃疡十分严重，仍坚持茹素，每餐仅面包菜汤而已。因胃溃疡累及心肾，面颊浮肿，拄拐行走。每日母亲早出晚归，诸子在外，家无六尺应门之童；常依年仅12岁幼女昭华照顾午餐，简之又简，有时摊面饼充饥而已。记得有一次我们水煮山芋，父亲眼馋吃了小半个，当天晚上就胃出血，痛苦受累三天，如此体质、康复无期耶。

倏然到了1960—1962年三年困难时期，父亲在撰写《示子侄》文中，记叙了自己的身体境况：

> 去岁秋冬之交，病体垂危，免于死亡与瘫患者才一线耳。今虽仍能照常起居饮食，而气血不贯，上下牵痛，四肢百骸，势如瓦解。尤可厌者，脑后常呼呼作响，使人学思不继。虽复存神自持，恐亦不久住世矣。

并立下遗言："吾将往矣！我子我侄，正当少壮，深望竖起脊梁骨，直立天地间，读世间第一等好书，做世间第一等好人。至嘱。"1962年初，父亲终于卧床不起。一日告诉母亲，梦大厦木朽将倾，嘱咐后事，并再三告诫儿辈挺起脊梁骨做人。4月2日，即壬寅二月二十九日午

怀念父亲刘静窗

时,父亲终因心衰竭、肾衰竭、尿毒症和胃癌等疾病谢世归西,母亲伤感地对我说:"家里没有了主心骨,我怎么支撑这个家?"因父亲的大理石骨灰盒常年安放在家,母亲每天泪眼相对,一年间发白如雪。次年,听从大伯"入土为安"劝说,将父亲骨骸葬于苏州五龙公墓。

但事隔三年,十年动乱初,学校停课,我回上海途经苏州,发现墓园被铁丝网圈围住,园内墓穴林木被毁,待询问时遭到驻守的士兵的驱赶;后问讯公墓管理处,推说曾登报、告示墓地他用,过时墓穴作无人认领毁之,且有此理!

母亲工作单位借破四旧为名,把父亲的手稿、藏书和财物几乎抄没殆尽。《四库全书》袖珍藏本和《四部备要》等成套书都被充公,其他书籍当成了锅炉房燃料焚烧;抄没十几箱书装了十几车,后归还几十本书而已。母亲受惊吓高血压卧病,走完了十年工作之途,患血压病卧病在家,帮助她逃过一大劫难。

当家里财粮将尽时,母亲联络上远居美国的长兄述先,得到资撑,颐养天年。日后诸儿女先后成家,母亲照看了任哥之女英聆,因送英聆回家,遂有西安之行。母亲又照看了劬弟之女乔乔,祖孙情深,遂有带乔乔访美一年的经历,为乔乔的英语口语打下良好基础。母亲到美国,见到了述哥一家,嫂嫂安云、豁夫和杰夫二孙儿。

我的儿子建伟和女儿建聆没有这份福气。70年代,母亲送英聆去西安回来,正值我出差到上海,母亲慎重提出来要随我去吉林探望两个孙儿。当时我告知:"这种闯关东逃荒之地太艰苦,住土坯草房、睡大炕、吃粗粮,尤其半年冬天,你身患高血压、心脏病会受不了的,我的责任太重大了!"当时在场的弟妹们不解,笑道:"母亲天天和我们在一起,我们的责任该有多大?"此话竟成了考量我的孝心之言!因为我的阻拦,母亲没有到过吉林,建伟和建聆与奶奶相聚的日子屈指可数,所以关于奶奶的事情更多源于我的说教,岂不悲乎?

十、寂然归西

母亲早年随父亲去慈云寺拜谒应慈法师,皈依佛门,成为极其虔诚的佛教徒。及至晚年每天起床梳洗餐饮后,首先认真修持早课,诵念《大悲咒》《心经》和《阿弥陀经》等经文。但母亲的高血压和心房颤动日趋严重,表征为气急、气喘和咳嗽。1987年2月春节后的倒春寒来势凶猛,室内的煤饼炉难以御寒,对母亲的病体冲击很大。母亲的生日是农历正月三十(这年的2月27日),大家正在相商庆典事宜。但是在1987年2月24日即丁卯年正月廿七日午时,母亲竟因脑溢血逝世,享年73岁。下面简述她病危弥留概况。

2月21日,周六,早八点半,突然接到昭妹电话泣告:"母亲脑溢血人事不省,在第四人民医院抢救。"十点半,我赶到医院留观室,只见母亲卧于15号病床,鼻接氧气,右脚吊针补液。我急唤叫母亲,只见母亲睁眼、眼珠转左视,嘴动了几下,仍旧不省人事。

后听昭妹告知:"母亲早上起床,话声朗朗,七点半孙儿小怡上学还相道别,七点三十五分,我欲上班呼唤母亲,只见她身伏枕上、口吐白沫休克。于是急呼五楼邻居帮助,传呼救护车送四院抢救。"经医诊断:左脑溢血,右肢瘫痪,失去知觉,发出了病危通知。

晚上,经劼弟多方努力,联系上二军医大长海医院院长,又驱车去五角场接来长海医院脑神经科主治郑医生,已是晚上22:00。是夜陪夜由昭妹担任。

2月22日,周日,母亲病情依旧严重,我给述哥、任哥写信通报母亲的病情。晚上劼弟告知长海医院方面已经打通,明天10:30会诊后再定急救方案,由我担当陪夜。

上半夜,医院备观室十分喧闹,估计这类声音严重影响了母亲。

下半夜母亲才熟睡,出现出气长于吸气的叹息状呼吸,房颤严重,见此情况,我先后三次找值班医生,得到的回答只是病危通知已发,仍处于危险中。

2月23日,周一,11:30,劭弟又陪同长海医院脑神经科主治陈医生来诊,诊断仍是左脑溢血右肢瘫痪、血尚未止住。陈医生建议:"四院没有脑神经科,诊疗条件和环境较差,在长海医院曾开过专家会,认为与其束手无策等待,不如转长海医院急救,或可有一线希望。"

下午14:00,我们兄妹三人一起护送母亲到长海医院西三病房,病房三人一间,环境好得多。劭弟又去找医院领导商议,争取加快母亲急救措施。16:00中芬赶来,当天晚由她守护母亲。

2月24日,母亲在专科护士监护下,每十分钟量一次血压。但在验血时已抽不出血了,可见脑出血引起了胃膜脱离出血,早晨陈医生诊断认为这两天为危险期,要倍加注重护理。

我们直观感到母亲气色不如昨天,呼吸急促,病情甚危,手指和皮肤有紫块,说明血液循环不畅。母亲又吐血块,我们见状惊恐万分。11:30,突然母亲长呼一口气,眼角垂双泪、停止了呼吸!经医生护士抢救、强制呼吸、三次静脉注射强心针、电击等,三十五分钟过去了,母亲的心脏再也没有跳动、长辞人世。

我们和两名护士给母亲净身更衣,当护士给母亲蒙上白布,打开窗户等待护送太平间时,我突然感到一阵暖流荡胸而过,我心中默念阿弥陀佛,祝母亲西去走好,我们兄妹三人又痛哭了一场,并去外滩电信局发加急电报给述哥和任哥。

2月27日,周五,接述哥回电:"因护照遗失不能回来奔丧,详情函告。"五嫂文秀电报:"任先晚八点到。"因没有写明到站名,我和昭妹在上海北站从晚七点到九点等了两个小时,直至十点钟任哥自己从真如站来到家里。

3月1日,周日,母亲大殓之日,追悼会安排在龙华殡仪馆中五厅举行。中午,昭妹奉母亲遗照和任哥到来。兄妹四人一起选骨灰盒,瞻仰母亲入殓遗容。淑华姐全家、达哥嫂、庆哥嫂等亲朋好友先后抵达。

下午三点半开始大殓。中五厅正中供奉母亲遗照,上挽黑纱带,横匾"沉痛悼念王蕴聪女士",左右条幅"谁言寸草心,报得三春晖",遗照下面两个鲜花圈,儿辈以述哥嫂为首、孙辈以豁夫为先敬挽。右侧有我的岳母朱宗秀、蔡璐兄妹、堂二姊淑华送的鲜花圈。左侧有副市长刘振元、市侨办主任、市文联主席及文化局、广电局、电影局、出版局等各局局长送的花圈;还有亲友们的鲜花圈一个、鲜花篮9个、纸花圈19个、塑料花圈10个、塑料花篮2个等,十分庄严肃穆。参加追悼会的有百余人。

母亲身穿红色绣花缎袄裤、红缎鞋、戴帽,安详枕在红缎枕上,身边放着平时常念的手抄经书,上罩有机玻璃透明罩。追悼会开始由文化局工会负责人司仪,小南门房管所致悼词,震先致答辞。念劬以孟郊诗《游子吟》谱曲追悼母亲,深沉感人。悼词中提及文革对母亲精神上的摧残,令人伤感哀思。

母亲寂然西逝,没有给我们留下遗言。因长兄没有回沪,我曾以"母亲弥留前后十日"函告于他,现在存封20余年的日记又挖了出来,让我反思终日。母亲弥留之际是有感知的、宁静的,没有承受太多痛苦安详地走了。与其说是前世修来的福,不如说是老人家一生虔诚信佛念佛的解脱。

十一、追思无限

我家向来有"严父慈母"之称,我从未挨过母亲的揍,有时候惹她生气时,她只会把手举得高高、摆摆样子而已。及长后,我好奇问她为什么不打人？她回答说一打人、手上的筋会爆起来的。1979年，大哥述先从美国回来探亲，我说起此事，他回答说："哪里话，她不打人，但会到父亲那儿告状。"幼时大哥和幼弟最淘气，挨父亲的打最多，印象更深刻些。可见"严父慈母"的深意就是一个唱白脸、另一个唱红脸的组合。幼时的家法是一把裁缝用的竹尺，打起手心来蛮疼。

从1959年我考进清华大学起算，已在北方混迹26年，包括吉林工作19个春秋。在吉林曾几经考核列入省级干部第三梯队，如果没有妻子中芬的执着，这把老骨头可能至今还留在东北当个什么官？当时北方的生活相当艰苦，至今腰椎间盘突出就是那时候做下的。因为有了家室就没有了探亲假，只能常靠工作出差回上海。回到家里总想倾诉一下，妈妈就变成了一个痛苦的倾听者，我也留烙下了"打事不开"的印记。有一次回家，母亲突然对我说："回家应该高高兴兴，何必愁眉苦脸的？"我一下子明白过来了，自己在当"祥林嫂"，老是叨念"我真傻"，把老母拉进乏味的痛苦中去，何苦呢？从此以后我再也不诉苦了。

1986年，我们一家四口作为引进人才回到上海，在上海南郊吴泾安了家。因为母亲和昭妹一家住在上海北面的曲阳路，我们要花两个多小时、倒三部公交车，才能去一趟。一来一回、每次真正见到母亲的时间不过2—3小时，还不如以前在外工作回家探亲、住在昭妹家里可以讲那么多话。1987年春节，上海甲肝病流行，我们一家去给母亲拜年，途中女儿建聆呼喊肚子饿了，我们走进了北四川路一家酒店吃了一顿饺子，其实因甲肝故，酒店的食客少得可怜、就有我们四人，真胆大包天。

初一那天，母亲见到我们十分开心，收下了我们带来的蛋糕水果，马上给孙儿建伟和建聆兄妹发红包。此节母亲的身体大不如前，因患心脏病，说话气喘吁吁，血压不高、其实已是动脉硬化的征兆，为日后脑溢血埋下的祸根。昭妹为我们准备了丰盛的晚宴，母亲在席上慎重地对我说:"什么时候包饺子给我吃啊?"我漫应道:"等春暖花开时节吧。"可惜母亲没有度过农历正月就撒手归西了,我的包饺子承诺永成泡影,直至今天仍背负着对她的歉意,进入倒计时的老年岁月中。

如今严父慈母都已千古,他们的旷世情缘常留胸腑。大哥述先先后在香港中文大学哲学系专设"刘静窗纪念奖学金";在武汉大学孔子与儒学研究中心,又设"刘静窗青年教师奖"和"王蕴聪纪念奖学金",寄以哀思。今年,幼弟念劬主编《刘静窗文存》,作为父母百年寿诞的纪念,将由上海古籍出版社编印出版。但愿我的絮絮短文,在文存附录中占有一个角落,无限追思,追思父母亲的情缘、恩德和教诲。

最后慎重告慰母亲,1988年吉安市/县两级政府已对外祖父王忠勇将军重新结论如下:"吉安籍辛亥革命将领,讨袁护国军高阶军官,退役后兴办本地团练护境安民,后为土匪所伏遇刺身亡。其为民国时期深孚众望的开明士绅。"详情见附录一:"王忠勇将军年表"。

忆静翁集
——追记、补记与侧记

刘念劬

一、静　　翁

父亲教我读诗,从 1949 年我四岁读唐诗《登鹳雀楼》起,每年暑期都会讲授,从幼稚园到小学毕业,我乃小和尚念经有口无心,能背的古诗大约半百,实在不多,但在同学间已算是佼佼者。1957 年我考进上海音乐学院附中后,他在要求我读诗方面逐渐加码,因为他的家教溶入了对未来音乐家的期许,他要求我追随的正是贝多芬在第九交响曲融入席勒《欢乐颂》的那种最高境界,去理解第四乐章的篇末点题,从而了解作曲家如何诠释宇宙万物的内在精义,达致音乐与诗歌的心灵交融。这对一个初中生来说,距离甚远,便仅能初识诗作、望文生义了。

直至父亲驾鹤西去之前的几年,我才渐有清晰记忆:1957 年讲唐诗,1958 年讲宋词,1959 年讲欧阳修及唐宋八大家,1960 年遵父嘱跟复旦大学蒋天枢教授读《楚辞》,在家指导我看歌德、拜伦和泰戈尔;

1961年暑期印象最深,他先用近一个月时间介绍了全世界的诗歌流派与哲学,然后讲王安石,盛赞他与孟子相印的民本主义;最后讲陆游,认为是中国士大夫的"楷模、真精神","有勇、有谋、有才又有情",而放翁诗集最后一首示儿诗的最末两句,便是:"王师北定中原日,家祭毋忘告乃翁。"

我尝问:"乃翁何解?"答曰:"你的父亲。"又问:"何为翁?"又答:"年届半百,长者为翁。"再问:"父亲年不过五十,何称静翁?"再答:"静窗吾名,翁乃家翁,即你家父之谓也!"自此解去了我心头一个大疑问:父亲不是自谓老翁,而是有资格自称静翁的!这便是静翁的出典。

在1960年后,他仍然着长衫,柱手杖、留胡须,其装束已成"广陵绝响",绝不入世,亦常自称老夫。其实,自号静翁更多来自他的心态,当然,极差的身体令其极快的思维要去适应极慢的动作,亦形似老之将至。难怪,一天他自外而回,对我和昭妹说:"搭公车有人给我让座矣!"这便是父亲晚年心态与身体的描述。

在1958年后,家父给我的信件题词,均署静翁。其实,一直到逝世,他还年不足五十,嗟乎。

《忆静翁集》头三篇为追记,第四篇是补记,第五篇则是侧记。不拘一格地记述了我对父亲的回忆:哪怕是一个片断、一个侧面、一个表情、一句妙语……都是我难忘的。1975年,我集稿记录这些往事时,才开始有体认心证的感受,但时处文革后期,自己亦囿于时世,并无卓见,故岂能尽言?今日择其一二示人,便算是窥一斑而见全豹了。

二、1975 的追记——此湖非那湖及此坡非那坡

1975年的4月,江南大地已是春意盎然;但青藏高原却是冰雪未融、春寒料峭!这一年我已是上海歌剧院的主创作曲之一,获得了独

当一面的地位,更难得的是:我得到了赴藏采风收集写歌剧素材的机会,也生平第一次搭上了飞机:我由沪飞蓉,然后由成都向西藏进发,在苏制伊尔-18的轰鸣中飞抵拉萨,开始了我一生难忘的青藏高原之旅!

《西藏漫记》便是该年4月至10月长达半年的工作日志。这里头记下了无数次塞留、停顿和困境,在物质匮缺、交通奇差的苦寒地带,随着雨季的到来,我们经常会被车祸、泥石流、大雨毁道……等突如其来的天灾人祸所阻,无法到达目的地,只能随遇而安、就地扎营、无所事事,如此便有了写日记的习惯。有空时,也会见景生情,写下一些对父亲的回忆,日积月累便将其抽出独立成篇,构思了追记"1975静翁集",当年留下的目录和提纲,成了日后追记的佐证,这一对追记的再追记,太宝贵了!这些记录,毕竟离父亲去世才十二年,人又处三十出头之盛年,便相对可信地记下了许多父亲的佚文趣事,笔调并不忧伤,甚至语带幽默;日后年龄及长,便引申出许多断想、随笔和冥思;惠及自传《我的艺术人生》及父著《刘静窗文存》的编撰,这是始料未及的。

在此摘选成文的两篇属"奇思怪想"类,上篇是在画外景中的穿越联想,下篇则是生命悬于一夜间的追踪联想。在另类的环境中、另类的追思,带出了另类的真实。

(一) 此湖非那湖

任哥文中写道:"父亲爱大山!"我补充说:"父亲爱山也爱水!"我对父亲的追忆就从水开始。

1975年5月,由拉萨去日喀则的途中,我途经被称为"仙女眼睛"的羊卓雍湖,这是一处雪山环抱的高山湖,湛蓝的湖水映出高峻的雪峰,美不胜收,令人留连忘返。我站在湖中一块三面环水的异石上观景留影,忽然脑海中跳出了一帧父亲的照片,顿觉两人形似神似,毫无二致:他穿西装、着革履,拄手杖,也是在水中央! 只是此湖非那湖,但却异曲同工,那便是父亲的太湖留影。

"独游无锡",是父亲的得意之作,他当年给我看的一幅旧照,便背书这四字,时间应是1947年。是年春假,家父发起救济总署同事游无锡及太湖,但早一日获悉第二日暴雨,同仁们打了退堂鼓,却独忘了通知发起这次春游的家父;所以在父亲凌晨抵达上海北火车站时,候车的站台上空无一人,因为该上车的均已上车安坐,却不见任何一位同仁;家父便又下车守候,用他自己的话说:"在车头喷气,列车已经启动时,我一个箭步跳上车",便一人完成了独来独往的太湖之行。

无锡,多半是作环湖行,家父留影应是在鼋头渚附近。他指着照片告诉我:"由此往西便是古代旅行家们留下记载的太湖十八湾,相传也是伍子胥用兵的地方;如果有一部军用吉普车,便可一睹太湖全貌,尽收湖光山色,你日后应有机会一游。"

我问:"既知日程有误,何不打道回府?"父答:"既有游兴,人多人少便不重要。我一见站台无人,虽有失望,但未几便调校出好心情;平日里,难离嘈杂的环境,今日可以一人独行,可作独处静思,实乃天赐良机!"我惊看家父的睿智,他的瞬变应对,实乃常人所无。

我又问:"一人独行可寂寞?"他说:"不会! 因为这是一种更重精神的旅行,人说见景生情是很贴切的,一个好的环境,便会让你孵化出好的心情、好的念头、好的记忆、好的回味,这是一层;另一层是自我们自身的沉淀和净化,那便不必借景用情了,即便没有美景,也有此时无声胜有声,此处无景胜有景,甚至身处闹市,都可以此地有人若无人,这便是在独处的静思中产生对悟性的提炼!""苏格拉底雪中伫立、王文公嗜墨如饴、孔夫子闻韶食肉不香,均是这种境界。"我惊呆了,一人独游竟还有这么多的讲究,但独处静思的归结为何? 家父似乎看出了我的疑问。

他接着说:"独处、静思、冥想,便是我自我修炼的三重境界:独处是指对环境的抽离,作自我审视;静思是面对灵魂深处的对擂:理想对杂念、公心对私欲、清流对浊水,在自省中的净化;冥想是最难的……"我插话:"法国作曲家马斯涅有一小提琴精品《冥想曲》脍炙人口,似是睹物怀旧,又似是情变心伤,蛮忧郁的!"父亲说:"冥想是绝对个人的事情,想什么也是私隐,但却一定同长考后的醒觉有关,冥想后的悟,才是冥想者的追求。"

父亲知道当年才十六岁的我理解不了,便放慢了语速:"我理解,冥想有两个层面,首先是指道德层面,这就是独处、静思后的结论;如其身心不正,便难有善举,所以古贤重修身,便有颜回的慎独!假如心中汩汩流出的均是清流,才会顾念苍生、造福人类!"这一层我似乎听懂了,因为在父亲赠我的纪念册上,他书:"诚实、谦虚。1957年夏,幼儿小学毕业书此,勉为学做人之道。"并让我写下他叮咛的人生格言:"努力学习,把自己培养成为一个对世界人类有贡献的人。"在日后,我从中乃领悟到"修身、齐家、治国平天下"的古训精髓,连他的最后遗言都大体近似,显示了父亲一以贯之的道德层面上的人格魅力!父亲接着又讲冥想的另一层精义:"更深一层便是对信仰与真理的追求和体认心证了!"父亲讲得有点吃力,或者是加重语气,因为在1961年的夏天,他已力不从心,我把椅子移前,让他能小声讲,他最后说:"冥想是对真理的参悟,追逐的是一种境界,贝多芬耳朵聋了,让他进入一种常人难至的冥想状态,他摘席勒《欢乐颂》写出人类大同,这便是这位大乐圣对信仰的宣示"。

爸爸累了,他说:"这是我前时对你讲菩提诗的补充,是古今中外相通的哲理。"接着他对我讲了一种境界:"我习因是子静坐法,便是以冥想为起式的。坐到化境便会有元阳出窍的感受:我觉得头顶上出现了另一个动态的我,在审视下面那个静态的我,甚至会出现这两个我的问答,化出对万物的体证。"父亲说:"每当达到这种境界,便催动收式,见好就收了。"

我不敢妄评,便将这些原始的对话记下,供能人参详。

家父在太湖留下的踪迹,成了万有引力,我前后四次游太湖,便都有一种朝圣般的神秘感,带着一份对先人宗教式的虔诚。以下,便已是对追记的追记了,收在我自传中之一节"太湖掠影"。

第一次:1968年冬,陪未婚妻蔡璐去溧阳军垦农场下放劳动,途经雪后的太湖十八湾,寒风怒号,湖山迷蒙,我俩虽见到了父亲想见而未见到的奇观,但留下的只有大学生的惆怅、离绪和无奈,吾妻经一年半"改造"后回沪,旧日容颜尽失,哪里还有一丝书卷气息,在余秋雨兄的《文化苦旅》一书中,有极佳的描述,那是我们那一代大学生的真实;这一次印证了父亲对历史的正确解读,因为在吾妻劳作的河口农场附近挖出了"伍子胥立马河口"的勒石,再往不远处的强埠,则处三省交界的三不管区,兵家必争,是当年吴军及明初反元义军的屯兵处。我叹服家父历史知识的渊博。

第二次:1969年春节,我去溧阳探妻后回到无锡,约堂七哥庆先同游太湖,那一次见到了从未见过的冰涛,浪花卷着碎冰拍岸,发出晶莹的撞击声;同时厉风又传来松涛的呼啸;此时,我同庆先哥皆噤声,因为他说:"体会一下叔叔的境界。"

第三次:1978年夏,述哥破冰之旅,由港返沪,别离29载,兄弟把臂同游,那一次,留下了太多对父亲的回忆(详见下节)。

第四次:1983年夏,上海市体委听从我的建议,在鼋头渚公园小筑召开五届全运会开幕式大歌舞创作会。担当音乐主创,我偕妻女在此一住五天。这一次,我找到了父亲当年拍照留念的实景,可惜,重要景观被围湖造田的窝棚破坏了,拍不出"东施效颦"的赝品……

从羊卓雍湖到太湖,一西一东,一高一低,万里之遥,但思绪却会如此行走,实乃心路轨迹。

我爱水,人过四十后经常逐水而居,因为过了父亲独游无锡的那个年龄段,人已中年,渐喜面水伫立、静思冥想,几成积年旧习。我赴港后多年住迈亚美海湾大厦,开窗见海,面对宛如硕大咸水湖般的维多利亚海,眺望、伫立、沉思,傍水而居凡十五年,心历大浪淘沙,收获颇丰。

及至移居美国,干脆选择华盛顿州的湖区安家,一出门是比弗湖,五分钟车程是潘湖,再开十分钟便到萨玛米墟湖,假如还不尽兴,便可以驱车半小时来到通往太平洋的华盛顿湖。我仍是清晨即起,带着鱼竿去湖边垂钓,如太公钓鱼,心中一片空明,静如止水!享受了独处的冥想与静思。所以,这种对水的偏爱,让我写出许多同水有关的作品:著名的有上音周小燕教授约稿的艺术歌曲:海上的歌唱,还有白帆、在泉边、水乡即景、湖上轻舟、故乡的小河等,到写太浩湖冥想曲时(该湖在加州,2008建伟贤侄带我和夫人一游)便已是63岁的退休老人了……几乎写了一辈子的水,穷其根源,实来自父亲的家训,因为最后在水边写的是冥想曲……

我是一个爱热闹的多话之人,但我可以不说话,也不怕寂寞和孤独,因为,是父亲传给了我这种随时可以"如入无人之境"的心神,它便是自主的、独立的、心无旁骛的冥想,我不想用任何一种教义来解释和指引它,因为家父对我说过无数次:"吾此生仅膺服真理!"在父亲1959年写给震哥的《忆秦娥·勉学》中,最后写下了"勤为学,海阔天空,鹤飞鱼跃"的壮句!正可以来注解他独游太湖的心胸,博大精深!

这便是我从羊卓雍湖湖边所感受到的江南风,这种联想日行万里,追随父亲驻足湖边的心胸,广袤无垠,包孕了太湖。

(二) 此坡非那坡

1975年7月,我在拉萨向藏族女歌手才旦卓玛和音乐家边多、平措三位上音大学同学话别时,他们向我斟上一杯青稞酒后,关切地说道:"格拉(老师),雨季去林芝、波密不好,那条路是泥石流多发区,年年出事,过一个月再去吧!"藏族朋友的表达方式与汉人不同,脸上写下了满满的担心和质疑。我说:"再过一个月要去当雄考察,然后去藏北,时间都安排掉了。"心里有点发怵,因为这是一次得不到当地人祝福的旅行,但对于已成为定局的事我不假多想。

第二天凌晨出发,虽不下雨,但阴霾的天色沉甸甸,我们驱车过了贡嘎县,情况尚好,但一进入墨竹功卡便下雨,明显减速,由慢行、爬行至不断停车,挨到下午,最后路政处亮牌"无限期就地等待",这就意味着今天走不了。我们是客人,被安排入住附近兵站旁的临时招待所,以免于在车中过夜,这里可是早穿棉衣午穿丝的青藏高原!招待所长惹布迎出,安排入住简陋的旧营房,言明已断电,不举炊、无食物,仅有蜡烛供应,但他最后还是送来两个黄豆肉罐头,这是分享他的私货,我们深谢。他带我去两公里外察看灾情,说:"前日泥石流,整个北坡塌方变没了!唉!整整一排军车卷下去了。"他作揖,念念有词:"金珠(菩萨)不长眼,怎么收去了自己人?金珠玛米(菩萨兵)。"我们遥看数百米下的谷底,一排军车如火柴盒般大,静静躺着,已无生息。"我从前也是小玛米(小兵),就是你们汉人讲的'排骨面'(排级)司务长,刚转业,便派来应急,过完雨季要回玉树老家了。"

是晚又下暴雨,情况瞬息万变,大家不敢入睡。10时许,惹布秉烛逐房查夜,发了些压缩饼干,还每人发了个缠黄带的玻璃汽水瓶说:"写一点东西给家属留下吧!让我挂上相思树,最重要的是写明地址,否则,人没了家人也不知道。""今晚西坡告急!""一级战备!""菩萨保佑!"他在走廊中嚷着:"明天千万别让咱东坡再滑坡!那得听菩萨怎么说。"他的可怕的预告像是"死刑判决书"。招待所一片死寂,人人开始在烛下写遗嘱,也许还可能是亲人永远收不到的绝命书。

我收拾心情,认真给妻女和母亲写了三封信,我写完时已泪湿衣襟:我不畏死,只是担心他们会因我的离去而寂寞……写完生平第一次遗嘱后,当年仅31岁的我渐渐恢复了常态,宿友们也是,大家开始

怀念父亲刘静窗

喝藏族司机们随车带的大桶青稞酒，食物则只有糌粑。大家胡天野地地侃大山吹大牛，把惹布也逗乐了，他说："要死，也做开心鬼！"我为大家讲了父亲曾对我讲过的三则故事：子路正冠而死、广陵绝响和关云长刮骨疗毒，生出了视死如归的豪情。

回到宿舍，脑中忽然跳出了惹布所讲："明天千万别让咱东坡再滑坡！"似曾相识，特别是"东坡"和"滑"这些字，我在哪见过？濒死之人的跳跃思维纷至沓来，此刻，满脑子充斥对父亲的回忆，也许很快在泉下重逢，我终于想起了1960年父亲用拆字考校我的往事。

父亲给我讲苏东坡与西湖老和尚妙玩拆字的故事，以水为题。老和尚讲"滑为水之骨"，东坡先生笑曰："波为水之皮。"家父说："解出皮肉对毛骨，可算切题。我们可续玩之。我念一句咱同乡欧阳修的诗：'轻舟短楫去如飞'，此句无水而胜有水。汝可用东坡、老和尚曾用的滑和波两字，将此诗造一新句解之。"我略思考，有了急智，道："飞船滑波穿浪行"！父亲嘉之曰："滑波两字得体。再玩拆字游戏，我出题你对。"

他曰："清乃水之色。"我答："活是水之味。"家父曰"然"，扣住了"色味香"之厨艺；他说此题发问乃暗扣词义，不是直拆，假如你对"活是水之舌"便错了，不能以直拆对暗扣。

（父亲尝言"清乃水之色"暗含我祖籍"清水"，希望有更贴切的拆字对句，我想了多年未果，唯留待子孙后人去兑现了。）试以"活乃水之舌"直拆，我答："沁是水之心。"父说，直拆答对了，扣住了眼耳鼻心都是人体器官；我说还可对"泪是水之目"，"犯规"！父亲说："泪是简体字，不用。"

我说现由我出题："涕乃水之弟！"爸皱眉称不雅，"是你这个幼弟的写真"，他对"况是水之兄"，我说"错！况是两点水！"父说："两点水也是水，可通用，不过我用的是况，三点水。"我语塞，开始捣蛋了。我说："混乃水之昆！""你对上"；父说："同昆字对得上的同类字只有仲，昆仲,无水;或明,昆明,亦无水……",我嚷:"罚酒三杯,请我吃哈尔滨(奶油蛋糕)",可用"浊是水之虫!"我自诩绝妙:联起来便是"昆虫"!父大笑:"浊又是简体字,你胜不了。"父亲说最后再对两道:"汤乃水之易。"我对:"滩是水之难。""很好,难对易",父亲赞后又说:"浇乃水之尧!"这是在难我,因为只能对舜、禹,我几近认输,忽然想起一招,便出口而出:"尧为天下共主,共主即王",我对:"汪是水之王!"父亲忽然不语,起身如厕,出来时,脸上已无笑容,说:"你答对了,明日有赏!"父亲喃喃叹曰:"吾家水之王已走!"他是在伤感深爱的二侄女婿汪五哥(见注)受迫害致死。我们的愉快论对戛然而止。(注:上海新闻巨子汪伯奇五子,堂二姐夫,我兄弟称"五哥哥",父辈称"大老五",才貌出众,仪表堂堂,50年代与上司一言不合,竟遭报复,迫其与茶房等勤杂人员下放农村,等同撤职,其愤而离职,竟走上不归路,留下少妻孤儿。堂二姐淑华与我十分投契,此事在我家震撼极大。)

其后,父亲一转话题,就势讲起了人的生死观,从"朝闻道,夕死足矣"讲起。这一次,其实我只听懂了一句话,家父说"人不可不明不白地糊涂而死,要明明白白地死,死而无憾!"

从1960至1961,我或听或抄写,记下了父亲的许多格言,成为座右铭,在《文存》的前两章均有详载不赘。但父亲对古人生死观的判定便十分直击,毫不含糊。他说:"子路正冠而卒,死得堂正,死亦不废礼,不愧为夫子长徒,此乃为礼而死";"吾同籍英烈文信公天祥舍生取义、为国捐躯,浩然一身正气,此乃为义而死";"谭嗣同同六君子,探求革新,投身变法,以'我自横刀仰天笑'的气概受刑,乃为理而死"!"晋名士之'广陵绝响',乃为尊严而死"!

家父曾论及同三国曹操有关的两人:"祢衡宽衣解带,以父母授之天体,击鼓骂曹,是为明白而死! 杨修身系险境,竟无自省,为聪明所累,是为糊涂而死!"

爸爸最后说:"死得最不该的西晋美男子潘岳,字安仁,大名远播的潘安便是。其孝母忠妻却失节。虽非自愿,却误从妖后贾南风,冒写太子司马遹酒后悖论的伪书,即出自潘安之手,导致太子遇害。"父亲说:"尽管八王之乱无正义,但此种冒名矫书之劣行如何可为之?后事败夷三族,临刑悔之不迭,涕泪交加曰:'累阿母!'其悼亡诗名噪一时,亦素有孝行,却失节而死!空负了才貌双全的美誉。"

父亲曾对我讲了许多类似本书"示子侄"所讲的话:"吾乡贤文信国公自许此生不负庐陵。今广其意,愿我子侄立志,此生不枉为人,不枉为中国人,不枉为庐陵人,更不枉为我庐陵刘氏的好儿孙。……吾将往矣!我子我侄,正当少壮,深望竖起脊梁骨,直立天地间,读世间第一等好书,做世间第一等好人。至嘱。"这就是我领会父教"明白做人"的道理;深入浅出,也明白昭示了他的生死观。

我在这命悬一坡的生死之夜,有父训的这一份底蕴,毕竟沉稳有致,并无慌乱,面对"泰山崩于前"的危境,渐能平静面对。是夜,西坡尝有沙石若虎狼之声传来,及至天色平明,惹布大叫:"雨停了,西坡还在!"和衣而睡的室友们蜂拥而出,男女老少相拥而泣!但见遭部分滑坡的西坡虽在,但兵站尽毁,好在仅数人轻伤;此刻,有几位藏族司机同惹布一起如痴如醉地唱起了一曲难忘的酒歌,他们是在祈祷!也许将生死托付给信仰,活得更自在,这乃是他们的福份。

我看着早将生死置之度外的惹布,黧黑的脸膛,一个普通的藏胞,马上要回玉树完婚,但却受命每日面对生与死的考验,实乃是一条真汉子!父亲会怎样来评论他生死观呢?

这就是"此坡非那坡"的真实故事:东坡安然无恙。

三、与父亲最后的晚餐

给你们讲一个真实的我与父亲的故事。

忆静翁集

在父亲驾鹤西去的前一年,我已洗去了顽童形象,在校成为品学兼优的好学生,被班主任和专业导师联合推荐提名为艺术院校优秀学员。循惯例,这样的学员将被拔荐上本科,提名留学预备班等等。但最后,我意外地落选了。(过了许多年以后,陆教授才告之是家庭成份不好被上峰取消所致。)

回家告之父亲,心中十分沮丧,口中念叨着"士可杀,不可辱!"一时间万念俱灰。

是晚,父亲躺在床上对我说:"士可杀,不可辱。讲的是一个人的尊严,固然重要,但人不慕虚名、不计方式为世界和人类作奉献更重要!你今天可能失去了留学的机会,但只要日后努力奉献,世界会承认你!"第二天,他在我的案头上留下了一幅字,父亲写道:"幼儿:偶遇小挫固不足惜,浮云也!唯尊严与奉献孰轻孰重?宜熟思之。今晚晤谈。静翁。"傍晚父亲带着我去离家不远的乔家栅吃高价的不用粮票的烤麸面。(自然灾害期间,粮食配给,不用粮票的食物便需高价。)在轻松的气氛中,父亲说:"虽不及功德林(著名南京路素食店),却也胜于得月楼(城隍庙廉价素食店)";"前者美食,后者裹腹,一样有贡献",他语带双关地说:"我五○年请辞虽是为这大病所累,但终究同人的尊严有关,同你的感受相近。但不同的是,你乃必受其累,我是自我放逐,穷多年心力去印证一种由根而至的悟,一种超脱。尝觉人非鸟兽,岂能被驱使?但如今想来仍存偏颇,设如能为天下苍生作奉献,被驱使又若何?这便是轻尊严而重奉献!有一点参佛的意味了。"父亲侃侃而谈:"儒家虽有劳筋炼心之说,但我则更追求空明的境界,这太深了。我若不是这病,未必急流永退。上有父母,下有妻孥,忍看万民苍生,被驱使又若何?"父亲又有力地重复了这句话。"焉可轻言放弃?奢谈什么士可杀不可辱!""前时抄给你的菩提诗不是你现在能参悟的,留着慢慢用吧!将来你读悟了,便是彼岸。"这便是我同父亲最后的晚餐!直至谢世,他可能再未能外出用膳,这餐饭成为我永久而清晰的记忆，永志难忘。

父亲晚年为人渐见慈祥，最后两年同我勾通互动甚佳。同述哥的感受似有不同，常觉得父亲亲切而透彻的见地如清甜的涓涓细流，沁人心脾！非常亲和！可是这样的日子稍纵即逝。后来父亲走了，我一直失魂落魄地在找寻那种感知，那种并非是任哥所描述的哲学家的感知，而是不凝重的、清风扑面的、十分鲜活的那种缠绵……

翌年，不满五十的父亲谢世，在离去的前一天，父亲那对枯瘦的手又变得有力了，他拉着我的手说："挺起脊梁骨，做一个对人类有益的人。"第二天，累极了的母亲回家小憩，未几，父亲便溘然长辞！身边有震哥随伺。留下的最后遗训与此相若。

同一年，我完成了自己最早的乐曲——摇篮曲1号（献给我的父亲母亲）。1979年，太平洋唱片公司出盒带专集时我将之易名《甜梦》，整首曲子就是那种须要努力去把握的不可知的感觉和认知。乐评家说，虽是一部小品，但却凄婉如泣，抒情中带着一种淡淡的不安，有什么理由让年轻的作曲家如此沉寂呢？可能是早年丧父的忧郁吧！对这种述评我并不认同；其实，事情得反过来讲：是即将离去的父亲把他对我的期许、呵护、担心化为无尽的爱，传递到我的血液中，然后流成了音乐；多年后洗脱了忧伤，便成为追忆中的甜梦。贝多芬在回忆《庄严弥撒》的创作过程时，也说了这是"从心中流出来的音乐"，这在哲学上是有共通感应的。

1978年，阔别廿九年的述哥由海外归来，我同述哥泛舟太湖鼋头渚，本不熟悉的长幼兄弟，作了心灵的对话，述哥说："我的哲人之旅殊不易，走过了一条艰难的路。我是在体认自己的人生哲学，尽管其中有父亲的影响和传承，但我绝非是父亲叫我去搞哲学，譬如你学音乐，也可以在作品中感悟父亲的哲学，我们对父亲的继承应是一种神似，而非形似。当代儒家早已摒弃'士可杀，不可辱'之类外在的意识形态，实现包括奉献在内的几大儒家终极关怀的议题，展开了大讨论。

父亲的奉献重于尊严的观念,对他们那一代人来讲,已是彻悟!极不易的。而'被驱使'只是手段,是从权。假如你的目标是奉献,那么全部的手段和从权都是途径,'被驱使'本身便已成为奉献的一部分!我以下的兄妹都在建制内生活,必须从权,所以父亲不让你学他,前后左右都讲透彻了。就如我家不会再有'不食周粟,饿死首阳山'的人物?"我说:"有。""是谁?"我答:"是任哥!"三哥大笑,说"那就让他先饿一天再说!"我们和谐的心灵,伴着笑声在太湖上空回荡,余味无穷……这便是先父在我少时留下的教诲,由长兄来加以诠释,作出当代人的新解,如醍醐灌顶,茅塞顿开!这一年我已三十有三。

在此以后,我连续七届当选文化局先进个人,1983年成为市劳模,再以后便是在局七百位代表参加的推荐会上获前三名的高票!接着,便学而优则仕,以布衣之身走上高位!一切竟如梦境!1983年的中国,胡耀邦主政,政治开明,许多优秀知识分子弃文从政,竟成一时尚。后来我们这些人便惶恐了,我很难适应体制内的官场生活及潜规则,许多人重新选边,而我选择辞职!回归作曲家的行列,这也是唯一的选择。

1969年,蒨窗公曾邀我去福禄村,给我看了一封父亲生前的旧信。信中说:"唯幼子念劬生性顽劣,幼时又有瘵之疾,尝不可重责,及至顶撞老太爷的事也敢为之,且面不改色。凡事冲动,敢为人先,此种个性,成败系于一念之间!若能深厚和平,成也;若是任其发展,则沦为草莽。吾若先兄而去,可代我温言训导。"难怪蒨公常同我联络,连交女友之事未告,还叫去责之;与蔡璐初识造访,蒨公亲下厨款留;后一年,我尚未定婚期即收到了蒨公第一份贺礼。有点托孤的味道。

我其后出仕,一切均被父亲言中:官声颇佳,佳在敢为人先,实现多项从零的突破;日后遭秋后算账,算的也俱是当初敢为人先的积年旧账!讽刺的是:一两年干的活,被清算了四五年!(这便是汪公后来帮我佐证时的原话。)

怀念父亲刘静窗

汪公道涵说：父亲辞职时，官拜华东工业部代行副部长及发表为政务院一机部候任秘书长，是副部长衔的大官。我辞职时仅为上海市文化局的常务副局长，官阶还是父亲更高。但我们父子均可以义无反顾地不慕荣华、挂冠而去！这一份潇洒则不一定是世人所能体认。我当官七年辞职四次，历经汪道涵、江泽民、朱镕基三任市长。当官八个月便请辞。记得在南京汤山医病时的一个雪夜，我拿着扫把柄在雪地上大书："我必在百日内力辞此职。"及至第四次请辞既获准，我便应述哥之邀到港发展了。

这里是拜金主义的地方，金钱面前人人平等。1991年初我带了三百港元过罗湖，一部出租车打到谢锦才小姐夫家便付了五十九元，这才知大事不妙，要捱穷了。之后便被骗去出售作品母稿，该收十万却仅得一万。将此买了两架旧钢琴，即刻租房教琴谋生。家徒四壁，一无所有，女儿乔乔也跟我上了打地铺、吃速煮面，晚上贴街招、白天等电话的困窘日子。二胡协奏曲《夜深沉》香港中乐团首演，述哥嫂出席到贺，在外十分荣耀，回家即去电催问何时拿稿酬。得了九千元不啻救命草，一次付清三个月的房租，这才惊魂稍定。及至蔡璐到港，家中还无洗衣机，她用从上海带来的搓板，为我洗了三个月衣衫。乔乔也由局长小姐变成打工妹，朝七晚六上了一年班，她的第一个月工资，便是为我又付了两个月房租。第二年乔乔赴美留学，全部经费全由我同璐璐两双手教琴教出来！还有什么哲学可谈，要谈，便谈活命哲学吧！如此，我方知父亲"自我放逐"的厚重。我希望被驱使，因为可以养家活口；我被放逐的结果如同三哥被放逐到台北一样，从富家子弟变成平民，从显赫的高官变成教琴老师；那时候你若拿出英国剑桥文化名人等各种头衔，是没有人采信的，必被人认为是穷音乐家的冒牌花招。这种身份的变形、互换，便基本上明白了父兄的指点！可以有资格读菩提诗了。

在上海当官的公式：被驱使——驱使人——刻意设想——规

划——有序行事——有意栽花……，在香港的行事公式：被驱使——想赚钱——设想来自社会需求——规划——无序行事——无心插柳……

于是：我被驱使尽早完成二胡协奏曲《夜深沉》的香港首演，为了得九千港币交房租，结果令此作品的国际之旅第一步大获成功。其后才会有澳门、台北、新加坡、东京、纽约的公演，还写成了由彼得堡及芝加哥某交响乐团演奏的管弦乐版本；我被驱使教琴谋生，教出了数百名优秀学生，在香港打造出英国皇家音乐院考试史上第三位好成绩，受到市政、考试两局的表彰；最后导致建立香港刘念劬国际音乐中心；我被驱使作公开钢琴演奏，因为作曲稿酬不能及时到手，而从事演奏则当场结算，结果演奏规模越搞越大，携妻蔡璐造出了在沙田大会堂连开十二场钢琴演奏会的佳绩。

这种驱使逐步成为造福人类的自觉行为：在无线电视台与李克勤合作，为十三届东华三院作慈善筹款演奏；在北区公园举办中秋倾情露天免费钢琴演奏会，对象全部是普罗大众；去青松老人院为孤寡老人演奏；率师生组钢琴乐队在香港理工学院作开幕式演奏；在美国西雅图外孙、外孙女的小学做义工，作义务教学及演奏……所有的驱使成为实施奉献的过程，甚至过程比结果更令人激动！"被驱使又若何！"潜台词是："只要你是为万民苍生。"父亲的遗训像他手中的竹节在笃地，比掷地有声更劲！我的奉献已溶入父亲的血脉，潜移默化。

父亲对我众兄弟讲过一则祖父常讲的寓言故事：世事皆由人做起，一条干鱼换只麂，后三年的干鱼庙，前三年还无踪影。（讲的是：一个贩卖干鱼的商人，途经一个猎人的窝棚，见一只麂被捕，便带走了麂，留下一条干鱼为谢；猎人见捕得干鱼大惊，以为上苍所赐，起干鱼庙供起；三年后，商人又途经此地，忽见干鱼庙，不仅慨然，在庙壁上题下了这首打油诗。此诗甚有意兴，父亲曾作饶有兴味的解读。）

四、非常导师——关于父亲传略的补记

在自传《我的艺术人生》第一编第五章之"非常导师"一节中，记载了带我学步从政的多位恩师，以下提及的三位便是其中长者，他们均是谦谦君子，即便年逾古稀，仍显大家风范，有礼而有度，堪为师表。

编撰家父传略及年表时，时感其青少年时期资料不足。我采信张老（承宗）、汪公（道涵）及王师（元化）三位可敬前辈的回忆，根据1984—1985工作日志及对三位老人口述的记忆，对家父早年的生平作了增补。

他们的回忆主要填补了两方面的空白：

其一是关于家父1930年至1935年期间的生态，令我看到了一位以天下为己任的热血青年，无私投效祖国的豪情，以此可以解读家父"一二·九运动"成为北大旗手的心路历程。在我童年，父亲最难忘的歌曲是聂耳的《毕业歌》，这种到了五十年代还不曾忘却的豪迈，令我激动不已。

其二是关于家父1945年至1950年期间的事例，记述了一个负责任的中国人对战后重建的投身，令我看到了另一个爸爸；从此亦可以解读粟裕大将邀父回国共建家园的诚意及家父为苍生万民谋福祉的选择。

王元化先生说，汝父1930年求学之所应为明光公学或灵光公学，后两校合并又易名，今不可考，取明光求学之说，较为合理。中学时代，汝父为较年长的学生，思想成熟，素有文名及辩才，"我听过汝父年轻时的演讲，不似大海怒涛之喧嚣，恰似大江之水奔涌，激情、理性而有序，绝对雄辩！"他的著名演讲"近代国是十大弊端之我见"，令其成为当年青年学子中的精英人士，在沪上非常出名。（著名学者王元化

先生，1983—1985曾任上海文教负责人，为念劬上司兼恩师；曾亲授其"文心雕龙"等。）

关于家父1930至1935的情况，主要由张承宗先生提供。他说：曾携友侪多人参加过"定邦国是研讨会"，均赞家父才华出众及家祖母热情好客，饭菜可口等。张承老还证实了家父拒去由他主持的市政协及文史馆工作的事，并说1958年曾为慈云寺纠纷事，代父亲转书赵朴初先生等。（文物鉴赏家张承宗先生：50年代上海市副市长，长期任上海文物管理委员会主任，1986年提名念劬兼任上海文管会副主任。）

关于华东工业部的情况，则由汪道涵先生提供。1984年底，在市府小礼堂小型局以上官员的碰头会上，汪公向大家介绍我这位年轻局长时说：知道念劬的"劬"是什么意思，该怎么念吗？他一口京话念得很标准："这便是北大学人定邦先生为幼子取名纪念母亲的妙着，取名都取得有文化底蕴，源出《诗经》之《小雅》，大家可找原著一读。"从此，我的名字在市政府系统再无人误读了。汪公说："定邦兄四六年任职救济总署，能公平处理国联救济物资，体现了他高尚的为人！所以粟裕将军、陈毅元帅都器重他，称他为'以一当万'的贤才，列入百人慰留名单。我们的失误是，既把人留下来了，又不好好用，对这些视人格为生命的人，我们是对不起人家的"。听汪公一席话，我曾为此动容。（经济学家汪道涵先生：1983—1985任上海市长，念劬在其任内获委任为上海文化局常务副局长，为其部属。）

1984年至1985年，汪公时任上海市长，王师出任上海文教负责人，经自下而上的选拔，我被任命为上海文化局副局长（主持常务），在成为他们的直属部下后，建立了彼此近距离接触及互动，这才知道他俩乃家父之故人；但我确信，我的升迁与父荫无关。及至，1986年我受到诬告，已退休的汪公为我作证及仗义执言，使我免遭凌辱。其后，王师又嘱我适时解甲归田、全身而退；同年，熟知家父的张承老（时任上海市文物管理委员会主任）又提名我兼任上海市文管会副主任，嘱我远离是非,去接他的班;我这才相信:这些可敬的老人对我的眷顾及牵挂,我深信,父荫存在于无形之中,唯有心存感激。

可是我们不幸地看到:陈元帅、粟大将、张承老、汪公、王师无一幸免都有被挨整的现实,他们又如何能保护和理解家父呢?最后,当父亲亦步亦趋走向生命过早的终结时,便隐喻了对中国百年兴衰史的深切反思。

五、随父拜谒熊公侧记

这大约是在1959年的春夏之交,大地绽放新绿,天气冷暖宜人,这正是体气欠佳的家父适宜外出的季节,他两度带我造访拜谒年已七十有五的熊十力老先生,给我留下了难以磨灭的少年记忆。这两次拜谒,第一次以转嗔为喜、握手言欢而告终;第二次则是论学无果、面目相左而引至家父的喟然长叹。在我的札记《1975静翁集》中收录许多童年、少年的杂陈旧事,记张遵骝先生的《金鱼》及本文收入的两篇,原名《文论如谈兵》,皆是我三十岁时记下的往事,集中有曰:"曾在任哥暑期回沪时谈及,父亲与熊老者(江西人对有识长者的尊称)的谈天论地,如侠士论剑、阵前谈兵,就是吵架也吵得痛快,吵得精彩。"当场被吾兄斥为"胡说八道,不得妄评……宜慎之"云云,我当堂木然,十分不爽。这一缄口,便是五十年。如今熊、刘二公皆已作古经年,但他们的论学也载入经史,作为少年谒熊及熊、刘论学的目击者,自当有一份责任去写下这些回忆,作为对论学背景的注释。

(一)论学如论剑

是日午后随父赴熊府,一出家门即找三轮车代步,这是我最惬意的外出。一路上父亲对我讲了两件事：一是前时借熊公书要还，要讨论上次托人还书带去的夹片；二是父亲曾告诉熊公任、震二儿沉稳，幼子乖巧善辩，熊公说："可带来一见，教之。"并说："今日对你解禁，可对熊公随便发问及讨论，但需尊重长者，礼不可废。"我得令，兀自高兴。

及至到达熊府，一位男管事开门，进得门廊，左手即见一只大水缸里面赫然蓄养着十几只乌龟，我对此大感兴趣，以为如养金鱼般的嗜好，不想操河南口音的管事告之，此乃熊公爱吃的肉食乌龟，令茹素的父亲大大皱起了双眉。

熊公在客厅起立相迎，一袭薄布棉袍，瓜皮便帽及布鞋，面目清癯，操湖北口音，未及寒暄，立刻转入正题，他说："今日只谈两字，礼和义，世上学问，盖出于此，其余免谈！"父亲默然……显然是不解其意。说："不是邀约谈夹片之事？"熊公说："为学之道，藉攻伐之力，立论有刃，心如镜，笔如神！"不必再议。父亲说：我在夹片中写的是"为学之道，攻守兼备，立论有刃，立论如城，方能心如镜，笔如神！"熊公曰："有刃则破城，足矣！"父亲说："有城则可防刃，岂可废之？"我在父亲耳边脱口而出："何不兼而有之？"父亲哂然；熊公嘱我试言之，我言罢，熊公方说："黄口乳儿能知的道理，我七十老翁焉能不知？在此一片混沌的世界，治学唯抽刀斩棘，方见清明！"父亲不辩。仅说："既是心中各有镜，便俱可下笔如神！只是何为镜？此为根本，有刃及如城皆为末。"熊公喃喃自忖曰："如城便废刀论，处守势，仍是不妥？"我甫一入门，便见倨傲熊公，慷慨陈词；父亲虽不逞强却绝不示弱的出口成章。两人均现"不取真理毋宁死"般的傲骨和霸气！至管事送来的绿茶已不冒热气，两人才分宾主坐下。

我见此学论的短兵相接，高兴无比！直如黑白对弈，熊公执黑先行，父亲执白拒敌，攻防有致，妙语叠出，有时出典如连珠，又有时突然肃静，各自沉入深思。就是华山论剑，也不会比今天更更精彩，所以我会有日后"文论如谈兵"的感受。便是,听高人论学一席话,胜读十年书。

两个小时从孔夫子的礼义,谈到孟子的民本,又涉道统、心学……侃侃而谈,博大精深,随便的玩笑也是引经据典、出掌用故,我哪里听得懂?只听懂了一句白话,便是父亲说:"既有人啸聚山林,崇义而不尊礼者,故何来为独尚一家之礼而拒百家?"熊公说:"此言大谬!"父亲又不辩。仅说:"求真之理,必尚理之真,今日之会恐难有果,下次再论可也。"不想熊公大嗔,即席朗读了一篇如檄文般的文字,我问父亲为何?亦不作答。论学空气急速降温。

此刻我便想讲个笑话缓解缓解,在父亲命我取热水瓶续水时,我说:"我们音乐学院的老院长贺绿汀,最喜欢骂学生,大家都怕他,但他却最喜欢不怕死的学生顶撞他,还说是真理面前人人平等。"我讲这番话时,完全没想到,无意之中冒犯了熊公,父亲的脸也阴沉下来,他与熊公均感愕然!未几,熊公突然大笑,笑得天真,笑出泪花,他回嗔作喜,笑曰:"壮哉,好一个真理面前人人平等,中学为体,西学为用!"父亲这才如释重负,跟着大笑。此次,熊公开山宗师般的硕论及回嗔作喜时的童真,均给我以深刻印象。

话别时熊公对父亲说:"汝可自去,留此子陪我食龟肉可也。"一点没有开玩笑的意思,父亲赶忙陪笑谢绝,含笑带我离开熊府。接着便去了"天鹅阁"吃西餐,这绝对是一种奖励,他仅在旁小口啜一碗蔬菜汤,看我风卷残云扫光了佳肴。这餐饭父亲谈兴正浓,但我却意属俄国汤菜;他讲了什么,我还真没记住。直到事后才慢慢想起。这些教诲便留在下一则再谈。

(二)父亲的喟然长叹

大约在两周之后,父亲又带我造访熊公,这回在路上便嘱我不可轻言,这注定了是一次乏味的访问,正因为必须缄口。这一次,父亲和熊公在谈什么?我一开始是在努力关注的,逐渐便思想不能集中,发困时便两眼直视地下,避免被大人看出来,只觉得时间过得出奇的慢……此种近乎凝固的气氛告诉我,熊、刘论学正进入胶着状态,表现出一种不寻常的冷静!我几次见熊公动怒,但站起后又马上坐下,体现了相当的克制;他们的话题始终围绕儒释……我脑中便开始在验证父亲上一次晤熊公后对我说过的那些话,他们面对面坐着,极像在练气功考校对方的功力!

上一次与父亲在"天鹅阁"晚餐时,他谈兴甚浓,部分所谈曾录于《75静翁集》,所以我可以还原他当时讲过的一些话。

他说:"熊公论学有一股霸气,霸得有底气,霸得有理念,霸而不淫!不像今人之霸而无理,霸而无气,外强中干!"

今日,我看他俩论学,熊公总是得先机而先发制人,情绪激越,快人快语,讲学问务求酣畅淋漓,俨然宗师风范。我看父亲,却好一个沉稳应对,面对尊长的学论,毫不示弱,侃侃而论,后发先至,接霸气之招而化之,尽显虎虎生气。这霸气对上虎气,便是棋逢对手,旗鼓相当。后我父不幸早走,熊公如伯牙之失钟子期,再无故人与之相对,痛失知遇,寂寞如斯。我们皆目睹熊公灵前痛悼家父,这一种悲恸由心而至,痛彻!不似管、鲍,犹如知音;虽是论学,却胜论剑。

张遵骝伯曾来函教我:"熊师之道,唯父亲能析、能论、能辩,无人能及;独受熊师青睐;故最爱与之论学及笔谈。父亲去世,熊师惋惜、凄楚、痛失良友;此一番悲戚乃心苦,亦无人能解!"张伯伯评熊公痛惜父亲的"无人能及"和"无人能解"可谓入木三分。

父亲还说:"真理是非不由势定,乃由心定","对尊长之论,可听而从之,亦可听而不从"。

家父的前提是执弟子之礼便等如"受教",需"听"明白尊长讲什么?这便是尊师敬贤。假如认定自己是对的,便需"必陈己见,只是不必尽言,尽言必有失,无利再学再思"。这便既自制、又自律,不说满话,为自己留下一个举一反三的机会。

北大季羡林教授为我讲《诗经》时,曾说起熊公的脾气是"实无救,不如不救,唯由之";在讲自己也有脾气时则说:"与生俱来,天地难容,不得不容!"暗扣了他与熊公的相似和理解。他佩服父亲的雅量,说汝父"凡事皆能海涵",说自己决不敢与熊师论学,"开口则僭",而父亲竟还能"侃侃而谈,力有所陈,此非常人之能也"! 季伯伯对吾父的述评,令我更佩服父亲的治学态度。

父亲最后说:"嗔而不论!"则成为我学而有效的家训。

复旦蒋天枢教授对我说:"嗔而不论乃古训,出自嗔而不怒,熊公一代宗师,若能不嗔,则更有建树;但其之嗔,亦嗔于学中,无私念,故有童趣,真性情也! 汝父友侪睿智第一人,无出其右。如弈棋,我行一想三(步),他行一想五,乃人中之杰;他与熊公皆异人,所以我数公逸多事,定邦怎会赝服熊公? 乃翁亦有嗔,嗔而不论。所以不再拜谒,这是乃翁之德。"

父亲则说嗔而不论有二,一是怒不置论,二是怒不发论,便已讲透。

是日论学的结局是,熊公说:"吾疲极,公自去。"说罢双目微闭。父亲携我告退,熊公挥手致意,也未起身。父亲出得门来,对天一声喟然长叹。曰:"吾亦力竭,再无力作此长访矣!"回家后,吾父卧床小休,晚餐仅喝了半碗稀粥,但我知道他未病。

事后他说:"长者嗔而有论,当可听之,硕儒怒言,亦有学问!"此当是对前时"嗔而不论"的重要补充! 离别时,他俩都很平静。我从中感受到父亲的包容、欣赏与无奈。

其实在我的札记中,也曾记录一些论学要点,但在读了家父"默识随笔"之后,便不敢再鹦鹉学舌,去奢谈熊、刘的对论了,因为在那里面传递了精彩！我不禁叹服家父为学的严谨，原来父亲对熊公之所论，竟是一以贯之的经典硕论，不仅是成文的，而且绝不即兴！这一份对真理的执着，实在难得。

哲学人生与人生哲学

刘任先

一、序　言

　　述哥(刘述先先生)和我选的不同专业、走的不同人生。父亲(刘静窗先生)对他幼年的冒尖,常加裁制,大概是出于一种"木秀于林,风必摧之"的担心,而内心却对他有特别的期许。

　　述哥的笔耕能力从幼年就开始显露了。我面对从小学三年级就开始的英文背诵和写中文周记、作文之类,往往无计可施,向母亲求助。他的作文成了我的范文,他在幼年已能以活跃变动的笔触,点入一个聚精会神、多姿多彩、玲珑剔透的童心世界,起伏跌宕的文势舒展和戛然收止,不时地闪烁着童真的灵感,紧紧抓住了我的心。

　　我还能记忆,母亲依依不舍地在他衣服内缝了急用的钱,述哥,一个童子领受着父母谆谆叮咛,一别而走上一个陌生世界、三十年离别的不归路。

　　在我的记忆中,他是全能的优等生,他的文史和数理均显聪明强势,而终选择了哲学之途。他一生勤于笔耕,丰厚的著作,展现了他多情而智慧的人生内蕴。他把还在发展的一生,无怨无悔地献给了哲学,所以我用哲学人生来形容之,应是恰当的。他的成就正是父亲所期望的,他的每一成就都牵动着我们全家亲情的心。

专业选择使我走科技工程之路。我的人生在于行动,默默的行动,我习静坐,注意身心融合,人境融合。我帮助父亲整理手稿,但自己从不喜动笔写日记,我的众多论文,属于科学范畴,大半是符号与方程,只有极少必须的文字。

三十年后重逢,我们都到了人生的成熟期,我们约定先整理文革浩劫后散存的熊公与父亲的一批互通函件。当时,我的专业研究正处在关键时刻,粗暴地压制任何文化知识创造灵感的四人帮之类刚刚倒塌,科研的创造性涌动正吸引着我全神贯注地投入心力。我在书桌旁一坐数天,由妻子送饭到嘴边的日日夜夜,一口气同时完成了四篇高质量论文。当时的学术形势是百废待兴,在陕西省的高等学校成立学术审议会,从百余篇论文中选出九篇论文推荐至全国会议,我的四篇全部选中。又在九篇中选出四篇作为重点推荐,其中,我的论文又占了两篇。从此,我在两条各自独立的创造性思维道路中,发展我的科学构思。在这样的形势下,我还是如约完成了述哥主编出版的《熊十力与刘静窗论学书简》之承诺,旋即以副教授匆匆赴加拿大滑铁卢大学,做访问学者两年。1984年10月24日述哥将刚刚出版的书寄加拿大给了我一个惊喜,并在书之封内首页题词:

任弟存念:

没有你的抄写与整理,这部书是不可能出来的。这部书不只有很高的学术价值,对我们来说,还有更高的纪念价值。母亲带出来的相片和熊公、父亲的书函好多都制了版。……也算略尽了我们为人子的责任。

兹后，他把自己的著作，陆续地寄给我，我们虽从事不同的专业，但是人生的向往是不隔的。读他的著作十分亲切，他在书中表达的信念与忧虑，同样牵动着我的心，无丝毫扞格。

半年以来，我在深圳的访问之中，工作之余，在他的激励下，完成了文革浩劫后父亲的残存余稿二十余万字的初步整理和编撰的工作，同时又复读了他的十余本著作，才决定以我的学思历程撰写本文。

二、我的人生心路历程

我从小的性格是属于内向的，从我尚未建立清晰记忆就已经开始，感觉经常莫名地掉入一个深邃莫测的、完全陌生的、而且完全缺乏安全依托的空间或世界之中，所以我惊恐不已，号啕大哭。这种情形大概持续到五岁那么大，我的剃去乳发后一直闪亮的光头，开始长上一头黄褐色的卷曲的头发为止，才渐渐地安静下来。因此可以说，我的人生是从投掷到一个完全陌生的朦胧世界的惶恐意识而开始的。

家庭和环境给予我的爱，从世俗的观点来看是可以令人羡慕的，但我却浑然不觉。

父亲在《三十自述》（1942）中，对述哥和我表现不同的童年性格，有一段描述：

> 大儿述先，亦颇解人，读书成诵，粗识义理。尝读《西游记》，爱之尤笃，几忘卧食，既竟，疑情大作曰："千古神仙之事，奈何承恩一人独了了耶？"二儿任先，今年五岁（虚岁），教之识字，浑尔都忘。而指挥佣役，俨然如主者，众皆故示服从，逗为笑乐。性好施

与,得饵必遍贻同人,常至己无所存,终不吝悔。或婉却,即变色,强使受而后已。亦一异禀也。

父亲左肾刲治后长期病休,我刚刚由小学进入初中,成了父亲不可分离的生活向导:我为他配药、购物、抄写文章、通过听写为他复信,甚至做饭(母亲外出工作增补养家);陪扶他出门访友、看望拈华老人(临济宗第四十二世祖师,时称当代华严座主,法名显亲,字应慈,晚年号拈华老人)和熊公(北京大学教授,当代硕儒熊十力先生),在萧条期,偶兴所至,看场梅兰芳的京剧。

无论外在环境如何变迁,父亲对子女的严格要求始终是一贯的。进入初中后,他送给我的生日纪念册的题词是:"儿生于六月之望日,当夕之月,圆满皓洁,辉耀天中,愿儿一生之自养其品与学者,勉若是焉!"十四岁生日送我一个精致的牛角盒,中有一方美丽、珍贵的玉石印章,用艺术体刻着我的名字。其立面上镌刻着顾亭林的名言:"博学于文,行己有耻。"示勉。

我的假期要学父亲安排的《论语》《孟子》《史记》《古文观止》,以及《小止观》《六祖坛经》等经典著作。除此之外,他还给我看希腊古典《八大派人生哲学》,和唯识《八识规矩颂》等,这些材料比较专门化,对我这个年龄来说,未免太枯燥,很难在我少年心中刻下忆痕。正向情窦初开的青少年发展的时期,更喜欢与同学约会做功课、玩桥牌,听音乐:从施特劳斯到贝多芬、莫扎特、肖邦和柴可夫斯基等,文学喜欢朱生豪译的莎士比亚全集,从喜剧、悲剧直到历史剧。从傅雷的译作扩展到欧洲的小说、印度泰戈尔的诗集。还好奇地搜索了父亲书架上关于甘地的和静坐实践的书籍。但是,无休止的政治运动使本有的恬静生活,蒙上了一层神秘而隔绝的痛苦色彩。

因为父亲的缘分,我有幸有相当机会接触到拈华老人,他对我不时的温和垂注与勉励,使我如沐春风般欣愉无忧。在我初中的时候,适逢四大高僧（虚云、应慈、圆瑛、来果）聚会沪上之胜缘（1952年壬辰冬），虚云老和尚一百十三岁给我摩顶受记，我亲身观摩了禅七，聆听了虚云的开示。

中学毕业前，父亲修书，让我独自去拜谒蒋维乔、黄幼希、熊十力等硕学长老。蒋维乔已经八十四岁，他是一位显赫的名人，"自信人生二百年"，是他在传授静坐中流传出来的话语，但他晚年习密宗"开顶"，其倾向已非长寿可以限定。我以一个青少年，独自登门向他请教静坐之事，一一谦和应答。黄幼希据说曾是一位出名的神童，五岁就能背诵《唐诗三百首》，会做诗。在我的印象中，是一位敦厚的老学者，当时已年逾古稀，家无长物，四壁唯见从底到顶的书架中放满了书，默默无闻地奉献于经藏的考证和校勘工作，看上去没有一点脾气，但智慧确是惊人的。父亲曾借给他一本大型的藏文字典，半月后，他对父亲说，已经背了一半，并复抄了一部分。父亲立即就把字典赠予了他。熊十力的人格和精神凝聚力对我的内在影响是深远的，自非一言可尽，请查阅本篇及其姐妹篇《刘静窗先生的精神境界和独立人格》和《熊十力与刘静窗论学书简》。

至于陈寅恪的高足蒋天枢（复旦大学教授）、熊十力的高足张遵骝（中国历史研究所研究员）等父执辈学者，更可以有机会听他们相互间的自由谈论。

考入交大后，大一的生活，正处1956年百花齐放的小阳春，欧洲的小说、电影，以至俄罗斯的音乐，屠格涅夫、托尔斯泰、陀思妥耶夫斯基的小说、电影等铺展而来，直至反右运动开始而终于划上了一个句号。一开始不免心境茫然，只有到古籍书店去做猎奇搜寻，才购到苏联科学院院士杨兴顺注解的《老子》，还有《庄子·内篇》。成了苦闷的土山后面散步的人生哲学思维的仅余资粮，而终至于从一波深似一波的运动中完全脱离了文字熏陶。困学之思才真正达到了严峻的起点。从那个时候，才慢慢地从表象的人生探索与感悟，不知不觉进入了深入内在的人生探索与感悟之中。

我选择的专业是机械工程,后来到加拿大做两年的访问学者,回国后在校从事研究工作,研究领域不断扩大。我的人生哲学的思维,来自多个源泉的启发。以下将我的学思历程按华严、儒学、艺术与人生选择、科技与哲学互动、象数与《周易》、三元架构与两行之理等六个部分展开,而后归结为自由人生之抉择。

三、华严对我的人生引导

父亲从拈华老人受华严宗初祖杜顺《华严法界观门》,我从父亲编撰的《华严观要》获益。《华严观要》首篇即为《华严法界观门》;第二篇三祖法藏《心经略疏》;第三篇四祖澄观《五蕴观》;继以应慈墨宝两篇,然后为父亲写的《华严观要读法》、《集华严观要杂记》、《再记》、《三记》。

(一) 依五蕴观入门实现第一观的根本转机是基础

《华严法界观门》不谈事法界,而是从真空观(理法界)融入理事无碍观(理事无碍法界)和周遍含容观(事事无碍法界)三观齐发,以致圆融。因而是建立在超越上的,以真空境为宗,启发出观照智——般若波罗蜜,才谈得上真正彻底的华严境界的融入。父亲于一九五八年二月十日《复张公逸》中提到观门的根本出发点:

> 世界一屠场,人生皆刍狗,不亦侈且哀乎?释尊悲此,舍父母妻子之爱,弃国家王子之尊,雪山苦行六年,豁然证得。乃曰:"奇哉!一切众生皆有如来智慧德相。但以妄想执着,不能证得。"此

后一切经藏，无不从同体大悲中流出。

般若波罗蜜是诸佛母，所以华严法界观门的第一观真空观是基础观，也是彻底观。

华严座主应慈示札：

夫般若正因，发菩提心为第一，修住、行、向、地，等、妙二觉，为四十二个步骤。完成因该果海，果彻因源，方穷本宗观要。

但具善根者，能信能入。所谓只可与知者道，不可与俗人言。最苦者，不知悔过，不识忏磨，更不知先入第一观彻底。藐视雪山苦行，而又不识达摩九年面壁为何事，哀哉！

华严宗四祖澄观大师述《五蕴观》为行者开方便之门，叙述了观照智的启发过程，以实现第一观：

夫生死之本莫过人法二执：
迷身心总相，故执人我为实有；
迷五蕴自相，故计法我为实有。
计人我者，用初观照之，知五蕴和合假名为人。一一谛观，但见五蕴，求人我相，终不可得。
云何名为五蕴？色、受、想、行、识是。
云何观之？身则色蕴，所谓地、水、火、风是。
其相如何？坚则地，润则水，暖则火，动则风。
观心则四蕴，所谓受、想、行、识是。
其相如何？领纳为受，取相为想，造作为行，了别为识。
若能依此身心相，谛观分明，于一切处，但见五蕴，求人我相，终不可得，名人空观。

乘此观行，出分段生死，永处涅槃，名二乘解脱。

计法我者，用后观照之，知一一蕴，皆从缘生，都无自性。求蕴相不可得，则五蕴皆空，名法空观。

若二观双照，了人我法，毕竟空无所有，离诸怖畏，度一切苦厄，出变易生死，名究竟解脱。

在五蕴中，显现了三个层次：

初层次为根、尘相对（即眼、耳、鼻、舌、身五根分别对色、声、香、味、触五尘）：眼根对色尘，眼根属心；色尘属物。所以根、尘相对，即心、物相对。唯心论认为心是第一性；唯物论认为物是第一性。

第二层次为：取相为想，造作为行。对应于思辨与行动，理论与实践。

最高层次，了别为识。则统括全收。所谓"三界唯心，万法唯识。"所指之心识，已是根尘俱收，思辨与行动均含摄了。

西学的进路，首于划范畴，定概念，从准确定义开始，搭建系统，层层胜进，如果在基本概念中找到些微歧义，则系统将可能倒塌，从而推陈出新。中学则不然，以"心"为例，由一个日常的经验感受开始，层层充实，层层演化，层层胜进，由近及远，以至于"己分内事为宇宙事，宇宙内事为己分事"，统括宇宙身心，由一"心"全收。因此要特别注意，所谈论的"心"的概念究竟应该归属到哪一个层次上才是恰如其分的，否则会产生严重的概念错置，导致风马牛不相及的效果。这种表达的优点在于意在言外，精义入神，有可能直接产生智的跳跃；缺点也是明显的，所谓仁者见仁，智者见智。学者高下相倾，意见往往有天壤之别。

贤首（法藏）大师在《心经略疏》序言中指出"以真空境为宗，观照智为趣"，点明真空境与观照智并非二元对立，而是一过程（境界）哲理的更上一层的无言描述，这时的观照智所趣即谓"般若"。

明紫柏大师云:"心不自生,生必由尘;尘不自显,显必由心。心尘无性,则无生现前;无性心尘,则缘生不废。"前两句已从根本上(即从最初层次上)否定了唯心论与唯物论的理论基础。

父亲在《华严观要读法》中说:

> 经云:"善能分别诸法相,于第一义而不动。"论云:"众因缘生法,我说即是空。"一切菩萨皆从身心蕴界差别而入第一义谛,是故不坏假名而说实相,不动真际建立诸法。照空宛然而有,即有明空;照有宛然而空,即空辨有。真俗镕融,显泯自在。二边双遣,中道义成。即五蕴见二空,依二空显般若。依般若明观旨。学者知参味焉。

华严经言:"心、佛、众生三无差别。"

一般通俗地解释《般若波罗蜜多心经》如是说:眼、耳、鼻、舌、身为前五识,转"识"成"智",称为"成所作智";第六识为意识,转识成智,称为"妙观察智"。要害在一"转"字。并不废用。

(二) 依思辨理性与实践理性的分立看《华严法界观门》的哲学架构

尝见父亲作数十页草图加以详尽解说。

为叙述方便,建立三个功能图示符号,以助解释。

白圈——白色填充,表示体;

黑圈——黑色填充,表示用;

花圈——黑白共填,表示相。

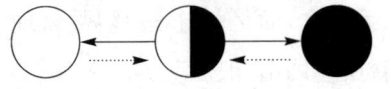

花圈——"思辨理性",两重表示:

一重是真空观中的前三观,为指向超越的实践理性(即真空观中的第四观:泯绝无寄观)而作的思辨引导,以花圈中的半边白表示之;一重是理事无碍观,为引向大用繁兴的实践理性,即事事无碍观(周遍含容观),创造性的交流,以花圈中的半边黑表示之。因而,花圈表示出思辨理性的"理一分殊"的特征。

白圈——是体,它不能遗漏实线表示的关系箭头,它是真空观指向的实践理性,更准确地说是经真空观前三观准备,指向第四观的实践理性。

黑圈——表示事事无碍观(周遍含容观),创造性的交流。但是它也不能遗漏实线表示的关系箭头,它通过真空观启发的理性实践,而产生繁兴大用的创造性交流。

虚线的关系箭头是通过实线的关系箭头方能显示其作用,也即实践理性必须通过思辨理性的启发,但又必须超越思辨理性。

思辨理性

花圈表示的思辨理性是既内在而含容超越的层面的,即理一分殊。辩以明之。释家用"大海与波"作比喻,也可以用宋明儒的"月印万川"作比喻。

如果遗漏了关系箭头,则产生了两种偏执,一种是耽空的对理体的追求;另一种则是繁兴的散殊的事法界。这已经脱离了真实理性的正确轨道。真实理性必是三圈共显的。得意忘诠,圈也就无必要了,如果思想中还有个圈,必定还没有得到理。

父亲有诗赠拈华老人:

> 应师常以三圈[①]表三身[②]示人,奉呈一笑
> 参禅本绝言,图解垂方便,若要会三身[③],打破圈儿见。

[①] 拈华老人的三圈表示法,已无资料可以查找。
[②] 父亲原注:法身、报身、化身。

③ 父亲原注:法身体大,报身相大,化身用大。

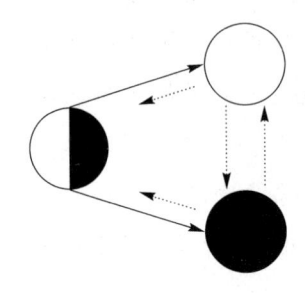

左图表示人能行道,非道行人。人是解决问题的主宰。这是"为己之学"的核心,离开了人的自觉,就无理性可言,天道并不等于人道,但天道必要通过人的理性来体现。人的思辨理性是通向实践理性的桥梁。

《华严法界观门》第一观真空观中分成"解"与"行"两个部分,其间的关系,原文是这样描述的:

> 初二句八门,皆拣情显解。第三句一门,解终趣行。此第四句一门,正成行体。若不洞明前解,无以蹑成此行。若不解此行法绝于前解,无以成其正解。若守解不舍,无以入兹正行。是故行由解成,行起解绝也。

澄观大师在华严法界玄镜中,引《中论》《楞伽经》注解《华严法界观门》,对外道、二乘"断灭"进行批判说:

> 故《中论》云:"先有而后无,是即为断灭。"然外道、二乘,皆有断灭。外道断灭归于太虚;二乘断灭归于涅槃。故肇公云:"大患莫若于有身,故灭身以归无;劳勤莫先于有智,故绝智以沦虚。"又云:"智为杂毒,形为桎梏。故灰身灭智,拨丧无余。"若谓入灭同于太虚,全同外道。故《楞伽》云:"若心体灭,不异外道断见戏论。"故今文云:"以(色)不即断空。"

这段话的意思,既排斥了反智主义(反思辨)的,也排斥了只见思辨(唯思辨,唯智),百尺竿头,超越不上去的问题。

实践理性

释家往往以经验感知的特殊性作比喻,反诘和攻破思辨理性判断准则的窠臼。譬如引用"如人饮水,冷暖自知"。又禅宗言"如(逗)引小儿","猢狲失树,全无伎俩"等等均属之。

禅宗有一段描述:

> 赵州从谂问南泉:"如何是道?"泉曰:"平常心是道。"
> 州曰:"还可趣向也无?"泉曰:"拟向即乖。"
> 州曰:"不拟,争知是道?"泉曰:"道不属知,不属不知。知是妄觉,不知是无记。若真达不疑之道,犹如太虚,廓然虚豁,岂可强是非邪?"

父亲1951年3月,以读杜祖《华严法界观门》心得,写《观海钩玄》一文。4月,致述先家书:

> 三月廿日来书云:"总总而生林林而群者,果何自来哉?"
> 试引《金刚经》句云:"如是,如是。如来者,无所从来,亦无所去,故名如来。"

自注:一义:迥绝无寄,非言所及,非解所到,唯一真实故。二义:一即一切,一切即一;一中一切,一切中一;一摄一切,一切摄一;一入一切,一切入一;一切摄一切,一切入一切。交参自在,重重无尽故。

显示了实践理性中的两行之理:

一重是真空观中的前三观,为引向超越的实践理性,即真空观中的第四观:泯绝无寄观。一重是理事无碍观,为引向大用繁兴的实践理性,即事事无碍观(周遍含容观),创造性的交流。

怀念父亲刘静窗

父亲在《毗舍浮佛偈略释》中说：

> 语云：寂寥于万化之域，动用于一虚之中。一尘如是，尘尘亦然。十方三世，普融无碍，自在如如，摄入无尽，如镜交光，如灯交映。此非思议境界，观智圆明，令现在前耳。

中学在实践理性方面有大量的文献诠释：

譬如采用指月的方法，希望学者因指望月，这是中学哲人经常采用的方法。但是庄子就反对这种说法，他在《齐物论》中评论说："以指喻指之非指，不若以非指喻指之非指也"，他自己则有"心斋"、"坐忘"、"缘督以为经"、"真人踵息"、"庖丁解牛"等的修养法，显示他的非指之喻。但是这方面离学者的期望还是太遥远。儒家，孔子从不轻许"仁"，《论语》有："子罕言利与命与仁。"子贡曰："夫子之文章，可得而闻也；夫子之言性与天道，不可得而闻也。"先秦儒家由曾子、子思而孟子，内在超越的理念大致完备，但系统的论述始终不足，直到佛家进入中国而大行于天下，才激发宋明儒的磨荡。然而，在实践理性上的探索，如果没有佛家天台、华严与禅的文献与实践，是不可想象的。

在思辨理性与实践理性的差别上，在思辨方向的引导上，老子已经明确指出："为学日益，为道日损。"佛家大乘提出"六度"，或称"六波罗蜜"（布施、持戒、忍辱、精进、禅定、般若）。以第一"布施波罗蜜"为例，布施要做到无施者、无受者、无所施之物等"三轮体空"，"波罗蜜"释为"到彼岸"，把世间智慧德行与出世间智慧德行加以根本之区分。"禅定"并非出世之智慧德行，惟"禅定波罗蜜"方为求出世之超越智慧与德行。"般若波罗蜜"更有胜进，可参阅《般若波罗蜜多心经》。

任注：法藏曾以多面镜子的灯影交光、辉映重重来比喻华严的镕融互摄境界。

创造性交流所指之实践理性，与普通人的生活是否完全无关呢？其实不然，古代中医言人体半身不遂、肢体瘫痪为"不仁"。现代中医看人体的生命现象，离不开人身（含精神）的整体性：经络系统，耳针疗法，脚掌疗法，正是有生命的身体之各部分互相作用、互相涵摄的结果。例如耳针疗法，基于耳轮各点与全身各部状况对应相通；脚掌、手掌均有类似疗法。经络系统，已经完全推广于常规医疗之中。我在加拿大访问期间，观看了一部纪录片，是美国的医生代表团观摩中国医生用针刺麻醉进行脑部开刀的全过程，美国人拍摄的纪录片。被开刀人在开刀过程中处在完全清醒状态，还能不时地与主开刀的医生进行对话，奇迹显现在平常之中。精神与身体的融贯合一的锻炼，如太极拳，八段锦，穴位按摩拍打等。我在跑步与行走中，均注意身心的融贯，不随意分散注意力，习以为常，自然有效用显出。

道家喻人体为一小宇宙，诚然不错，但各有所显，法无定法，中医的经络系统与道家的大小周天（河车搬运）相谐；但藏密的中脉系统与中医及道家的任督二脉循行的小周天完全不同，却与破瓦（开顶）的修习相谐。中医讲人体的营卫系统，母亲的偶然遭遇，却让我感受到营卫的存在及重要性。她在开启罐头时不慎割伤中指，不数日，指尖生一毒疗，先访一疗疗民医，医生将母亲手臂穴位一二处表皮轻轻挑起，用一新碎瓷片，将之刮断，丝毫无痛。但又数日，疗开始走红，由指部显一红线，渐渐向臂部上行，来势凶猛，疼痛难忍，彻夜难眠。又改去大医院西医诊疗，医生会诊，言需锯臂，否则有生命危险。又返回疗疗民医处求助，医者方言，因少妇脱衣不便，第一次没有彻底疗伤，此次脱去上衣，仍用新碎瓷片，沿臂部向背部连挑三处破皮，仍然无痛。以后，竟奇迹般痊愈。据说此民医曾为杭州一煤球店老板，心地善良，与寺庙为邻，和尚教他一挑疗绝技，率尔从医，在上海成名。但知其然，而不知其所以然，以后据说失传。这是中医营卫中的卫系统的一个例证。

实践理性的超越理性,释家称第一义谛。禅宗所谓:"向上一着,密不透风。"

四、归心孔子为己之学

华严在大用繁兴的事事互融的境界中没有把人文历史的特殊性提携出来,而儒家拈出了人文的殊性,从个性人格到家庭社会,人伦理性方面的创造可谓淋漓尽致,形成了不朽的儒文化。虽然到了现代,不应把政治单纯看作道德的延长来表述我们的理想,应该适当解构,但是我们不能中断对政治家的道德、信誉的基本要求。

在父亲讲解儒学精义的指引下,我学习《论语》《孟子》等儒家经典著作的感受,在人生的经历中,大致经历了三段变化:

第一阶段的感觉是散殊的:儒家的伦理道德以散殊的语录与格言进入我的最初的印象之中。

第二阶段的感觉是凝聚的:凝聚在"为己之学"中。随着生活遭遇的坎坷起伏,自我的修养,进入人生道路选择的思考。儒家散殊的格言不断地从脑海中蹦出来,成为人生深层哲理的导引。譬如孔子对学生的多次对话:

> 子曰:"赐也,汝以予为多学而识之者与?"对曰:"然,非与?"曰:"非也,予一以贯之。"子曰:"参乎!吾道一以贯之。"曾子曰:"唯。"子出,门人问曰:"何谓也?"曾子曰:"夫子之道,忠恕而已矣。"

中学时代读《论语》这段文字的最初感觉,以为孔子对曾子一定另有心印密意之传递,忠恕只是曾子应付学生的通俗门面语而已。兹后的人生在坎坷得失之中翻滚,社会一切遭遇与斗争,赤裸裸地呈现面前,唯有剩下一点自我内在的真诚,成了人生力量的支柱。直到一天中夜静寂的返思中,忽感孔子一以贯之之道,正是坦然人心的信守,这就是忠;抱着此一腔真诚与他人作创造交流,就是恕。明白如日月中天,更无余蕴或密意。再回过来看"己欲立而立人,己欲达而达人"、"克己复礼为仁。一日克己复礼,天下归仁焉。为仁由己,而由人乎哉?"不觉亲切起来,直与自己能否舒怀为人息息相关,原来"非礼勿视,非礼勿听,非礼勿言,非礼勿动"都是由心中活泼泼地流出,并非外在有一个僵化的礼教来限制自己的自由。"礼云礼云,玉帛云乎哉?乐云乐云,钟鼓云乎哉?"正是这种心情的自然流露,否则就毫无意义可言了。人生的实践、情感、得失、期望,都开始向一个方向渐渐融化、凝聚,成为一体。自我欢笑,自我判断,自我行动,自我承担责任。所以,孟子说的"君子深造之以道,欲其自得之也。自得之,则居之安;居之安,则资之深;资之深,则取之左右逢其源,故君子欲其自得之也"所表达的精神,成了自己的衷心信守。

第三阶段的感觉是两行的:一方面看到人生的限制面,要谦诚地去体会;另一方面,为己之学,有限的生命,向根源方向凝聚。体味到儒文化的光芒,在于从文化、历史、社会的发展中拈出了顶天立地的自由人格之把握,成为人性与事业卷舒之枢机。仁、义、礼、智、信,诚信为入德之门,总归于仁。"造次必于是,颠沛必于是。"

曾子曰:"士不可以不弘毅,任重而道远。仁以为己任,不亦重乎,死而后已,不亦远乎。"

子曰:"仁远乎哉?我欲仁,斯仁至矣。"

孔、孟的史识,把人性自由决断与责任摆到了首要的地位:伯夷、叔齐饿死首阳山是逆形势的,孔子评价伯夷、叔齐是贤人,孟子评之为圣之清者也。

孟子以人性自由决断为首重的鲜明历史观,同样表现在对武王伐纣的正反两方面论证上：一方面，孟子回答齐宣王"汤放桀，武王伐纣，……臣弑其君，可乎？"的问题说："贼仁者谓之'贼'，贼义者谓之'残'。残贼之人，谓之'一夫'。闻诛一夫纣矣，未闻弑君也。"但另一方面，孟子又持怀疑的态度说："尽信《书》，则不如无《书》。吾于《武成》，取二三策而已矣。仁人无敌于天下，以至仁伐至不仁，而何其血之流杵也？"

对待"君子远庖厨"的态度：最初我以此讥笑儒家思想。随着人生阅历的增加，开始觉悟到人生有许多事是做不到的，必须以低调的现实态度，以人心的"直"道回应之。这正是先秦儒以赤诚的态度对待生活所显现的直率风格。否则，他为什么要把自己的心理弱点交到他人手中作为攻击自己的把柄呢？蔬食者有一句名言："欲知世上刀兵劫，但听屠门夜半声。"诚然如此！现代屠场，同样是穿心扒皮，残酷已极，只是人们眼不见为净而已。这正是现代人的远庖厨。为了保持饮食营养的平衡，采取低调的不得已的回应是适当的。但切不可穷奢极侈。比之于明末王学末流，满街称圣，张嘴中节，没有低调可言，不知羞耻，竟是天壤之别了。难怪先秦儒疾恶紫之乱朱，要痛斥乡愿了。

五、艺术对人生的影响和人生发展模式的选择

父亲曾和我聊起一个难局：宋时，江西有一位刘生，早年定亲，门当户对。及长，刘生中举，家道荣发；但女方却双目失明，家道衰落。女方主动提出退婚，刘生不允。照常完婚，相待如初，并生了多个子女。苏东坡因此想不通，说："情由色生，这是爱情吗？"

后读《红楼梦》，作者曹雪芹也叙述了一个难局：贾宝玉因林黛玉之死而失却真爱，但他对家庭和社会却交了一份合格答卷：与薛宝钗完婚、生子与考取功名，满足了家庭和社会对他的全部需求。然后，终

于离家出走。这与易卜生戏剧中的娜拉出走,虽然滋味不同,然均以艺术的超越,显示出对现实社会道德伦理的责难。

艺术的根本在于情出于衷,在于真善美的追求,艺术的源泉归根结底仍在于人生创造性的交流。艺术的根本追求对人生的质疑,往往仅站在人生哲学的起点,而不是终点,所以唐朝的白居易、宋朝的苏东坡都入了佛门,近代的艺术家李叔同出家成了一代高僧弘一大师。

艺术(文学、音乐、绘画等)对于人生是重要的,它的重要性不仅仅在于艺术本身在文化园地中的灿烂多姿、百花争妍对人的吸引,而更在于潜移默化中影响人的气质,启动人生的深层思维和探索的热忱。因而,我在浸润这个园地中,常常渴望了解作者自我在人生探索中的种种遭遇和抉择,所以我喜欢阅读文化园地中的佼佼者的传记,和充满真实纪录的自传。其中明朝的王阳明的完整的人生对于我的影响是深远的。在我的心目中,虽无意于造偶像,他并不是最完美的,更不必是最高的,但他始终是一个近代的正统探源学者之典范:

(一) 全面探索,勇于实践。他的人生足迹遍及道、佛、儒,他说:"金丹非外待,长生在求仁。"应是他前期人生探索的总结评语,第一句破外丹,第二句破内丹,最终归心于求仁。他在思想中所开辟和驰骋的文化疆域,给我们后人留下了充分思考和回味的余地。

现代人同样也有外丹、内丹、求仁的追求:

1. 长寿保健、驻容养颜的中西补养之剂充斥市场,方兴未艾,有学者倡言:二十一世纪是生物工程的世纪,要实现一百八十岁的长寿,并非无根的幻想,无论怀疑与否,不能避免其对生活产生的影响,这就是现代人生活中的外丹道;

2. 太极拳、瑜伽、静坐养生,乃至任何身心调衡的方术,甚至小周天河车搬运、藏密的破瓦法,都属于现代人可能追求的内丹道。

以上均非究竟探源之学,要懂得把握与识别。导航破迷,行入坦途,仍要走为己之学、求仁之学。

（二）王阳明在家庭、社会的兼顾上，已经成为一个步入近代职业社会的早期探源学者的成功典范，现代人不可避免正统的教育与职业前程的选择。王阳明会打仗，会治国，而且有献身精神的投入。

（三）"无声无臭独知时，此是乾坤万有基"，是他为己之学的名言。他的人生三变（默坐澄心、主收敛、致良知）的学思历程，给我们在现代社会的生活中，寻求探源之学，留下了丰富的参考价值。他已从自觉中找到了安身立命的融会的仁境。但这种双轨的分野趋势，随着现代的科技和文哲的发展，更显严峻。这与东学、西学寻求融合的问题，互成表里。王阳明探索内在和发扬创造的不朽精神，仍然是我们今天的师表。贵州龙场之贬，触发了人生根源之觉悟和终身不渝的真理探求与实践。

当创造主的灵光一闪，我们尚没有足够的修养去觉察时，文化的创造成果已降落人间，成为物化的陈迹。横渠也说："万物形色，神之糟粕。"这就是人生探源的永恒魅力。

六、科技与哲学的互动

（一）创造性的源泉

熊十力先生给我的明信片中，激励我从事科技研究，勇于创新，曰：

思之思之，又重思之，思之不通，鬼神通之。非鬼神之力，精思之极也。（思辨理性引出实践理性）

譬如行者，不了远行之法，直须行去，方法自出。（实践理性引出思辨理性）

这前半段"思之思之，又重思之，思之不通，鬼神通之"，已包含了一个完整的哲学思维。"鬼"者，不知不觉；"神"者，变动无方。这就是创造性源泉的描述。明于此，后面二句"非鬼神之力，精思之极也"，已是赘语。何则？"精思之极"如果属"思"，则前头已说了四个思，足矣！如不属"思"，则言"鬼神"亦何别？又何伤？这前半段又与西方流行的一句激励的格言相当："God favors prepared hearts."其中 God 同样不可以简单理解成俗世的上帝之神。

科学的创造千变万化，但不外乎融入和超越，庄子的"庖丁解牛"算是一个可取的粗略的比喻，其中环境与机遇的因素却是不可忽略的，创造性花朵虽各自在一地一专业中开放，却往往是群发的，似乎是互有呼应的，而人的创造性蓄势尤其是决定性的，可以借佛家的话来形容：非无因缘，非少因缘，可以成就。

以我自己的科技实践中的一个例证来说：

1961年春，我在交通大学的毕业论文为《球面蜗杆传动之研究》，这是为解决苏联援建工程项目中新技术遇到的困难而撰写的。我研读了导师提供的八十余份研究资料，得力于其中超过半数之俄文原版系统论著及论文，这是一项苏联消化美国专利的先进技术，当时中美两方隔绝，只有寥寥无几的英文资料。我领导一个小组，深入现场月余，解决了工程难题，并出色完成了论文。示范答辩时，校长亲临，与我专业相关的所有名教授均到位，给予最优秀的评价，学校迭经运动和大跃进磨难的萧条后，可谓极一时之盛，种下了一个潜伏的远因。

文革十载，1977年后的复苏，我从知识分子劳动思想改造的干校回来，由于我当年毕业论文的背景，被允许参与了一项科研攻关研究的献策研讨。其时，为解决千吨压下力的蜗杆传动设备的寿命难题攻关，重庆大学、南开大学、中国机械研究院、北京科技大学（原北京钢铁学院）等各有所长，由数学、力学、机械多专业交叉，组成专家组进行了平行的探索。但研究没有从根本上找到突破口,所以对工程实践的指导,始终不得要领,乏计可陈。我参加进去后,吸收了所有这些进步,以我当年的蓄势,触发神解,在理论和实践上完成了两项重要突破:

1. 我由笛卡尔坐标的超过七重之转换中,提携出极坐标二元双参数跟踪的方程组,创造了以动态跟踪的微变坐标表达抽象图形的方式,使磨削后的环面蜗杆齿形特征以及当年苏联的研究成果:球面蜗杆理想磨损齿形曲线,均在此坐标中获得了清晰的表达和比较。当环面蜗杆的设计参数在方程组中作连续变化时,理论蜗杆齿形曲线的形象变化特征,得以清晰地摆在研究者面前,使问题的解决已摆到眼下。

2. 建立了最佳蜗杆齿形曲线的判据:借喻冲浪运动,冲浪板迎海潮的最佳楔角,与是否能获得海潮最大的托举浮力之关联。引入现代弹性流体动力学的油膜润滑理论,弹性油膜承载能力与蜗杆齿形最佳楔入角之关联,用以造成蜗杆齿面的柔性楔入以及获得最强的油膜承载能力。并依此完成了最佳参数设计的电脑程式。使问题得到了根本解决。面对各路权威学者的责难和怀疑,面对工业界巨大投资实施的风险与责任,压力犹如汹涌的海潮势欲吞没小舟一般,覆顶而来。一年后的鉴定,显示了巨大的经济效益和理论的正确性。因此而获奖。

回顾此一段研究工作的艰辛,实难为局外人道。能触动灵感,做出理论的创新,才是造山运动的第一步,要亲自验证它,又是另一类问题,须要启动新思维去攻克。有时,要把验证的部分进行孤立和分割,设计种种陷阱来观察运算效果,做出判断。有时,经月的劳作,往往只为了求一个是非。在发现问题而找不到原因时最需智慧、信心和毅力。有一次,问题出在数学手册中的一个八位精度的数据之小数第五位有错误,经过省图书馆的美国权威版本的比较,才得以证实自己的判断,终于解决了一场理论概念的危机,如何发现的,自然另有一段故事。

任何一门科学都起于界说，划范畴，立概念，才有新理论的创立；表面上看来，严谨无缺，天衣无缝。但是，一个疑团朦胧地从思维的天边悠悠升起，从模糊到清晰，或许正是一个新的世界开始的契机。

（二）法无定法，隐显随缘

欧几里得几何学，平行公理的唯一性，因近代非欧几何学：球面几何学，罗得里克几何学等的创生和迅猛发展受到挑战，需要从范畴的起点作根本的修正。它的应用从而也失却了垄断性。这是时代发展的需要，在飞行或星际航行中作地球的大地测量和观测，球面几何的发展是必不可缺的，并非单纯科学家纸面上的事使然。

从现代物理学时空观念的发展来看，牛顿的绝对时空是想象的非真实的惯性时空，所以无法解释行星绕日运动的第一推动力。

1972年10月23日，诺贝尔奖获得者、物理学家李政道在香港大学发表演讲中说："牛顿力学已被量子力学代替了，在量子力学中有条很基本很重要的定律'测不准定律'。这条定律说明我们永远测不准一切，任何物体假如我们能完全测定它在任何一刻时间的位置，那在同一时间，它的动量（即质量乘速度）就无法能固定。对普通一般物体来说，动量不固定，就是速度不固定；既然速度不能固定，那也就无法完全预定这物体将来的路线了。从哲学上讲，'测不准定律'和老子所说：'道可道，非常道，名可名，非常名'的意思，颇有符合之处，所以近代物理学有些看法，与中国太极和阴阳二元学说有相似的地方。"（引自 www.yxun.net/main/lun-weng-liudun.htm，《牛顿、爱因斯坦、杨振宁、李政道与〈易经〉》）。

相对论和量子力学测不准原理，只是时空融合哲学观研究的起点，而非终点。度量长度的标准，古典为法国的米原器，现在已被雷射代替，长度测量也进入了时空交融的时代：

怀念父亲刘静窗

　　1889年的第一届国际计量大会确定"米原器"为国际长度基准，它规定1米就是米原器在0摄氏度时两端的两条刻线间的距离。米原器的精度可以达到0.1微米。

　　1960年召开的第11界国际计量大会上，废除了米原器，理由是它既不方便，也不准确。规定了新的"米"的标准，它就是氪86同位素灯在规定条件下发出的橙黄色光在真空中的波长。用光当尺既方便又准确，用氪86当尺，精确度可以达到0.001微米，大约相当于一根头发直径的十万分之一。世界各地都可以制造氪灯，不必去国际计量局核对米尺了。

　　雷射出现以后，氪灯就逊色多了。用雷射的波长当尺，从理论上推算，可以比氪86同位素灯准确100万倍。1969年用雷射测量地球和月球之间的距离，长达38万多千米，误差只有几米。

　　雷射是一把上天下海的好尺子，用起来得心应手，精巧准确。所以一九八三年十月，联合国度量组织在巴黎举行会议，规定了新的"米"的定义，即把光在真空中299792458分之一秒所走的距离定为一个标准米。近几年来，各种雷射尺已经相继问世，如雷射比长仪、雷射二坐标仪等等。（引自 http://www.hongen.com/edu/kxdt/wlly/kh040301.htm，《米的规定》）

摄像方面：普通照相、X光透视、CT分层半透，方法上和观念上有了根本的跳跃式发展。

　　微积分时代的数学方法是完美的，机器设计也是完美的，二十余年前，我在上海和加拿大的访问中，仍能看到这种完美的例证，但它们早已处淘汰之列。淘汰的原因正是因为其原理上的完美性需要工人的高技术修养来发扬。而今天的时代，亦因电脑的速度和容量的发展，（摩根定律预测电脑运行速度三月一翻）已占尽胜场，人们只需要读傻瓜书、开傻瓜机，成为一个潮流。知识的爆炸，人们已不可能装载在脑中,对介质存储的依赖在不断加大,文明的维系如悬丝,文明的失落的风险也加大了。

伴随电脑的速度和容量之性价比的高速度稳定发展,数学的近似理论与迭代技巧的发展,完美的理论方法往往已不占优势,一篇优美的理论文章,有充实的数学分析,可以因为电脑的速度和容量的发展,使其成果变得微不足道,失却了现实的意义和价值。

七、象数与《周易》

(一) 缘起

父亲在我青少年时代曾悉心导学《周易》,但我不甚了了,效果不彰。直至中年而后,我才重新开始注意《易经》,十年前,我用二进数学的表达形式为助,辅以图形和算符变换,研究过《易》,曾经写过一篇《易经的象数论》自存,在引论中说:

"义理"的表达离不开文字,这是人类文明的一个重要转折。汉文字是从象形类比的方法开始创立的一套符号系统。属于象形文字系统。以象属义,是我们祖先创造的一种思维传统。

《易经》将文字诠释的纷繁现象归纳为八大象形要素:天、地;山、泽;风、雷;水、火。抽象为乾、坤、艮、兑、巽、震、坎、离等八个基本元素。赋以八卦之形,使象与数关联。有数之索引,上可归根于太极,下可繁衍六十四卦。又复派生创造六十四词之抽象文字系统与其对应,构成描述宇宙、社会、人生状态及其变迁等人间万象的基元。卷之仍归太极,舒之三百八十四爻、四千零九十六变势乃至无穷,然而穷变之中,非无归藏。六十四卦错综复杂,交互之变,虽重重无尽,但万变不离其终(中),终归四卦,又以"既济""未济"之无尽,终归藏在乾坤之中。

《易经》以"象"、"数"诠释"义理"。以"象数"之索引和演绎,表达"义理"系统之展开。从而,亦以凭借"象数"的关联与变化,预测"义理"之发展可能。

此处言"义理",其意义含盖至广:从一事相的性状、成败,人生的起落,情感的顺逆,悲欢离合,历史的因果、得失,到宇宙、物理、宏观、微观等等,无所不包,这就是东方经典哲理的固有特长和睿智的一面,但同时也显示了不确定的、可以在一定程度上自由发挥的另一面。

所以,此论特以"象数"为"显",而以"义理"为"隐"。但是,既不碍"义理"卓尔存胸、对"象数"的烘托与诱导。亦不掩"象数"系统巧妙、对"义理"的启发与彰明。

所以,此论:专求"象数"启蒙,以聚心力,砺剑破坚,而能入乎其内。用"象数"观事相,曲尽巧妙,但不役性灵。

少谈"义理"争辩,可避杂驳,持志忘情,方得超乎其外。依"义理"演"象数",心体贯通,而率务本然。

所以,"君子不器",而能用器,本末之辨,不可不慎。

孔子曰:"加我数年,五十以学《易》,可以无大过矣。"当代学《易》、论《易》和用《易》,应不忘孔子集大成的原则。所以,立足于当代,观往古来今各家哲理,心物齐彰,以启当代之《易》学、《易》论、和《易》用,正符合于孔子的期望和风格。也更符合于吾人本生勤奋求真理求进步的愿望。

(二) 象数的规律与伏羲易

错综复杂一切常变,来源于伏羲八卦,可以用规则推理:

方图、圆图的象数排列是一致的。圆图得环中；而方图显四隅：乾、坤、否、泰，象征天地之变化与人间之祸福的均衡布局。显现了古思维对天人交互的神秘性和神圣性。

乾、坤、坎、离在方图主对角线上，它们以纯"错"无"综"，对称居于方图中心点之两侧，构成了象数演绎的独一无二的对角线中轴；

二卦成"对"：有"错对"，有"综对"；

四卦成"隅"：二"综对"对称于中心，彼此交叉换卦，成二"错对"；八卦成"方"：隅有向，故能配二隅成方；十六卦成"环"：方之象仍有横竖，故能相配成环。因而可以提挈成串，左右逢源。

现代的二进位，是电脑演绎理论的基础，1为奇，为阳，为显，为生；0为偶，为阴，为隐，为寂。但偶本不居0，不居寂。寂而动，偶必有进位，而显于高位的奇。如此相生而无穷尽。所以科技学者研易之象数，自然会欣赏伏羲古太极以至六十四卦变图之内蕴规律。

（三）文王的革新与《周易》

文王拘而演《周易》，既包含了继承与发展的一面，更包含了创造与革新的另一面。试比较文王八卦方位图对伏羲八卦方位图之变革的启示：

伏羲八卦方位图：上下宗主为天、地、乾、坤，以坎、离左右相辅，在六十四卦大方图内的布局上，乾、坤、坎、离均衡地分布在主对角线中轴上。

文王八卦方位图：上下宗主为男、女、坎、离，以兑、震左右相辅，在六十四卦大方图内的布局上，坎、离、兑、震虽均在主对角线中轴上，但兑、震居于离之两侧，偏向于乾，显现了偏向阳刚之生生气息。

由伏羲八卦转变至文王八卦方位图，上下数序的翻转，主对角线两极数序的翻转，名与数对应的打乱等等，按象数原理来预测，显现了

"不可测其变"的难局。

伏羲八卦方位图，以天地为宗主，偏向物理，而有严整完备的象数演绎系统。

文王八卦方位图，以人性为宗主，打破象数之垄断，由"象数易"转向"义理易"，这是一个合理的变革与进步，孔子"人能行道"的思想，在这里已见端倪。

《周易》上下篇的卦变顺序都是以人事祸福的起落、天下大势的更迭的人文经验范例(Case)来串珠的，以人文发展的义理来统驭象数的变化。

比照于英语(语言)文法的发展史：先有形式文法，属于静态的；后发展句型模式文法，属于动态的。法律，亦由立法建立基本规则开始，继以法官判案形成典型范例(Case)作为判案的依据。商务管理，亦由原始规则的建立，向高层发展，形成有名的商业范例(Case)。发展趋向，愈来愈重视人的智慧的主导性和不同环境和条件下的分殊性。

(四)《易经》在物理、人文两方面的哲理启示

《易经》是一本不折不扣的以象数及其演变为基的符号哲学书，历史上，朱子卦变法(我称之为夹心移位原理)、交互卦变法、京房十六卦变法、八宫卦变法等，都属于象数的演变。

今天人类基因图谱解密的成就，说明人类正处在一个新认识的起点，而非终点。科技的成果，将会直接影响人的生老病死。人工智能、机器人、克隆的科技发展，并以各自的方式影响人的哲学思维。

象数对人的影响是深远的，不必一定由象数易。而《易》对象数文化的影响也是不可估量的。

《易经》又是一本吸收历代哲人智慧阐释义理的经典著作，引导人的思维走向追根溯源的内在层面和超越指向的思索。

《易经》在物理、人文两方面的哲理启示及其发展应该是互动的。

八、三元架构与两行之理

本节意在用一套象数符号架构，阐述哲学的义理。

（一）三元架构的建立及其演绎

首先以一个具体的行星机构引入，用以建立抽象的符号架构。

行星机构有一个太阳轮 A 可以自转，行星轮 B 既可以自转，又可以通过转臂 C 的约束进行公转。实际上，形成了太阳轮 A、行星轮 B 与转臂 C 的三个转动，在这里，可以注意到，不用绝对、牵连、相对的传统三重笛卡尔坐标系，而以三重圆运动来表达。

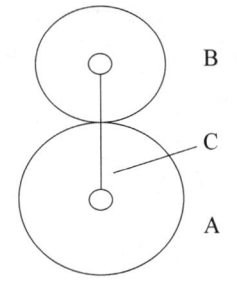

可以抽象出一个三元的基本单元构架，若求行星轮 B 的转速，则由本身 B 来看自己，当然是不动的，转速为零；由 A 或 C 为参考系的立场看，则 B 显现有不同的转速。

A、B 二者的相对转速比是依 i_{AB}^{C} 相对参考元 C 来看的，其中 A 为相对主动元，B 为相对目标元，因之可以写出对应于基本单元的三边双向的六参数：

$$i_{AB}^{C}, i_{BA}^{C}, i_{AC}^{B}, i_{CA}^{B}, i_{BC}^{A}, i_{CB}^{A}$$

它们符合于如下对称运算规则：

$i_{XY}^{Z} + i_{XZ}^{Y} = 1$ 补数运算，表达为 P 运算

$i_{XY}^{Z} = P(i_{XZ}^{Y}) i_{XY}^{Z} \cdot i_{YX}^{Z} = 1$ 倒数运算，表达为 T 运算 $i_{XY}^{Z} = T(i_{YX}^{Z})$。

其中 XYZ 用 ABC 的任何顺序对应代入，得三对联立方程式。其中五个为独立方程，一个为依从。

已知其中任何一个参数，其余五个随之而被确定。一得全得，连珠互动，表现了一个基本单元的内蕴特征。

由多个基本单元组合，可产生多级多自由度的系统综合，演化而派生无穷。例如：右边为一个三级四自由度系统，右下为一个三级二自由度系统。依理，可以构造任意复杂的大系统。

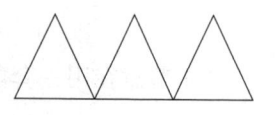

系统中，每一基本单元的量为局部量（Local）。

系统要发生动力作用，必须首先使多自由度机构增加约束而降阶，变成二自由度机构，这样就可以确定绝对参考元 S，绝对主动元 P，绝对目标元 L 的数量关系，才变成可以传递动力的机器。（对于 S、P、L 三元，右图与右下图是拓扑等效的。）然后，所有的绝对运动量都依绝对坐标 S 而确定。这时，每一个基本单元产生六个绝对传动比，为全局量（Global）。

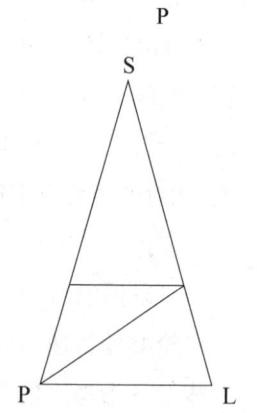

$$i_{AB}^S, i_{BA}^S, i_{AC}^S, i_{CA}^S, i_{BC}^S, i_{CB}^S$$

每一单元中，传动比的局部量对全局量之比，为差动比：

$$v_{XY}^{ZS} = i_{XY}^Z / i_{XY}^S$$

差动比是计算动力的参数。所有的动力特征都依差动比而定。统驭全局的绝对坐标既定后，差动比的数值随之而定。在机构中的每一单元，均有对应的六个差动比参数：

$$v_{AB}^{CS}, v_{BA}^{CS}, v_{AC}^{BS}, v_{CA}^{BS}, v_{BC}^{AS}, v_{CB}^{AS}$$

它们仍然符合对称运算法则：

$$v_{XY}^{ZS} = P(v_{XZ}^{YS})$$

$$v_{XY}^{\bigcirc S} = T(v_{YX}^{\bigcirc S})$$

至此,每一单元有十八个参数,确定了机构内蕴的运动和动力性质。才会有功率流向和效率问题。既然全局参数只有三元,任意复杂的二自由度机构,可以经拓扑转化(简化),归于一个简单三元架构。并有相应的数量运算随之归纳和演绎。舒之,机构中每一单元各自的十八参数重重展现,犹如随珠,一一确定;卷之则终归于唯一三元架构之十八参数。

行星复合机构的运算规则:补数运算(P)、倒数运算(T)、乘运算($\times$),构成独立的三则运算规则系统。(可对比于算术系统的加、减、乘、除之四则运算规则;逻辑系统的加、乘、非之三则运算规则。)

这套三角结构图的象数符号系统是我二十六年前建立的工程数学工具,用来分析和综合任意复杂的行星机构,内容丰富,十分成功。现仅撷取其象数架构的概念来譬喻哲学之义理。

(二) 三元架构与两行之理互释

1. 三元互动的思维

《庄子·齐物论》:

是亦彼也,彼亦是也,彼亦一是非,此亦一是非,果且有彼是乎哉?且无彼是乎哉?彼是莫得其偶,谓之道枢;枢始得其环中,以应无穷。是亦一无穷,非亦一无穷也。故曰:莫若以明。

"彼"、"此"之间谈"是"谈"非",公说公有理,婆说婆有理,是非无穷。惟得"环中",是非方得以"明"。这明明是一个"彼"、"此"、"环中"三元的关系构架。

无论和谐与争斗,都必须要有一个共同关心的基础,否则,风马牛不相及。

两队竞技,必须要有裁判和规则。

会计、出纳与主管;司法、立法与行政。

不识庐山真面目,只缘身在此山中。

天台的空假中,华严的三观,易的太极和两仪。

二进位的1和0,必须有进位功能,才能演化。

两行之理,喻于人体之两腿,缺一不可。更不能忘记人体对两腿之统驭。两行之理,隐喻着总体的协调。

所以,显说隐说都不外此三元互动的关系架构。

2. 从两行之理看三元架构

《老子》"道生一,一生二,二生三,三生万物"中之"生",不可看成单纯数量的增加,"二生三"由对偶而"生"两个层面,显而为三元架构,隐而为两行之理:

此亦一是非,彼亦一是非,即便圣人,也是和光同尘,深体世间疾苦,生老病死,乃至针扎了自然会叫一声痛,与常人无异;但是,超越流俗的智慧德行,得其环中,启发流俗,解常人难解之苦难。这正是两行之理融合三元架构思维之体现。故而,显三元架构思维处,又莫非两行之理,跃然可见。

述哥致力弘扬儒学,阐发"理一分殊"、"两行之理"之旨,读他的论著,精神上没有扦格。并从中多受启发。尤其是两行之理,"道并行而不相悖"(《中庸》语),枢机在握,以之应事、析理,如行云流水,无有障碍。

3. 在绝对坐标下主从的建立,才能显出力动关系

任何二自由度机构,必须在确定绝对参考坐标元S之下建立主P(动力)从L(目标)关系,形成绝对三元关系后,才能成为传递动力的机器,这是一个单向的物化过程。然后,所有的动力特征方能由之而确定。机构也就完全定型了,这就是绝对化过程的代价。在人文世界

中也有相似的问题,绝对权力下显现的力动,应是一种物化的坠落。在物理世界中,"绝对"只能是一种功能的表现。"绝对"本身不"绝对",取之有得也有失。

随着现代科技的发展,物理世界中的象数表达会愈来愈丰富,应该以智慧的眼光从中发现哲理的启示。但孔子说过"君子不器",任何知识与工具,可以触发我们的智慧,但不应束缚我们的性灵。

九、人生的把握与期望

父亲彻底探究真理的态度,经常引发人生哲学的讨论,用以启发睿智的反思,引导履践的方向。

人既然生活在这个世界,无时无刻都在接受物质、文化、精神各方面对我的滋养,就要全身心地投入这个世界,热爱生活,关心社会的进步与民间的疾苦。由自己的专业、所处的本位开始,尽心尽力,献身于这个社会、人类和世界,鞠躬尽瘁,死而后已。

人的生命虽然是有限的,但生命中凝聚的智慧与情感却是相通于无限的,与整体不可分离。我们不但不能割断这种联系,而且要从扩展中改变自己的素质。

我与长兄的人生哲学传承于父亲,首要的就是保持人生的自由,独立人格之抉择,所以必须:

顶天,避免让"挟势"者侵害自己的自由;避免让"挟理"者研杀自己的自由;也要避免坠入名利得失中丧失自己的自由,力求保持头顶青天的开放心胸;立地,看社会要从草根层(grass roots)开始,行事要从脚踏实地(start from a scratch)开始。从平地向上建造人生。在此天地中,做自己的主人,以自己的独立人格,真实地把握,承受全部的责任。在真理的探求和真实地体味中，默默耕耘，默默实践，无止无息。

读述哥描述魏曼忘情的一段经历，斯人斯世，深有所慨。

父亲1953年4月25日与述先家书言："……须知儒释两家为人，皆有亲证事。非止于学说圆到而已也。思之思之。"又于《默识随笔一》言："反躬自证之学，必须是理性自由，必须是自悟自证，不由外烁。由外烁者，断非家珍。"

人生之自立，必须由自觉而起行，长期的把握，长期的修养，使无执着，平平淡淡，往往有"忘我境"之感受。"忘我境"是不可描述的，但文献又有千变万化的指喻。谨以我的人生经验，试作如下数端之间接描述：

头脑清楚，自始至终，非常清楚，毫无比量之思辨和疑惑，而是当境之明。

有信：在平静协和中，忽感有大事将临，而心中泰然，在不觉中进入。

既有大事，凝神屏息，当境无念而非断念。

忘我之谓，决非失忆，而是当境自足，无求而无须求，故而无须记忆，而没有记忆。

自觉自主自立而非依他而觉，故与孔子无关，与释迦无关，全在当境，自然流出。

真实（毫无虚假），充实之谓美，既在当境而无须言美。

无得失：入境不觉有得，出境不觉有失。

境非境，不可描述，不须描述，不待描述。境之来，无住无着；境之行，无住无着；境之去，无住无着。因从未有过类似经历，故谓超越此世；又是当境为真，并非离世。

所谓："如人饮水，冷暖自知。"圣贤之言，只是不隔。然而须知，当

境非得,无境非失。此之谓求仁得仁的两行之理:

子曰:"回也,其心三月不违仁,其余则日月至焉而已矣。""仁远乎哉? 我欲仁,斯仁至矣。"这是境界哲理的,过程哲理的。但因无住无着,无求于境,故当境非得。

又:"君子无终食之间违仁,造次必于是,颠沛必于是。"故不待于境,无境非失。惟在终身独立人格之把握,此为人生自由之源泉。

头顶青天,脚踏实地,独立人格,自由抉择。在有限人生的履践中,默默耕耘,知根返源,深入人生真理的无尽藏。是终身不渝的愿望。

本篇为应中央研究院中国文哲研究所访问学人之邀请而写的专题演讲讲稿,没有述哥的激励,就不会有本文之作。谨以此篇文章及其姐妹篇,在即将举行的"儒学、文化、宗教与比较哲学的探索——贺刘述先教授七秩寿庆学术研讨会"宣读之论文《刘静窗先生的精神境界和独立人格》,成双奉献,向兄长刘述先教授祝贺!并借此机缘,复献于人类文化园地,一表耕耘之诚。

参考文献

刘任先等:《平面包络弧面蜗杆传动最佳参数选择》,《西安冶金建筑学院学报》,1978 年第 4 期。

刘任先:《液力-行星齿轮传动的算法系统》,《西安冶金建筑学院学报》,1979 年第 4 期。

Liu Renxian, "Optimum Technology of TOP Worm Gearing", *The Third World Congress on Gearing and Power Transmissions*, February 12—14, 1992, Paris, France.

Liu Renxian, "The Mathematical Operator System and Network Graph Method for Computer Analysis and Synthesis of Variable Speed Transmission", *The Fourth World Congress on Gearing and Power Transmissions*, March 16—18, 1999, Paris, France.

怀念父亲刘静窗

注:作者参加"儒学、文化、宗教与比较哲学的探索——贺刘述先教授七秩寿庆学术研讨会"(2004年6月23日至25日),于6月17日在台湾文哲所演讲"哲学人生与人生哲学",发表于"中国文哲研究通讯"第十四卷、第四期。

附录一　外公王忠勇将军年表

年份	年龄	提要	业　　绩
1872		将军诞生	王忠勇将军,名仕员,字致仁,号少祥。诞生于公元1872年(即清同治十一年、农历壬申年),吉安东大常望族之家,现址为江西省吉安县固江镇坊下村委会东大常王家村。
1878—1886	7—15	习文尚武	父亲善太公,家境殷实,乐施好善,常言:"地方不靖,危邦难居,尚文习武,藉以自卫。"安排将军就读宗祠私塾;延请武师教习将军和宗族子弟习武健体,将军"护境安民"思想伴随终身,源于家教。
1886	15	忠勇四杰	善太公收养多名义子,伴随将军,情同手足,志同道合,生死与共,号称忠勇四杰,将军居首。后四人一起从军、办忠勇营、致仕还乡,共同进退。四杰中老二阵亡,老三军中病故,回归林泉,仅存将军和老四。带回了老二和老三灵柩,家乡厚葬,成为一时盛举。据说摆流水席五十围。连续三天供吊唁,足见手足情深、义薄云天。
1887	16	少林真传	赴赣州和广州求师,深得南少林武术真传,善拳脚、棍棒及长戟。

怀念父亲刘静窗

(续表)

年份	年龄	提要	业　绩
1888—1889	17—18	建少年营	回乡教习同村少年习武护境,深得赞誉,在乡里支持下成立"宗嗣少年营",七十余位少年英豪参加,拥立将军为营首,开始护境安民历程。
1889	18	忠勇旗号	因靖安有功,江西团练使和道台衙门授予"少年团练—忠勇"旗号。此后四、五十年,"忠勇军"旗号成为将军名号。将军有两方印鉴即"忠勇斋王","严昌军王"。
1889	18	投笔从戎	将军和义弟四人,湖南从军,加入湘系部队。因文笔干练、武功高强,一年后升任百夫长,年仅十八。
1889—1911	18—40	晚清武官	将军晚清从军凡22年,在长江巡阅使司麾下历任副将校尉(副帅属官)、护军校尉、骁勇营管带(水师中的陆军);夏州屯田司、混成协代理协统(晚清从三品的官阶)。
1911	40	云南受训	辛亥革命后,将军带职去云南武备学堂军官训练团受训,结识时任教官唐继尧将军,结为忘年之交,成就师生情谊。至今王家村祠堂的大堂上鎏金大匾上书"忠勇斋",即护国军大帅唐继尧将军的手书。
1915	44	护国讨袁	蔡锷、唐继尧联名通电全国,发起推翻袁世凯的"护国起义"。将军担任新军旅少将旅长,参加护国讨袁重大事件,成为有相当声望的民国将领。
1911—1923	40—52	民国名将	十二年间历任:新军旅旅长、教导团少将团长、军部高级参议兼新军点阅局总办、军务提调署署长(驻赣州)兼军事委员会参议。
1922	51	重建忠勇	将军任军务提调署署长时,驻扎在江西赣州,回吉安乡里,重建地方团练"忠勇营"。由于将军在外,缺乏管束,一度出现军纪疏失、

附录一　外公王忠勇将军年表

(续表)

年份	年龄	提要	业　绩
1922	51	重建忠勇	依附豪强、侵扰乡民等丑闻。将军闻讯大怒，立即回乡，整肃军纪。解散约两千人的乡勇旧部；整顿精选900人，闲时务农，定期团练；仅留下300人的常规军，担当"护境安民"重任，此举减轻了乡里的负担，恢复了"忠勇营"的声誉。
1923	52	急流勇退	将军不满军阀混战的局面，仅51岁退役致仕，告老还乡。在晚清到民国的动荡时期，将军的军旅生涯长达35年之久。
1889—1923	18—52	治军方略	将军文武兼备、治军有方、乡间流传着许多故事，试举例彰显一斑： 1. 将军任清军骁勇营管带时，一个护兵因父亡母病，偷50光洋潜逃回乡。他理完家事，返队投案说："不回来对不起将军，甘愿受罚受死。"将军感念孝义，并不责难，揽过责任，另给30光洋，让他回乡务农。自己垫付80光洋。 另一个士兵是参将侄儿，嫖妓不归，将军不徇私情，秉公执法，严惩不贷。 2. 将军任新军少将旅长，设事务官参谋，专职听取下情，解决士兵困难。一个士兵打了排长，将受重罚。但事务官听取士兵申诉，查明排长勒索事由，排长被解职，士兵升任班长。 3. 将军任军务提调署长，驻扎在江西赣州，回乡重建地方团练"忠勇营"。有一位把总带队出勤，在农户家宰杀30只鸡做午餐，喝得酩酊大醉。事后将军知道了，按军法打把总30军棍、还降了级；将军的二儿子衡光随行参与此事，也陪挨了30军棍。将军说："让你记住，一军棍换一只鸡是很便宜的。"衡光被打得皮开肉绽，几十年后说起儿时这段经历，心悦诚服，记忆犹新。

怀念父亲刘静窗

(续表)

年份	年龄	提要	业绩
1889—1923	18—52	治军方略	4. 将军熟读《三国》《水浒》及《东周列国志》,他认为小说中的谋略,尤胜于兵法。经常在军中考校子弟和属下。在同席进餐时,凡不能回答三部小说中的人物情节者,都会受到惩罚,最轻的就是罚酒。将军行酒令也有独创,常以《三国》《水浒》人物作兴,属下怕罚,人人熟读三部小说。 5. 将军对这三部小说有精辟的见解,他说:"《三国》讲谋、《东周》讲略、《水浒》讲人。这三个朝代都是乱世,同当前一样,因此读这三部书是让大家知晓,正直的人有了谋略,才能乱世称雄,匡扶王道。如今只有奸人才掌谋略,所以军阀混战。"
1923	52	护境安民	将军退役致仕,回乡重整忠勇营,在族人及军人联席会上致辞:"护境安民是忠勇营的宗旨,荡寇即是第一要务。我戎马一生,竭力护国安民,结果还是天下大乱,群雄纷争,我之所以退居林泉即为此也。天下之大我王某无力维护,唯有回乡为大家办点护境安民的实举,才是为人子之道。"又说:"何为盗寇,扰民者即为盗寇,当缉之!无论其什么主义、什么军系。只要扰民,即鸣鼓而击之!"豪言壮语,掷地有声;铮铮铁汉,彰显忠烈。
1923—1927	52—56	总摄五县	将军以其威望及军事雄才,被共推为吉安县团防局局长兼县国民议会副议长;又出任五县联防局主席。 经历北伐战争,忠勇营扩编至两个加强团,约有两千余人枪:第一团由将军的旧部和职业军人组成,作为五县联防的骨干;第二团由训练有素的乡勇组成,着力本县护境安民。将军统领忠勇营将士为地方作出了卓越贡献。

附录一 外公王忠勇将军年表

(续表)

年份	年龄	提要	业　绩
1928	57	神枪招安	疏堂兄弟王达山,曾任粤军连副,在乡里号称枪法第一,和土匪勾结,时常假冒共党或军阀旧系,扰乱乡里,打家劫舍。将军设伏将其捕获,本应站刀笼处死,但将军爱才,晓之大义,并说:"今天我们就来一比枪法,你获胜了可以自由离去,今后不得扰民,一经再犯,必定除你。如果我胜了,你便须做我的马弁,服役终身。"将军在乡里西校场二十步开外设立香案,连发三枪击落三个香头,让王达山拜服,从此追随将军成了扈从。
1928	57	履步艰险	此年江西已成乱局,在有军权便有地盘、事权不一的年代里,将军掌管的地方团练步履艰难。面临旧军阀的拉拢、共产党的策反及国民革命军的收编等多重危机,逼迫将军作出选择。 将军曾一度萌生举家迁居赣州经商的念头,拟暂将忠勇营交付四弟和爱徒吴时球掌管,作为韬晦规避之策。但因四弟突然患病,终究放弃了急流勇退的机会。 在吊诡的历史时代,将军只能继续刻意周旋,维护了自身的独立人格,出淤泥而不染。将军能在国共争锋及军阀混战中保持中立,匡扶家园,实在难能可贵。
1928	57	沥血殉职	此年冬天,将军离城(驻地)返家小住,一天晚饭后接到吴副官长派人送来急报,驻地受到来历不明的部队攻击,大有破城之势。将军焦急,拟急率兵回城。将军采纳了王达山当夜走小路回城的提议。在山间小路上遭遇伏击,将军和王达山等三名护兵遇难,仅有一名护兵逃回报信,才把将军等人抬回家中。 将军前胸中弹,后背洞穿,疑是被国际上禁用的达姆达姆弹击中。到家时尚未咽气,见到夫人后伤口血崩而亡。殁于公元1929年(农历己巳年),享年58岁。

怀念父亲刘静窗

(续表)

年份	年龄	提要	业　绩
1929	58	谁是凶手	次日,据吴副官长报告,昨晚驻地仅遇到佯攻,并无有规模的袭击,听到有人在外喊话:"你们的司令已被我方处决,你军已被包围,赶快开城投降。"当时不信其言,开火回击。但从未派人去将军家中报军情。 估计当时谎报军情者,一定是将军和吴副官长熟悉的人,让将军深信无疑而受伏身亡。事后此人无故从人间蒸发,使设谋陷害将军的血案变成了一件千古悬案。出现了后人的两种质疑。 其一:王达山有极大嫌疑。上世纪七十年代,将军的后人曾走访王达山的大儿子。他说,当时确有人威胁他父亲背叛将军,否则要绑架加害儿子,但父亲未答应。父亲同时遇害就是一个明证,证实他对将军的忠诚。王达山之子又说,当时知道有人要加害将军,事后也知道大路、小路都设了伏。再追问下去,他说,永远不可以再多说半个字了,到死都不会说。故推测是王达山被收买,通过妻子透露了风声,害了将军,自己被灭口。 其二:吴副官长设计除将军,带兵投唐生智?但因年已久远,当事人都不在了,难以考证。 推想当年,将军的中立立场已成为妨碍各派纷争混战的盘石,各派都想拉拢将军,将军又不为所动,势必成为军阀土匪伺机谋害的磨心、磨靶。兵法曰:"顾右则左寡、顾前则后寡,左右前后皆顾则左右前后皆寡。"将军陷入了四面受敌的态势、困境或困局。 呜呼!将军走过了五十八个艰难的春秋,生命划上了本不应如此便终结的句号。他的人生之光和他的人格魅力在瞬时中熄灭了!人们难以相信,这就是将军"护境安民"的悲壮归宿!

附录一　外公王忠勇将军年表

(续表)

年份	年龄	提要	业　　绩
1930	逝世1年	将士飘零	将军归天后,四弟卧病加重、不能理事,副官长吴时球统领忠勇营护境安民,被夹持在中央军、军阀和红军之间,本乡本土难找立锥之地。在设伏陷害将军,凶手来路不明情况下,吴时球作出了出走他乡、投奔唐生智的决定。当时第二团有人唆使投共,引起骚乱。两团间剧烈交火。吴时球只能带走第一团,第二团解散不知所终。 此年,唐生智趁蒋桂战争复出、组织"护党救国军"任总司令、欲联合北方军阀反蒋。吴时球率领忠勇营行军千里到湖南,接受唐生智部的收编,成为独立团,第一营仍称忠勇营借以纪念将军,营长由吴副官长担任,不久升任团长。 这年冬天,杨虎城雪夜奇袭唐生智总指挥部以至全军崩溃。吴时球误投唐生智,终究把忠勇营将士推上了不归之路! 同年7月,吉安地区赤卫队在7月组建红20军,有2千人枪,将军的两个侄儿分任军参谋长和师长。作为红军主攻部队,9次攻打吉安,10月攻陷了吉安。次年红20军发动富田事变,反对肃反扩大化,20军副排以上600余人被杀,包括将军的2个侄子,红20军被取消建制。
1929—1988	逝世60年	后辈蒙冤	将军遇伏身亡后不到一年,夫人备受惊吓、患喉部恶疾病故。 将军膝下三男三女,长子德光继承家业、在家管理田产;二子衡光当过忠勇营的义勇,曾任东沄乡的乡长,因性情刚烈,遭受排挤被迫卸任,闲居在家。三子衍光曾任乡公署文书,兄长卸任,随之回家务农。 将军的长女许配同僚之子,远嫁山东。二女嫁本地乡绅,早年病故。幼女名椿秀,学名蕴聪,即笔者的母亲。家遭凶变时年仅十六,

怀念父亲刘静窗

(续表)

年份	年龄	提要	业　绩
1929—1988	逝世60年	后辈蒙冤	因和吉安清水田岸村刘氏有婚约,由笔者祖父委派姑丈去吉安乡下迎接她到吉安城里、赴南昌,第二年到上海和父亲刘静窗完婚。她离开娘家时,没有带走分文。来到刘家后,祖母待之如女,关系十分融洽,婆贤媳孝,相夫教子,1987年冬病逝于上海,享年73岁。 几十余年来,将军受伏遇害的真相不清,设伏图谋的元凶始终没有浮出水面,沉冤没有得到昭雪。在昏官烂吏作俑的年代里,将军一直背负了被共产党打死的名声,以"莫须有"的传闻累及后人。 1949年后,德光和衡光划成地主。衡光曾任乡长获罪,判劳教十六年,在湖北荆江监督劳动十余年。后因摔断腿、保外就医回乡。但在十年动乱中,他和兄长德光一起被打成历史反革命,戴上土豪劣绅的高帽游街示众。 将军的孙辈除了随母改嫁外姓的仁麟外,已无人受过高等教育。家道从此衰落。 尽管如此,乡里的村民们感念将军的德行,衡光劳教摔断腿、保外就医、孑身一人、无人照看,受到善待,大家轮流提供派饭直至他去世,王家村民集资为他办理了后事。
1979—1984	逝世56年	编文佐证	将军的最幼外孙刘念劬,走访王氏宗亲,收集将军的生平事绩,编制成文。为将军昭雪正名,积累佐证材料。
1985	逝世57年	提出申诉	念劬去江西南昌公干,求见吉安市县的负责人,对将军之事提出交涉,要求对将军有个正面的评价。吉安市文史办开始着手将军生平事绩的调查。 同年,又提交了将军遇害沉冤的申诉材料,提出了三点申诉意见: 1. 将军遇害50余年,沉冤没有昭雪,不可以用被共产党所杀的"莫须有"传闻累及后人。

附录一 外公王忠勇将军年表

(续表)

年份	年龄	提要	业绩
1985	逝世57年	提出申诉	并指出,假如是共产党所杀,按当时共产党对待敌人的方式,应是历数其罪状,昭告天下。但是,这些凶手却突然在人间蒸发,如今五十余年过去了,仍然只有传闻及质疑,没有核实任何材料,即扣上历史反革命的大帽,对先人及后人不公。 2. 将军参加辛亥革命及讨袁护国,应给予正面的高度评价。 3. 将军一生身体力行"护境安民"也应给予正面评价。 念劬的申诉得到吉安专区领导的重视和批示,加速了吉安文史办查案的工作进程。
1988	逝世60年	昭雪正名	念劬在北京短期学习,接到吉安文史办的通知,吉安市/县两级负责人先后批示,同意为王忠勇将军重新作出结论如下:"吉安籍辛亥革命将领,讨袁护国军高阶军官,退役后兴办本地团练护境安民,后为土匪所伏遇刺身亡。其为民国时期深孚众望的开明士绅。" 获此通知后,念劬感怀之余,写下唁词: "外公,我是您的小外孙,请原谅我,无力为您缉凶到灵前拜祭。但我尽力维护了您的尊严和您的后人,让您重新配享人间香火。您留下的忠勇气节——护境安民,是您留给后人的瑰宝,永垂不朽!" 2012年夏,念劬又梦境追记: "是夜,满目尽是杏黄的旗幡,少年忠勇营蜂拥入梦,击开了我的心扉!忽醒,见青天明月皎洁,如中堂明镜高悬!我心中豁然一片晴朗:原来,世人的一个历史结论,竟判定了千古功罪。外公的沉冤已获昭雪,谁是匪?杀外公者即匪!又何须知当年的凶手姓甚名谁?百年沧桑,逝者已矣,我渐感心如止水,全身释然,失眠者,竟睡了个好觉。"

怀念父亲刘静窗

(续表)

年份	年龄	提要	业绩
2014	诞生142年，逝世86年	名垂青史	至今，将军的高风亮节、"忠勇营"的英名风采，仍为乡里老人津津乐道。 将军逝世已86年，他的少年忠勇、戎马生涯、护国讨袁、护境安民、壮烈殉职的悲壮历程，历历在目，令后人肃然起敬，赞叹缅怀。 据吉安文史处讲，东大常乡里近出了五位将军，东大常王家村占了三位，王忠勇将军名列其首。另二位是将军的堂侄，分别做到红20军的军参谋长和师长，在1930—1931年间红军清肃AB团被错杀，直至1989年才平反。
2014		后辈排序	长子德光，孙瑞麟等。 次子恒光，孙仁麟、年珍、福珍等。 三子衍光，孙吉麟、会麟等。 长女远嫁山东淄博。 次女嫁吉安县，早逝。 三女王椿秀，学名蕴聪，笔者的母亲。嫁父亲刘静窗，祖籍江西吉安县浬田乡清水村委田岸上村，生了四男一女。 长外孙述先，妻刘安云。曾外孙豁夫、妻Belinda，有女Brianna。曾外孙杰夫。 次外孙任先，妻周文秀(已故)、邢路平。曾外孙女英聆，婿于启亮，有女彦之。 三外孙震先，妻王中芬。曾外孙建伟、妻丁思炜；有女家颖、子家睿。曾外孙女建聆。 幼外孙念劬，妻蔡璐(已故)、吴玉婷。曾外孙女刘乔、婿李源辉；有子泽西、女泽亚。 外孙女昭华，婿王健。曾外孙树怡、妻秦钰媛，有子凯屹。
2014		将军挽歌	王忠勇将军生平四字歌 将军名号，忠勇斋王。名门望族，东大常乡。 遵从父教，尚习武。忠勇四杰，结拜义长。 求访名师，少林真传。建少年营，营首担当。 靖安有功，初试才智。授忠勇旗，道台褒奖。

附录一　外公王忠勇将军年表

(续表)

年份	年龄	提要	业　　绩
2014		将军挽歌	投笔从戎,锐意治军。不徇私情,晚清名将。 辛亥举义,遇唐继尧。云南集训,忘年交往。 统领新军,护国讨袁。治军有方,名震赣湘。 急流勇退,重建忠勇。护境安民,总摄五县。 香案比枪,折降兵痞。履步艰险,沥血殉职。 血案质疑,凶手埋名。后辈蒙冤,将士飘零。 外孙义愤,编文佐证。提出申诉,昭雪正名。 重建陵墓,名垂青史。后辈排序,告慰英灵。 清凉苍苍,赣水泱泱。将军之风,山高水长。 注一:将军有两方印鉴,其一"忠勇斋王"。 注二:清凉指吉安清凉山,佛儒教胜地。

后　记

幼时见到过外公王忠勇将军的两帧旧照:一帧是戴着将军高帽、流苏肩牌,剑眉、留人丹胡须的威武军人;另一帧是将军夫妇和幼子衍光的居家照。将军戴着红顶瓜皮帽,深色绸缎长袍马褂,连鬓短须;夫人梳发髻,额前珍珠宽带套,绣花斜襟上衣,宽松裤和绣花鞋,二老端坐在茶几两侧太师椅上,显得十分安详可亲;幼儿衍光站立在茶几前,约3—4岁。估计这些照片都是1920年前后、外公退役前所拍摄的。及长,我自己也出现连鬓须,劼弟曾调侃问你像谁? 妈妈说外公就是连鬓须嘛! 从此后我对外公倍感亲切。

2012年,造访西雅图,说起这些往事,劼弟竟给我讲述了尘封几十年关于外公生平及平冤昭雪的故事,让我惊讶不已。回沪后根据劼弟的记述、童年母亲的回忆,查阅了上世纪20—30年代的历史背景材料,编写了"外公王忠勇将军生平轶事钩沉",和劼弟商讨定稿。

怀念父亲刘静窗

后来发"外公王忠勇将军生平轶事钩沉",征求儿辈意见,反响不烈。估计或是年轻人生活节奏太快,无暇读此长文?故节编成"王公讳忠勇将军年表",希望传世供后人寻根问祖、传宗接祧之用。

"年表"草稿发出后,得到述哥、劭弟等认同,特别感谢昭妹回函感言如下:

> 看了外祖父王忠勇将军的年表,仿佛做梦一般。对于妈妈的出身,我在屡屡运动的年代里,一直感到很自卑,从来不敢提及一字。想不到外公是一个这么伟大的将军,是流芳百世的祖辈,值得我们后辈敬仰和学习,我们该感到自豪才是。

去年十月,有幸回江西吉安清水参加九修族谱的授谱仪式,见到了表弟王吉麟。他告知外公的陵墓曾被山洪冲垮、后又遇修水库迁徙重修。其实外公故里东大常离清水仅二十余里,我回乡四天竟不能抽出一天去祭奠外公,至今追悔莫及。今年的大年初一,表弟吉麟又来电问候,邀请我们回乡探亲,让我羞愧,废话连篇不如缄口谢罪。(刘念劭资料提供,刘震先编撰,2014年5月20日)

震注:劭弟于2016至2017年三次携新妇玉婷回清水老家,曾与表弟吉麟及族表弟叔文彻夜长谈。现流传于村中的外公生平轶事,版本甚多,乃择其要点及选其较多人认可的口述入册。因此,劭弟认为他提供的材料仅具有参考价值,欢迎仁者指正。

附录二　追忆史学名家张遵骝先生

一、家父和同窗挚友张遵骝

刘震先

家父与张遵骝伯伯是北京大学、西南联大的同窗挚友，从相识、相知到情同手足、尤胜昆仲。或侃评时事、或谈经论学、或诗词唱酬、或彼此关照，爱屋及乌上至祖父母下顾子侄，情深意切。1955年冬，家父"集稿"五十余篇文抄本，首先送阅的是张伯伯，他反复阅读赞叹不已，曾寻求出版，终因大陆时世所限不能如愿。1962年家父病故，张伯伯在"集稿"文抄本封面题词，又将家父历年的书札搜集成册，一并回馈勉示吾辈兄弟，可谓用心良苦。十年动乱，家父的文稿大多失散殆尽，但张伯伯回馈二册文稿居然再现于阁楼旧书箱里，成为家父"文存"编撰的重要泉源。

（一）

张遵骝(1916—1992)字公逸，祖籍河北南皮，1916年生于北京，晚清名臣湖广总督张之洞曾孙。张之洞曾有一首五言叙辈诗,诗曰:"仁厚遵家法,忠良报国恩。通经为世用,明道守儒珍。"五言诗二十字,"仁"为儿辈、"厚"为孙辈、"遵"为曾孙辈。后南皮张氏皆以此诗排行至今。

其父张太公,名厚琬,字叔雨,早年留学日本研习军事,回国曾任东北奉系军校教务长。1951年大学进行院系调整,张伯伯在苏州参加学习班,1952年应范文澜编撰《中国通史》之请,离上海复旦大学,北上任中国社科院历史所研究员。然北京社科院不提供住宿,只能借亲戚房暂住,故留太公夫妇在上海广元路寓所颐养天年。尽管每年回沪探亲,先生纯孝存忧,请家父母平时探视照应,为此我们也常跟随拜谒。张太公时任上海市政协委员,尽管年事已高,长褂脸留三缕花白胡须,身板挺直,声音洪亮,京腔京味,十分健谈。张太伯母身材短小,白净圆脸,和眉善眼,当时已用助听器了。

张伯伯给我的第一印象,还是1947年我学龄前。当时家父在善后救济总署任职,一个周末,张伯伯伉俪坐人力三轮车来访。张伯伯的音容酷似张太伯母,中等个子,圆脸留着齐脖长发,有点当年满人剪辫之感。他的皮肤灰白,给人一种不常见阳光的浓厚书卷气,穿一身深灰色中山装,和当年家父的同事、同学的西装革履相比,别具一格,令人见一面终身难忘。

他十分健谈,声音深沉又酷似张太公。因患有哮喘,交谈时能听到其喘息声。他的京腔京味,纯正而地道的老式语言,待人必用敬语,例如府上、令尊、令堂、令兄、嫂夫人、公子等,礼数周全,面面俱到。故说满人老礼儿多,他的礼数尤胜满人。他说话时总是面带笑容,有一种他人处于高位、自身处于低位的卑谦感。他给人的感觉绝非假扮,由里及表,自然而然。他的言谈举止让人想起民国上层人士或世家子弟。

附录二　追忆史学名家张遵骝先生

(二)

当年家父自幼酷爱文史哲学,听从祖父的建议,考入了北京大学经济系。张伯伯就读于北大哲学系,因有共同爱好,两人跨系成了莫逆之交。

张伯伯在校师从钱穆先生治中国史学,并私淑陈寅恪、熊十力诸大师,1940年毕业于西南联合大学哲学系。先后历任华西大学、金陵大学、复旦大学讲师、副教授。1953年起为近代史研究所副研究员、研究员。

他平生专攻思想史。20世纪50年代初,调至中国社会科学院近代史研究所,协助范文澜编著《中国通史简编》,并收集整理资料,从事中国佛学史研究,辑有《隋唐五代佛教大事年表》,附刊于范文澜著《唐代佛学》一书中。其文献查阅数百万字之巨、材料收集达39种之多,极有参考价值。

牟宗三先生也是他们的北大同学,张伯伯在西南联大曾全力资助他,在牟伯伯《五十自述》中多处提到张伯伯,赞美他:"遵骝,张文襄公之曾孙,广交游,美风仪,慷慨好义,彬彬有礼。家国天下之意识特强,好善乐施唯恐不及,恶恶则疾首痛心。"

(三)

张伯伯一生淡泊宁静,治学严谨。自青年时代就忧时愤俗,热心国事。然自幼患哮喘,中年弥剧,常年为疾病缠身,迄至1992年谢世。在病困中,始终奋读不息,广涉中外哲学、历史、传统政治思想、诗文、词曲和古谣谚等领域,采撷精华,不下数十万言,辄有新解。因当时条件制约,多未定稿,现多已流失,或成为收藏家的考证材料。例如先生题词赠送外甥王岱坚的"蒋天枢编著陈寅恪先生的《寒柳堂集》",从流失、收藏到考证,可窥一斑。据收购《寒柳堂集》的书家说:"书上存有诸多批语和一张照片",但书家没有揭示张伯伯的批语。他的字迹就此散失于茫茫书海,他想说的话就此永远湮没,他就此走入了沉默的大多数。

1994年,张伯伯的遗稿《中国传统思想类钞》和《晚明诗文选钞》两种,由台湾鹅湖出版社汇集刊印,牟宗三先生作序、钱钟书先生关注和遗孀王宪钿后记,甚为隆重。钞录两种均完成于"十年动乱"期间,前者系统阐述中国传统的大同思想和民主思想;后者表彰晚明志士的义烈精神。当时他蜗居在北京永安南里寓所,他的藏书悉数下架用旧布苫盖,并强行搬进一户市民,不堪其忧。在此等环境中钞录此等雄文,又是何等之勇气和气概! 遥想张伯伯的世亲、国学大师陈寅恪先生双目失明撰写《柳如是别传》,应属异曲同工之举。有人讥讽张伯伯治学一世没有作品,试问先生自幼能背诵《十三经》,晚年接待外宾英文对答如流,满腹经纶、绝顶聪明,为何不写? 读《战国策》冯谖客孟尝君,"长铗归来乎,无以为家"! 或可知其所以然耶?

(四)

张伯母王宪钿毕业于清华大学,社科院心理所副研究员,儿童心理学专家,著作及译著颇多,她的《四至九岁儿童类概念的发展实验》至今被视作经典。五十年代他们曾动念收养幼弟念劬,拟用现代心理学方法培育,后因原因种种不果。她曾过讲一段往事:六十年代强调理论联系实际,曾下幼儿园当老师做实验,幼儿们居然搂腰掐背,爬到身上无法解脱,无奈自嘲不如幼教老师。因我就读于清华,张伯母是清华老学长,偶尔会聊起清华往事倍感亲切。

张伯母出身名门,其曾祖父王懿荣是张之洞的姐夫,中国发现和考证甲骨文之第一人。庚子年北京城破,任京城团练大臣,带领全家尽节殉职。其祖父最幼,在仆人救援下逃过一劫。后来把上千块甲骨卖给了《老残游记》的作者刘鹗,换取 12 口棺材,把一家人的尸首装殓送回山东福山老家。刘鹗出版《铁云藏龟》,世人才知甲骨文。可见张、王两家已是四代世交,他们伉俪可谓亲上加亲。

(五)

五十年代家父卧病在家,昔日的亲朋好友大多飘零东西,唯有张伯伯每年回沪探亲会来看望家父,闲谈终日、毫无倦意。尝记那年张太伯母谢世、张伯伯回沪奔丧,在回京前一天来探望辞别家父,交谈一下午,临告辞时,从家门到弄堂口一百来米距离,家父支着拐杖、张伯伯气喘吁吁,扶持家父边聊边走竟然花了半小时,我跟在后面提心吊胆,直到目送张伯伯上了车,扶持家父回家,才松了口气。他们都是"孝悌"重于生命之人,又都体弱多病,当时我心急如焚,担心他们会累坏了。

张伯伯专攻史学哲学,由他介绍家父认识了北大学长牟宗三先生。记得我们孩提时,牟先生到家里来吃过饭。家父和张伯伯经常在一起谈佛论儒。1952 年,张伯伯调到北京中国社科院历史所,他们继续通信论述。故"文存"中摘录了 1953—1960 年间家父复张伯伯的 24 封书函,编撰成 12 篇论佛学书札。这些书札记叙了家父研究儒、佛、大易的心得体会,也帮助张伯伯完成了《隋唐五代佛教大事年表》,附刊于范文澜著《唐代佛学》一书中。由于家父博览佛经佛典的深刻见地,为史学家范文澜深为叹服。范先生曾亲自到府上造访致谢,诚请家父去北京社科院历史所供职,父亲终因学术观点相左,以体弱多病婉拒之。

1951 年,他又向家父推荐熊十力先生著作,让家父通过笔谈,结识了当代新儒学大师熊十力先生。1954年,熊十力先生因不习惯北京的气候,移居上海,成就了他们两人"海上孤舟"、历时十年的谈佛论儒忘年之交。在上海熊公寓所离我家较远,他们论谈仍依书信。述哥编撰的《熊十力与刘静窗论学书简》,就是集约了1951—1962年两人的来往书简,为了保持连贯性,还掺入了一些家书、给张伯伯及姚翰园的信件。记叙从"唯识"和"新唯识"开始,谈印度二宗、华严禅宗;谈体用空有、藏识真如;谈儒学大易、直至孟子"孝治""奴儒",辩论直率,常激辩后又和解。

据家母讲:抗战胜利张伯伯回沪,旅途过劳哮喘病倒,父亲当即馈赠一根金条助他。五十年代初,述哥在台大求学,张伯伯访港也曾通过亲戚了解关注之;十年动乱期间,我滞留清华一年,每当造访张伯伯家,他总会关心地问道生活是否有困难?临别时会出其不意塞些零花钱给我,让我感受到父执的关爱。

1959年,我考进清华大学,初次到北京东皇城根头道街拜谒张伯伯,他借住在一所独门老宅,仅书房和卧室二间,厨房及厕所分割在外小屋的格局,生活起居十分不方便。但院内花草丛生,环境十分幽雅,又可称上乘,一般四合院难以相比。他的寓所坐一站电车就是沙滩老北大红楼,我曾多次信步走去,拟想象当年家父上学的情景?可惜现在不能进去参观;1966年文革期间偶尔进去,除了红楼"京师大学堂"的匾文隐约可见,已难寻老北大的痕迹。

1964年,社科院在建国门外新建永安南里四栋楼房,张伯伯分到一套三房一厅,住房才有很大改善。但好景不长,两年后就是十年动乱,又被挤进住户。屈指算来,张伯伯1952年进北京工作了12年才得到一套公房,当今后辈能理解其艰辛吗?

我在京求学历时七年,几乎每月造访一次,蒋天枢先生的长女蒋钟堉也就读于清华大学建筑系,我们常在他家相遇,聆听伯伯伉俪教诲。但多数时间是伯伯侃侃其谈,伯母静静听着,偶尔插话而已。只有张伯

附录二 追忆史学名家张遵骝先生

伯有事暂离,才能听到伯母井井有条的言谈。现在回想起来我的造访,他们总是尽心陪伴你,而且一定要留用晚饭,这是后人极难做到的。

一次,我带着父亲的黄山谷诗集游香山、观红叶,他看家父信中偶尔提及会赞口不绝,谈起和家父北大游香山八大处的轶事。如今抚看家父当年亲手装订封面题写的"宋诗精华录刘震先"墨宝,感念惭愧不已。令我至今最难忘的是1961年困难时期,他用专家证请我在莫斯科餐厅饱食俄式西餐。他坐在一边一口不吃,不断催促我吃下了牛肉沙拉拼盘、油炸大明虾、牛奶红汤、吐司和水果等众多菜肴,回校肚子撑了一晚上,痛苦之极。他没有儿女,对我们兄弟视同亲子,但太关心终难细心啊!

1966年,因文革学校管理瘫痪、我们毕业班滞留在校。一次,在清华十万人批斗王光美大会上,我当了外围马路上维持交通的标兵。张伯伯听了十分气愤,认为大可不必去做此事,当下送给我一本《列宁论马克思恩格斯和马克思主义》,意在用马列审视文革,寻找区别。书中有许多红杠,但无一字批语,其谨慎令人折服,这就是知识界前辈学人普遍的时代烙印和莫名恐惧。

十年动乱中,张伯伯和所有学术前辈一样受到种种冲击,他们膝下无子女,居住仅二年的"三室一厅"的寓所被"掺进了沙子",仅留给他们一个套间度日。1970年,身患严重哮喘病的张伯伯下放到河南某干校,因体弱多病,让他在田埂上看守衣服和农具,防止偷盗。后来他叹息说:"如果没有香港的亲戚寄来的德国'平喘喷雾剂',早就命休河南了。"后因他的人缘好,在干校成了同事们的"累赘",经层层研究批准、费尽许多周折才调回到北京,是奄奄一息时用平板车送回家中的。

一举粉碎四人帮后,他送给我一本蒋天枢伯伯编著的《陈寅恪先生编年事辑》,又沉痛告知蒋伯伯的长女蒋钟堉被出身农村的夫君迫害致死的噩耗,让我再次感受人间的严酷。如今翻阅此书,眼前跃现出陈寅恪、蒋天枢、张伯伯和家父一生治学的艰难和不平。继而又想起了蒋钟堉,她长我一岁,为人稳重直爽,学建筑学,有相当的绘画功力,会吹一手明快长笛,在学校军乐团占重要一席,在撰写此文时,蒋姐的身影时而隐现。如此才女夭折,更令人痛惜不堪回首。

(六)

父亲与张伯伯一起时,除了谈哲学、谈历史和谈古论今,因两人的兴趣爱好广泛,有时会谈论京剧和昆曲。我到北京读书后,一次,我去拜谒张伯伯,适逢他家来客,此人宽面方口、浓眉大眼,眉毛粗长,嗓音深沉洪亮,穿一身玄色衣服马裤短靴。谈起京剧话题,两人简直忘乎所以,张伯伯像个孩子般兴奋,此时的他全然不是什么病号或旧时代走过来的"遗老遗少",恨不得口吐飞沫也在所不惜。我不好打破他们雅兴,恭听到夜晚,差点误了回清华的末班车。事后张伯母告知此人是心理所的同事、前辈花脸名伶之子姓金(可惜我已忘了其名,疑是金少山后人),他在作心理学学术报告时都如同唱戏一般!大家听了不禁大笑。但是张伯伯这种状态仅限讨论国粹和在极熟悉的朋友圈内,关于时局等其他类的话题,他总是谨慎有加。

从此我才知到,张伯伯和京剧名伶世家有极好的交往,尤醉心余派老生。年轻时在国剧学会聆听过余叔岩讲课,他和余派入室传人李少春十分熟悉,言谈中直呼其名"少春",谈起其演艺台风如数家珍。六十年代,张伯伯经人介绍到剧场买票观看余派老生赵世璞演出,一连数场余兴未尽,专程到家拜访赵世璞,后与于世文、赵世璞师徒成为莫逆。他的大名赫然留在了赵世璞的回忆文中。

张伯伯工青衣,他的双手柔软如女子,柔和亲切的男声中略带女腔,可是高级别的"戏迷",如没有哮喘病,完全可以客串亮嗓一曲。尽管他推崇梅兰芳,但不齿于有些名伶在反右期间对同台献演的挚友"投井下石",曾感慨说:"台上情胜夫妻,台下诚如仇敌",可见张伯伯

附录二　追忆史学名家张遵骝先生

热爱皮黄更重名节！文革初期，我在他家听过一次"失空斩"、《锁麟囊》等老唱片，声音压到最低，几乎只剩下他的气喘声，竟风雅如此。后来我远戍吉林工作，再没有这种机会了。最近偶然从有个海归学者撰文回忆十年动乱时在张家聆听肖邦和老柴的钢琴协奏曲情景，他对西方古典音乐的喜爱令我料所不及。

（七）

1992年，张伯伯已是过七旬望八的高龄老人。当我接到治丧委员会的唁电，却因骨折卧病没有赴京奔丧。据说张伯伯是"犯病后送到医院，由于进不了病房被置于过道受了风寒，等到亲友四处奔走落实一张病床，已回天乏术了"。张伯母言："他过世时很安然，既无遗憾也无眷恋。"遥想他少习哲学，晚研佛学，该是看破放下，了无牵挂吧？后四年又收到张伯母寄来的《遵骝钞稿集》，集里存有张伯伯的遗照和张伯母的题词。后我寄张伯母的信被退回，永安南里的寓所已易户主，再询问北京心理所张伯母近况，竟然无人搭理。

这次在幼弟念劬倡议下，参加了编辑《刘静窗文存》，有幸重睹张伯伯回馈的两大本家父的遗稿抄本和信函复印件，拜读独立成章的《与挚友张遵骝论佛学书》，忆昔抚今，满怀无限崇敬追忆张遵骝伯父母伉俪，附上《遵骝钞稿集》"范凤翼　操桐引"诗句："众人之琴琴在指，有时指歇琴声死。痴和之琴琴在心，未弹声已盈吾耳。……"寄以哀思。

二、金　　鱼

刘念劬

（以下节录自传《我的艺术人生》第一章之第四节）

怀念父亲刘静窗

[**金鱼**]:遵骊伯在父亲去世后,曾抄录一封父亲当年写给他的信赠我,并批曰:"念劬吾侄:三十年往事由此一瞥,此乃当年宪钿为您圆宥之信物,汝父之为人可见一斑。"但我并未收到过这封信,是多年以后经世家小姐寄给我的,这才知道我的童年劣迹已赫然成典。

父亲在此信中写道:"家中天井饲养一大缸金鱼,每周皆尽死绝,竟不知何故?连番若此便生疑窦,明查暗访之后并无异样,招诸人一一诘问之,众皆惶然,唯犬子念劬神情泰然自若,令吾生疑,再四追问之下,旋即坦承是其所为。尝每日上学前必用长棍在鱼缸中顺时针搅一圈,反时针又搅一圈,放学之后又如此重复,日复一日,金鱼焉有不死之理!笑料!乃此子桀骜不驯之图介也。"张伯回信说:"非也,宪钿(张伯之妻,儿童心理学家)说必有原因,尝问之。"后我告诉父亲:"听自然课李老师说,搅拌可提升氧气之释放,怕金鱼闷气,故为之。"父亲哂然,未再责骂,只说:"下不为例。"后张伯母将之写成心理学例文,又寄给蒋天枢伯伯看,以后听蒋教授说,他们常在有病时相互打趣说:"勿为刘家天井中之金鱼!"

蒋教授解释说:"文人用典不一定引古,亦可自创,在那个年代更以此引作隐喻。那一年,你张伯犯哮喘,又为强行入住的'房客'所欺,一怒之下病倒。吾便创'刘家天井中之金鱼'为典,这个新典便暗扣了你幼时折腾金鱼而死的故事,如今用在劝喻张伯凡事看开,勿作刘家天井之金鱼被他人折腾而死。"还真的十分贴切。

[**两吨头汽车**]:我幼时随父母外出购物,常表现出人心不足蛇吞象的"儿童鲸吞意识"(这又是张伯母儿童心理学的专用词)。父亲遇上这种情况,便以"你的两吨头汽车尚未开来"打趣,以幽默的方式告诉我,这是不切实际的购物想法,我便不会因被拒绝而不快(这便是张伯母告诉父亲的"夸张诱导",即将"鲸吞意识"夸张导入不真实而化之)。不知道父亲的幽默是否也来自这种学识的背景,但父亲是从不会让我失望而归的,他一定最终会提出几个选项,可以任选一样满足

附录二 追忆史学名家张遵骝先生

之。震哥以为我忘了这些往事,便来函提醒,其实,在张伯母的儿童心理学范例中,早有书面记载。

[自制炸弹]:这是我儿时的致命游戏。我喜欢听玻璃杯投掷到天井水泥地下的"崩啪"之声,最喜欢的便是将塞入牛奶面包的杯子投出,玻璃碎片和着残食溅起,更像炸药被引爆。那一天,大人外出,家中只有干粗活的阿金临时照看我,当我将投掷第三颗"炸弹"时,阿金已差不多跪地求我了!幸好我的干奶妈阿宝及时赶回,夺走了我的致命武器,而我的右眼上角已为玻璃碎屑所伤而出血了。阿宝说:"小少爷,你再不听话,阿宝就回乡下去了",并假意去梯间收拾行装,我急去阻止,这才忘了继续投弹之事。对此,爸爸伤透了脑筋。

张伯母在她的著作中写道:"儿童的暴力倾向经常来源于不健全的家庭或不健康的身体,履先(念劬又名)便属后者,较易治愈,及至晕瘛之症痊愈,他的暴力倾向便自动消弭。前者属心理极端的外沿,较难治愈。无论为何,赋之于爱——母爱、仁爱、博爱……便有机会疏导之。"她的此种观点,文革中便因此获咎。但在我后面所讲的故事中,却验证了她的学说。

[阿宝]:前面曾讲到我出生后即曾患肺炎,母亲生我三个月后又无奶水哺我,我对奶妈的奶水并不完全接纳,对美制克宁奶粉又抗拒,为此经常拉稀,便形成了我的弱质童年。再加上在上小学之前又一直有突然昏瘛的怪病,更是雪上加霜。因此,我是在一种被过度保护的状态中生存,形成了桀骜不驯的脾性。而阿宝却是我真正的保护神!我和她之间有廿五年的互动,而这种互动开始于我的襁褓时期。在母亲无奶停哺之后,阿宝便成了我的干奶妈,接手管理我的衣食住行,其后,又值母亲怀妹妹,生产及哺乳,阿宝直至我七岁那一年她丈夫弃世才还乡,我同她须臾不可分离。只要她在,我的所有问题便不再显得严重。我与阿宝的互动模式是以刚克刚,刚刚相济的;而决无温情有加的母性;阿宝的刚性便是我的克星,她对我从不顺从,家中唯有一人

怀念父亲刘静窗

可以将意志强加于我的人，便是她。有一次，母亲给我换了一身新衣打算出外赴宴，我突然躺下发脾气，拒绝出门，母亲惊问何故？阿宝嘱母走开，并说："师母（下人称我爸为先生，称我妈为师母，）走开，小少爷的事你搞不清楚的。"母亲愕然。她随即三下五除二脱去了我的新衣，换上了平时所穿旧衫，换毕，拍拍我肩胛说："跟妈走啊！"我破涕为笑。母亲虽不满，但叹服阿宝深知我心。及至阿宝的小女儿出生，她回乡做月子，我家便乱套了。妈妈送医院生妹妹，家中由堂二姐淑华摄政，我坚持不洗脸，不漱口，不上床睡觉，累了便和衣躺地，众人好话说尽，都不能抒困；及至母亲回家，见我蓬头垢面，满脸鼻涕眼屎，十分不满说："三个佣人加上淑华，怎么没人理睬劭劭！"我却闹着要母亲去找阿宝回来。在阿宝管理时期，我有两次是随阿宝回太仓探亲的。她夫家是太仓县吏，她祖上是左宗棠手下的守备，应是满清的武秩五品衔将校，所以她身上的刚性应来自将门之后；我至今才明白她同母亲形同姐妹的原因：因为我外公是满清协统，母亲亦是将门之后，这便惺惺相惜！及后，在1955—1956年，阿宝又来我家同一条弄堂的8号打工，便是想看看我，她有时探亲就不回太仓，而是在我家住几日，帮助母亲做些家务；1961—1962年，她又在7号打工。总之，她的全部打工生涯，未曾离开过福德坊。1961年秋，父亲对母亲说："拿劭劭的奖状和成绩单给阿宝看看。"还送了一幅带框的初中毕业照给她。此时我已是懂事的高中生，我会叫她一声阿宝阿姨，阿宝激动地告诉我妈："小少爷叫我阿宝阿姨！"脸上满满地写上了她的心满意足！长大后，她的亲儿子阿真在闲聊中讲到："我三岁起便跟奶奶长大，我阿妈给你抢走了！"我说："我七岁时便将你阿妈还给你了！"他说："她的心里装不下两个男孩！"我听了觉得蛮凄凉。1967年初，阿真被诬伙同富农丈人在仓房监守自盗，被双双投入监狱！两年半后查无实据放出。阿宝先受儿子坐牢的过度惊吓，后又操劳帮助媳妇持家，这便令她灯枯油尽！1969年冬急召我去太仓嘱托后事，母亲执意随行，及至我们赶

附录二　追忆史学名家张遵骝先生

到,阿宝已还魂乏术,永远结束了她操劳的一生！我们唯有在她坟前掬一把黄土吊唁,母亲在她灵前说:"阿宝,没有你就没有劭劭的今天,他会好待你的儿女的……"

这里又该提张伯母了,她后来将上述事例写了《阿宝现象之浅析》收入了某心理学文集。可以说,我的童年,是张伯母笔下的鲜活,她对我多年的关注成为她生活的动力,我不知如何面对这位早在1956年就认了干妈的前辈！作为一个儿童心理学家,未有做母亲的经验,实在是一种缺失,她在我身上得到了答案,便是她的慰藉。七十年代,吾妻蔡璐带女儿乔乔赴京,张伯母抱住乔乔爱不释手,对吾妻说,孩子由他们领养,不用改姓,希望我们再另生养一胎……我们只认为这是老年人的梦呓！但殊不知,她一直在寻找自己的传人,回归她人生的初梦。1974年以后,我改称张妈妈为宪妈、或妈妈,我的女儿则一直叫她奶奶！

[补遗]:震哥写了我的义父母张遵骝先生夫妇的往迹,令人感动。我摘录自传第一章的《金鱼》作为补述。该文讲述了我幼年与父亲及与张伯夫妇互动的故事。藉此一角再补写几句:张遵骝先生夫妇之对于我,无疑是最重要的亲人之一,他们也确是父亲的挚友。他们位于北京的家,是我可以随时进出的另一个家,他们待我亲如己出。从五十年代至八十年代整整三十年,他们关注了我的成长。1955年,父亲承诺张伯伯夫妇的动议,拟让我北上求学,随他们生活。1956年,将随张太公北上之时,适逢任哥就读的交大迁往西安,母亲不欲两个儿子离去,提出反对乃作罢。1957年,此事重提,但是我侥幸考进了上海音乐学院附中,走上了我的音乐梦想之路……1969年旧事又重提,拟正式确立养父子关系,家母亦确认,但正处文革乱世,不了了之。1974年,我正式复信认他们为养父母,乃促成了其后多年的互动,虽未确立法律关系,但确有其实,最后不能在他们灵前尽孝子之礼,虽有我赴港因素横亘其中,但个中另有许多不可抗拒的因素作梗,造成了

不流畅的结局，只能由女儿多叫宪妈几声奶奶来加以宽慰！因此，他们虽无子女，但在我的心目中，早已确立了对他们的传承和终及，这便足以告慰二老在天之灵了！

遵家父嘱托：二老在父亲去世十年后的七十年代，他们还在京为我引见及求教谢国桢、季羡林和吴晓铃教授，他们均承诺父亲生前的重托，为我讲授了明史、《诗经》和中国戏曲史。名家亲授，如醍醐灌顶，唤醒了我求索真理的良知，造就了我的音乐艺术人生。

我没齿难忘公逸伯和宪妈的恩德，以此为记，铭刻心中。

三、再忆尊长张遵骝先生

刘念劬

按：1967年三兄震先离开滞留七年的北京清华，戍往吉林凡十九年。十年动乱要省府介绍信方能一顾首都，故此间仅公干抵京，难得数次面谒张伯伉俪。倒是我因音乐创作经常穿梭于京沪之间，竟然接续了我和张伯夫妇一段刻骨铭心的情缘。本文摘录兄弟间近年电函，寄托自己的心绪情思。

我们的尊长张遵骝先生伉俪如说有什么最大的遗憾，那就是没有亲生儿女。他们二老常顾念我们兄弟，除了家父的友情外，或许仍包含了"传宗接祧、思后心切"的因素。

震哥云："他们最心仪幼弟念劬，楔入的最多期望也是劬弟。"这位长我三岁另十个月的哥哥感慨："终因世俗原因种种，难以修炼证果，成了今生今世的一段'未了'之情。"

震又云："幼弟念劬出生于1945年11月。同年8月，祖母亡故，家父悼亡思亲，取义于《诗经》'哀哀父母，生儿劬劳'，将幼弟学名履先

附录二 追忆史学名家张遵骝先生

改为念劭。他周岁患肺炎病情危急，在抗战胜利、物资匮缺的年代，家父连夜重金求得抗生素'盘尼西林'，挽救了幼小生命。劭弟也因自幼体弱多病，父母倍为担心，请了一个名叫'阿宝'的保姆专职照看他，养成了他在一个多子女的大家庭里娇生惯养的脾气。劭弟幼时伶牙俐齿、面容姣好，让人会想起童星'邓波尔'。1952年，他在五岁时，在国际饭店十四楼大厅，担任了堂姐先华的西式婚礼的小傧相。哈，油光的飞机头、大眼睛、樱桃口、白花领和黑丝绒礼服，手捧着一对钻石戒指的红鸡心绒，在新郎、新娘前面的红地毯上缓步开道，显得十分华贵自如；女傧相阿瑛相随其后，螺旋式发型、雪白娇艳脸容，一袭洁白短纱裙，手提着花篮向左右撒鲜花，尽管紧张、却更为清丽脱俗。一对小傧相让大家眼前一亮，于是'金童玉女'的雅号在亲属中传开了。"

而且，这张金童玉女照，在南京路王开照相馆陈列多年，在我上二年级的时候还在，位育小学的任课老师都见过；以至于少年宫的舞蹈老师想招身材曼妙的阿瑛去学芭蕾舞。摘引震哥的话不是我矫情，而是想说明：在1950年后，我曾是位育话剧团的演员及儿童合唱团的小指挥，俨然明星，是家校圈内的"名人"！虽伶牙俐齿、表面风光；但背后，另有隐情：患有昏瘚的旧病，时有发作，无人敢管束；乃桀骜不驯之十足的顽劣儿童，备受尊长们过度的关注。

对这样一个"问题儿童"的教育及前途，尊长们是有讨论的：

1955年，我初学钢琴，被祖父召父亲问之："怎么？去学吹拉弹唱？将来不务正业，做'马路天使'？"（一部赵丹主演的影片，暗讽当吹鼓手）父亲陪笑答："如学西人的琴棋书画。"祖父不甚满意，因为父亲举了伯牙、钟子期"知音"和"广陵绝响"的例子，想据典引证风雅，但适得其反，因为均不是吉兆；倒是大伯莳窗公讲的"行行出状元"及"将来不会以此为业"这两条，祖父才释怀。这是莳伯说的："假使老太爷还在，你是入不了音专的。"

蒋天枢伯伯生了两个女儿，他说："可惜你学了音乐，男孩应该跟我学经史。"

张伯伯则认为，我不适合涉入沪上时流文化，担心失教沉沦，应当去京兆上中学、读北大，继承父志。因为父执均毕业于西南联大，北大情结写在脸上。

回忆家父母同张伯伯夫妇的互动，震云：以上种种，纵容得劭弟幼时十分顽皮、"自说自话"、"老三老四"，例如天井里大缸"金鱼'频于死亡'就是他的淘气例证，越来越令家父母堪忧，成了'搞水棍'。家父的叙述引起了张伯伯夫妇的浓厚兴趣，张伯母是个儿童心理学专家，她的询问更多更具体，顺势提出许多教育方面建议。因为他们膝下无儿女，十分喜欢劭弟，终于一天来访，郑重地提出带劭弟去北京、用现代心理学方式来教育劭弟。开始家父表示惊愕，后为他们诚意和苦口婆心所感动，同意劭弟随张太公一起进京。但临行前数天，家母突然流泪变卦，提出：'劭弟到张家受教育的名分？如果是过继做螟蛉子，我坚决不同意。'于是劭弟上北京事被搁置下来。不久劭弟弹钢琴有小成，顺利考进了上海音乐学院附中，从此关于他的教育问题不再重提。1959年，我考取清华大学，第一次拜谒张伯伯时，张伯母仅淡淡地问过一句：'念劭近况好吗？'从未再提起这段往事，大度竟然如此，令人折服。"

上述回忆，震哥比我清楚，因为父母是不会当我面谈论这件事的。其实，1956年张伯夫妇带我上京念书的动议已成定局，连不改名分的事都商量好了，由张太公带我北上。但母亲变卦了，其中另一重要原因是：这一年夏天，任哥考取交通大学，但部分学系迁往西安，他必须赴西安念书则完全不在意料中。当我们于火车站挥别任哥后，母亲是绝不会允许小儿子再离开的。大家以为此事再不会重提了。

1967年，震哥被分配至吉林化工公司工作，文革期间进北京要省委开"进京介绍信"，直至1973年他从工厂提拔到研究所工作，才有机会进了一次北京。和张伯伯夫妇一别重逢竟然隔了五年。

附录二　追忆史学名家张遵骝先生

倒是我因创作经常进京，张伯夫妇旧话重提，进而又重续上一段五十年代中断的情缘。

第一次 1969 年，我从上海音乐学院毕业，借调至上海歌剧院工作，因创作歌剧经常往返穿梭于京沪两地，常住在张伯伯家，通过文史艺术的交流和互动，加深了相互间的了解。此间二老在京郑重地正式提出确立义父子关系，让我回沪征求家母的意见。家母回想起 1956 年父亲承诺的往事，慨然说："早该认了"，曾嘱我郑重地复信，但时处文革，张伯伯又去干校，此事不了了之，但我已对宪钿伯母改称张妈妈，那张照片便是一个见证。

第二次 1973 年，二老又一次正式对我媳妇璐璐提出（即蔡璐，女作曲家，是大家熟悉的著名美术片《黑猫警长》及眼保健操音乐的作曲）认我为义子之事；还提出她怀孕的腹中孩子，生男归我们，生女归二老，确认祖孙关系认养。但及至小女乔乔出生，家母爱如掌上明珠，如何肯放手？尽管如此，1974 年，我赴河北平山体验生活，还是委托女同事高文华（白毛女饰演者）带山货及亲笔信交给二老，同意办认养父母手续。随即 1975 年我去西藏写歌剧、1976 年粉碎"四人帮"后上海文艺界调整，1977 年成为上海歌剧院主创作曲，工作极忙无暇顾及上述事宜。万般无奈之下，便对二老讲："重实际不重名义吧"，故没有办理任何法律关系。为了确认二老为养父养母，1977 年内子蔡璐专程带了女儿乔乔进京拜见二老，当时乔乔年仅五岁，十分喜欢二老，直呼"爷爷、奶奶"，更与张伯母亲密无间。自此，我改称张伯母为宪妈或妈妈，以示与家母"姆妈"的称呼有所分别。由于在 1956 年张伯伯已对父亲承诺认领不改姓名、不改名分，因此我对张伯伯的称谓一直未改，仅是多了一份亲情。

第三次 1980—1982 年，二老正式重提此事，希望在法律上确认这种认养关系。但我隐约感到事情变味了，有涉继承人之有关选项，近几年二老身边平白又多了不少认识的或听说的陌生人，发生了有人找我谈论买卖张家古玩的事,为此我坚决选择了回避……。但忆昔抚今,我深感后悔:从法律上讲,当时我对于认亲生父母之外的人为父母是有心理障碍的!但对二老仅讲承担道义上的责任是远远不够的,只能导致二老晚年生活的安排陷入紊乱的法律责任问题中,对此我是难辞其咎的。我曾为此陷入了深深的反省与自责。

但这件事又应持双面观。1985年,我曾托文化部的律师、为二老设计了一揽子的信托基金套餐,旨在全面解决二老的生前身后事,自己担当受委托人,这样可以尽到一个儿子的责任但又可不接受遗产。对此,张伯伯十分不理解,愤然而言:"念劬既自己不做事,又去委托他人做,这就大可不必了!"张伯伯的不谙法律和对我的拒绝,显现出他对世事的脱节,不能与时俱进,从此与吾兄弟的认知取向有了很大的歧见。多年后我对震哥谈起此事,他不禁扼腕,而且幡然有悟!其实,二老所需要的并非实际生活中的一切物质生活的安排,而是名分,更是亲情。张伯母甚至两次对我说:"希望震先对我们更亲些,就当这里是自己的家!"我将此告诉震哥,他也深憾自己当时蒙蔽于世俗的观念中,感受不到她的心灵呼唤。肺腑之言何尝仅对我一人,对震哥一样是充满着期许!对她而言,她早就把我们当作是自己的小辈亲子!所以,在解读我这些往事时,我们兄弟感同身受,亦有同二老心意相通的感应。

八十年代,不时出现一些不正常的情况:我和震哥的信件时有被退回的情况,或许与他失联可讲些原委,但与我失联便讲不通了!因为从1980年起我年年上京开会或公干,来往不靠信件;但1989年后情况有所变化,我的清唱剧《生命宇宙的春天》词稿是在1989年初寄出,获二老肯定为"佳作";而在年末寄出的包里"1989·刘念劬作品音乐会录音带"及信件均遭退回;曾受我委托照顾二老的文化部干事亦失联了。1990年,震哥不慎摔跤、股骨颈骨折在家病休半年自顾无暇;我辞官在家写二胡协奏曲《夜深沉》及筹备赴港事宜,都没法及时

附录二　追忆史学名家张遵骝先生

设法联络二老。1991年1月我离沪去港,是年二老的音信皆无。1992年张伯伯去世,上海家里人仅收到北京治丧委员会唁信,收到时已经过了追悼会的日期。更无人通知我,我是从香港中大哲学系当教授的大哥述先处知晓的。我在文化部设有联络点,是二老及亲友尽人皆知的,竟无人去通报,令人大惑不解。我的记忆戛然而止。

震哥给我的书函中道:"此后五年便只有断断续续的音讯往来了。"

震又云:"1959年至1967年,我在北京清华求学八年,感受到张伯伯的追求和信仰,在寻求真理的过程中坚持自己的理念,执着又有独立人格。但他同我们的沟通不流畅,存在彼此的理解差异和局限。"

其实,他同家父及蒋天枢伯伯之间,并非事事一致,有时认知也会南辕北辙,需要求同存异。惟家父在世时,以其精确的见解及处事的睿智,化解了许多同代人之间的歧见。治学的方向虽不同,但探求真理的理念及渴望一致,因此他们之间会探讨。这种探讨的风气惠及了下一代。特别是家父身上体现出来的平等意识、对小辈思想的保护意识和启发式教育是我家特有的。因此我和震哥所得家教家传,作为小辈便难以接受来自长辈张伯伯的直评。小辈所求的是长辈的肯定和鼓励,却这一点上,张伯伯是吝啬的、不擅长于赞扬的! 震哥性格随和忍耐,我自幼骄纵,不肯礼让,哪怕是长辈。连家父对我总是先肯定再批评。于是导致我同张伯伯之间出现了三次冲突,每一次均是宪妈出来打圆场收科,所以我曾函告震哥:"要不是舍不得伤害宪妈,便会同张伯伯激辩了!"

我们首次冲突是1981年拙作神话舞剧《凤鸣岐山》赴京公演,大获成功,张伯伯却斥之为"歪曲历史至无以复加,乃沪人时流之作,难入上品!"我抗声曰:"至多也只是歪曲了《封神榜》,乃小说,不是历史!"张伯怒曰:"自己不读史,却作沪上宵小之辩,乃南派之积习流弊。"我不服,张伯又迁怒他事。张伯母观"凤"剧,见两个女主角漂亮,但在剧场未看清为憾,事后我遣二女前往张家造访,执徒孙之礼(乃我学生),此本是好事,但事后,张伯去信却斥我:"常遣漂亮女伶前来拜谒送礼,此乃沪上流习,宜改之。"(联系先前1974年《白毛女》主演高文华的拜访)我盛怒,曾半年不去张府,后由宪妈斡旋劝回,1982年在前门吃烤鸭后冰释。

1984年我被任命为上海市文化局常务副局长,嘱派文化部办公厅单干事照顾,经常送东西去慰问二老。但二老需要什么?不是照顾,而是亲情和关爱;我们付出了不是他们亟需的。在心理上二老反对我当官成了相互之间的鸿沟,这是我至今也不愿意写这段故事的原因。我曾说:"改造社会,必先介入社会。"张伯伯视为"沪上浮滑之悖论,不合祖训";我反唇相讥:"张之洞不当湖广总督,何来洋务运动?我家祖先乃高祖之弟,并无不仕之古训!"但二老终究难以改变对我当官的看法,虽体现了士大夫的傲骨,但毕竟是不合潮流的过激反应。对两老的失望和不理解,我十分无奈:因为二老终究对我的看法,令我无地自容!虽最终挂冠而去,但却渐行渐远……

此后,吾衔命倡导"海派"文化的研讨,大大激怒了张伯,他对我的文化取向动了真怒,导致了对我的拒绝。我们多年亲如父子的关系,毕竟互相受到了伤害……

在解读张伯与我的准父子情节时,便一定要提一提复旦大学中文系的蒋天枢教授。

蒋天枢先生(1903—1988),字秉南,早字若才,江苏丰县人,中国古代文学专家,复旦大学资深教授。蒋先生青年时代就读于无锡国学专修馆,师从唐文治先生。1927年考入清华研究院国学门,师从陈寅恪、梁启超学习文史。1929年清华国学研究院研究生毕业,曾任东北大学教授。1943年起,任复旦大学中文系教授;1985年后转任复旦大学古籍整理研究所教授。他早年在清华,专攻清代学术史,毕业论文《全谢山先生年谱》,以扎实的考据而得梁启超赞誉。抗战时期,蒋天

附录二 追忆史学名家张遵骝先生

枢转而致力于先秦两汉文学与《三国志》的研究;五十年代起专攻《楚辞》研究,蒋先生晚年全力搜集、整理和编辑恩师陈寅恪的著作。国学大师陈寅恪是中国文化的托命之人,蒋天枢则是陈寅恪的托命之人。

  蒋伯伯有着清瘦面庞、深邃目光和颀长身材,常穿一套黑呢子大衣,他给我的形象是深刻的。蒋伯伯年龄年长于家父和张伯伯十来岁,处处透出了沉稳的长者风度。他和张伯均是我家餐桌上的常客,我尝哂蒋、张两家餐桌上的菜肴:"可与熊公家的白煮猪肉比美,两家煮出来的肉汤相若,均是肉如硬石,汤味带腥,其烹调实不敢恭维。"

  蒋先生两代人乃我家世交,长女蒋钟埙是震哥的清华同年学友;次女蒋钟垣就读复旦大学,则同我熟稔,曾一起在蒋家受教,她成为蒋伯伯的学术传人,此乃后话。记在 1955—1956 年,蒋伯伯曾应家父之邀在我家对刘氏子弟开讲《楚辞》,终因当时我们兄弟太年幼,不适应蒋伯伯讲的徐淮口音极浓的国语,听不大懂但却开始学背《离骚》。其后,因父亲的因材施教,促使我在 1960 年暑期及 70 年代两次跟蒋氏学《楚辞》,因此我可算是蒋门家学弟子,常去复旦芦山村十一号听教,互动了许多年。及后,蒋氏之学生又成为我的上司,彼此交好;如今负责出《刘静窗文存》的上海古籍出版社社长高克勤先生,亦出身复旦,曾听过蒋先生的课,可见世界之小。

  因为父亲去世得早,蒋老先生晚年经常为我们讲过去的事情,为我们抒困,其中,刘、张、蒋三位密友的互动及研学,可谓后世之楷模。至少蒋伯部分地解答了我们的疑问。我的观点已发表于《上海文化艺术报》的《文艺改革思维之一至三》,而张伯对我的杯葛正来自中国音乐报的转载《京兆文化与沪上文化的对立与磨合》;我推荐张伯成了文化部的咨询委员,但他却成了我的反对者。有一次,一向欣赏我的周巍峙部长读了张伯的发言,问左右此为何方神圣,答曰:"念劬义父。"周部长莞尔一笑曰:"可改一出义父教子的好戏。"其妻王昆(歌唱家)则开怀大笑,说:"这也是上阵父子兵!"众皆大笑释怀。我听闻后,唯有尴尬。

蒋老对张伯的背景是有深刻见地的，我不知这究竟是家父的见解，还是已融入了他自己的意见，惟有照录了。八十年代，蒋伯伯从香港回来后同我有一次晤面，他说：您父亲曾解读"公逸的文化背景及旗人因素，与保皇及北军渊源更深，较不喜上海的共和文化，对旗人来说，有时接受马列比接受共和更容易，有点远香近臭的味道，杨度便是一例。因此，公逸想用马列来剖析世事，本无可厚非，但有其深层次的原因；后因为有八年抗战，才慢慢抹去了这些留痕，南北融和了，但文化的取舍观仍因人而异，大相径庭。公逸素不喜沪上文化，常将时尚、时政及时弊统称为'时流'，是贬意，是京兆文化中心论，暗指沪上文化的肤浅浮滑，这是不足取的。汝父说：'时尚不是时弊，只是一种审美的距离'，因此，我和汝父治学均不崇时尚尊古训，但却不妄评时尚，这是上海特有的地域文化，并不是简单的外来影响。汝父讲京剧，说：'许多流派名伶出在京华，但必得走红上海才算过关，这里的观众个性独立，不盲从，令名伶又爱又恨，这便是奇妙的上海（1986年梅宝玖来沪便讲了相同的话，对我说这是梅先生讲的）；不必因为演过《纺棉花》《大劈棺》便否定童芷苓，她嗓音不错；更不要否定王少楼的机关布景，妇孺老人爱看；上海苏吴软语，如何能品味京帮原汁，对麒派和俞振飞便更不能否了……"

前辈论学不杂私念，唯求体证真谛，因此，认真的张伯不会顾及我们小辈的面子，这不该弹而该赞！但既为一家之言，便该让人讲话，应可以讨论，但老人却把话说绝了："如身居高位者，又推崇沪上膏粱时流之说，误国误人误己。""如当初就读北京，岂会如此？"话讲得很难听。但我告诉他，父亲晚年对各派哲学持兼容状态，自己的好多传承来自父亲时，张伯又动怒了，说是"断章取义"、"浮滑"，我便不再申辩了，我担义父发哮喘，惟有退让了。

蒋伯说："汝父同张伯的文化取舍距离很大，但可以共存，你父亲不会要求任何论学者改变观点,因为精辟之论是不怕淬火的!他对熊十力尚如此,更何况张乃熊之学生!""但公逸之对你便不同了,他自己知道汝父因他而对熊公执弟子之礼,论学时不能尽言点到即是,留有余地,很客观;但当局者迷,你念劬对他执义子之礼,你敢尽言?"我对蒋伯的话有点感动。

父亲曾对蒋伯说:"公逸不尚马克思信列宁,前者乃学者讲哲学,后者是斗士议时政,不可同日而语;中国之时政又异于苏俄,此大谬也。"可见父亲见地中肯;但家父并未在张伯面前讲,这便是求同存异了。

假如父亲同张伯活一样的年纪,定可睿智地化解我与义父的分歧,至少会有机会对话。

1995年,宪妈给震哥寄来了《遵骝钞集稿》,在扉页上有亲笔题词。次年冬,我自港回沪上京三日,亦抽时间去探望了宪妈,老人讲了许多我无法听懂的话,亦不想回应,也不想说谎,唯有尽快离去;只听懂了一句老人家反复讲的话:"念劬后人叫我奶奶!"因为吾女小名乔乔她忘了,媳妇璐璐名字也忘了,经我提示才说:"我把媳妇和孙女的名字记下了。"难怪呀!她已是八十多岁的老寿星了。

上周,我发函震哥讲到这些往事,叹说:"往事并不如烟!"震哥却回函告慰:"人生如寄,该放下了。往事如烟,还是由其如烟吧。"

附录三　清水刘氏九修族谱札记

一、前　　记

刘念劬

　　这一则前记,亦可以定名为"乡梦"! 在这里,我把两件本不相干的事扯在一起了:

　　当震哥于 2014 年 10 月回江西吉安清水家乡祭祖,取回本房四套九修族谱后,本应是这件大事终结的后记;但却成为另一件大事的开端:即五兄妹编撰《刘静窗文存》的前记,宏大的父亲百年长卷之帷幕刚刚拉开! 所以改后记为前记,加上后面九修序及祭祖小记,便自成系列、顺理成章了。

　　我的这篇文字,决非是巧思与杜撰,而正是吾众兄弟一年以来走过的心路历程! 可以说:九修是磨刀石,磨砺了我们去编父亲《文存》的锐气;九修是同心结,让我们齐心协力去完成这件我们一众老年兄弟难以完成的事;有如神助,更如祖先在天之灵,藉九修的呼唤,召唤我们兄弟去完成父亲的遗愿:在纪念他老人家百周年诞辰时,宣告《刘

附录三　清水刘氏九修族谱札记

静窗文存》扬帆起锚！

　　难怪述先哥不止一次地对弟妹们讲："这一年（2013—2014），我们兄弟之间的互动，比过去几十年还要多。是九修，拉近了我们兄弟之间的距离。尽管我们各自面向不同、天各一方、个性独立，但我们在尽人子之道的大前提下，成为兄弟同心、其利断金的楷模。"此后，不仅我们兄弟参与了修谱，就连我提议出一部父亲百周年纪念文集《刘静窗文存》的事，也很快取得了共识。我们兄弟确实"天各一方"：述哥家住台北，任哥定居加拿大常回西安，震哥穿梭于上海、旧金山之间，我住西雅图，昭妹住上海。专业也各不相同，全然一个松散群体，一起修谱议事殊非易事。

　　首先进入九修事务的是震哥和昭妹，一个努力编文汇总，另一个助理冗务，在述哥的协校下，完成了九修族谱中祖父母以下和本房四代约二十余人的简历条目。我稍晚进入，参加了校补和协调的工作。后九修族谱理事会邀请述哥撰写九修族谱序，述哥再三推辞、难却盛情，便请任哥承担了起草，嘱我襄助，完成了刘述先等四兄弟共同署名的九修序文。我在给大房九修谱主事者的函中写道："任哥出初稿后病倒，嘱我接手，我写了两稿，交震哥过目；任哥补充一次，述哥改两次，我现在发给您由我综合的三校稿。"这便是一个老年群体从事写作的写照，但却拥有共通的灵感和力量，最后在族谱中刊出的便是任哥执笔勘定的四校稿。由于九修族谱的磨砺，让我们重新出发，去编撰《刘静窗文存》时，已是一支超龄干练的刘氏兄弟团队了：老大述哥是掌门人，老二任先和老三震先是中坚，老幺念劬是执行官，昭妹协办冗务。在父亲《文存》编撰勘校完工的日子，我们是有理由备感欣慰的。

　　因九修体例所限，九修族谱序的三校稿中，体现祖孙三代人与家乡互动的内容，无机会刊出，我深感可惜，故决定引述三校文摘加以弥补，呈现四校稿所未能涵盖的精要与读者分享。

　　其曰："理堂公，家境最困苦。十五岁负装徒行六百里，投亲长沙。既而历涉鄂、粤、港、沪间，出入商业市场，垂五十年。一家生计，勉得温饱。晚岁将归隐田园,经筹梓里,为家乡父老、兄弟、宗亲谋福利,求发展,所以打算办义学、兴义仓,装自来水,办图书馆。以稍遂先民老安少怀之志。现存清水老家之叙伦、南山二祠,便是道谦、道铨兄弟二公督建整修。"

又曰:"1945年日寇投降,举国共庆之际,义成公静窗衔父命意欲回报家乡父老,发展乡里。仅举为筹建家乡图书馆一例,斥资购《四库全书》珍藏本,线装书,每部二千余册。每部分装四大木箱。共四部,16大箱。以及其他宝典,作为家乡建图书馆镇馆之宝。宝书运往家乡途中,正逢日寇投降之后,百姓尚未喘息,又遭逢内战蜂起,故所寄图书宝典,辗转途中月余,又只能艰辛返回。大木箱与外包装防磨损的麻袋之间,竟发现藏有一只雕花细瓷碗,周围四个花环,捧着'福寿方长'四个大字,长途跌宕,竟丝毫无损,叹为奇迹。从此作为每年祭祖的贡碗,以求上苍赐福,希冀家运、族运、国运走向转机。"

再曰:"在外繁衍的衍字辈族人心系家乡发展,曾数次应邀向家乡捐赠:其中衍言(述先)、衍诚(念劬)均曾捐款修撰吉安县志,参与江西省省长邀约海外达人的献言陈条,促建江西省文化基金,在北京和香港筹创赣籍闻人援助家乡例会等,出人出钱又出力,身体力行,为家乡发展作出了可圈可点的卓越贡献。衍诚于1984年至1990年出任上海市文化局常务副局长期间,更力促沪赣间的文化交流:促成上海图书馆向江西省图书馆捐赠藏书;亲率顶级沪上专家组合赴吉安行署五个穷困地区考察陈策,并亲临吉安地区参与家乡发展蓝图的规划及上海援建;其后,在沪安排市长在外滩市府大楼开中门列卫兵迎候吉安行署专员到访,让家乡父母官在沪荣享最高礼遇。此均为举族之荣焉。"

我与清水故乡的交流:有遗憾,有意外,亦有后续的情缘。

遗憾的是:我1985年来到家乡门口,竟不得其门而入。那一年,我应吉安行署专员之邀,率上海专家团赴家乡策划援建、考察扶贫,一周内去了吉安地区所属五县六区,途经吉安县城,亦想顺便考察清水,

附录三　清水刘氏九修族谱札记

提出援建项目,由于属非计划考察,不便影响总体日程的安排,故只有半天时间可以作业。可是事不凑巧,竟连日找不到唯一同我有联络的三毛堂叔(楚成),甚至遭到乡、村主事以不知念劬其人而拒绝接待,碍于公务在身,无暇久留,错失了回祖籍的机会……这是我一生的遗憾!饮恨清水、徘徊门外,仅一步之遥,扫兴而归。

意外的是:我房衍字辈后人中第一个在早年去过清水的,竟然是我当年尚未过门的媳妇蔡璐(女作曲家,《黑猫警长》和"眼保健操"音乐的曲作者),那是在1967年的春天。她随一支大学生的拉练队伍徒步上井冈山之后,下山漫游吉安县境,途经清水村落,还借宿农家住了一晚;第二日凌晨早起,见万象宜人,风水如诗,宛若登临仙境一般。所以我在修校父亲传略时,会引出她对清水当年的回忆:奇丽山乡、古树参天、一弯清水、登高尽收眼底;以信为本,倾囊相待,宾至如归,体认敦厚民风;均令她至今赞不绝口。又谁知,她日后竟会成为刘氏衍字辈中人的妻子,还未过门,便谒祖居,可谓天缘巧合、造物弄人了。但是我在2014年震哥拍摄的照片中,已看不到夫人口中四十七年前的美景!这说明近五十年的生态变化,同我们自己也会老去一样:毕竟,岁月留痕。我对内子说,若身体许可,又不是侨居海外,我一定携子之手,把臂同谒祖陵宗祠,一执后辈之礼;可是,如今只能做梦中之神游了。

后续的情缘是:2014年的10月,因九修族谱结缘的三位衍字辈兄长:吾二房三兄震先、长房堂兄守先、庆先及大堂侄刘巍终于回清水祭祖,他们代我了却了对故土的情缘。我可以告慰清水祖先的是:新编的九修族谱将由震哥勘误后,随我和父兄刘静窗、刘述先的著作及文史档案,存放上海图书馆,由该馆中国文化名人手稿馆作永久收藏;我获该馆颁授"妙笔"手稿贡献奖之殊荣,亦将同清水祖籍的刘氏族人分享。仅在此送上我对家乡的美好祝福。

难怪熊公读清水刘氏族谱后赞叹"奇哉庐陵","必为天下清淑之气所钟"。敢问去过清水的震哥及内子,您们感受到了这种"清淑之气"吗！在感慨熊公对清水的溢美赞誉后，我想说：1984年述哥编撰的《熊十力与刘静窗论学书简》如同一个坐标，它的存在超越熊刘《论学书简》出版的本来意义。由于它的延伸，引出了今天《刘静窗文存》的问世；我们才有思绪去探寻长达60年的长者哲思；熊公与父亲神交十载的往迹，铸出了熊公与家父的夙缘，启动了我们上溯一个甲子的心路历程，从而也唤醒了刘氏两代人同熊公交流互动的尘封故事。

  九修族谱所构建的机制，让我们顺理成章地走上了这个兄弟的对话平台。从而，促成了一次奇妙的合作。这便是：1951—2014，历时六十年，《刘静窗文存》的兄妹编撰者们一个甲子的心路历程。假如没有举族共襄九修宗谱的盛举，我们便不可能圆这个维系了两代人的梦，谨记之。

  注：2016年夏携续弦妻吴玉婷返清水祭祖，已圆旧梦。此后曾多次返乡参与古村保护修复工程。今年倡导集资及修复曾祖父德章公之墓，并主持家祭。

二、九修清水刘氏族谱序

刘述先等

  天下清明，家乡发展，万流溯源，海外归宗。

  余少负笈海外凡六十余载，常怀思乡之幽情及感念祖辈之宗泽！我族兴家，一向以孝悌为本，繁衍千年而不衰。先父义成公静窗为八修族谱作序，展示了我族兴盛之宗旨。今人重财轻礼，欲壑难填，吾拟兴当代儒学而抗之，穷几十年之心力而探觅齐家兴邦之道，幸赖祖先洪福，小有所成，特藉为九修续序之一角，袒露心迹，告慰先人。

  欣闻一年前故乡刘氏宗亲动议聚资九修族谱，吉安清水乡使者今年到访，聚会上海。交流之中，均感念家乡父老、兄弟姐妹真诚勤奋，

附录三 清水刘氏九修族谱札记

信誉为先,深信故乡之发展必不可限量。族谱九修,历时一载有余,今已如约完成,将付排版,问序于义成公后人,以续其为八修作序之传承。吾适逢其时,万难推辞,唯有集众兄弟之力,勉力为之,继承父志而欣然为序。

刘氏宗亲,追溯其源,由始祖帝尧,依宗源图列名十一世而至阳,又历十传而至获。获为魏大夫,秦灭魏而徙梁,再传清,居于沛。清之孙,汉高祖刘邦,发于陇亩之中,人称沛公,起兵抗秦。得道多助,推翻暴秦,又战胜了楚霸王的专横跋扈。百姓厌战,四海归心,建立起四百余年一统天下的刘汉王朝。汉武盛世,昭宣中兴,遣使西域,开丝绸之路,起于长安,连接亚欧大陆,向世界开放,成为沟通东西方文明之典范。汉朝文化统一,科技发达。中华文化成为亚洲文明的共同财富,为华夏民族两千年的社会发展奠定了坚实的基础,为五千年文明的延续和挺立千秋做出了深厚的贡献。故而成中华民族之最大族群,命名为汉族,欣欣向荣,衍生不断,以至于今日之一统,国力日进强盛,文化多元开发的局面,归根到底,仍受其赐。

太史公在《史记·高祖本纪》中这样评论:夏、商、周三朝以忠、敬、文三道循环,各有其敝,百姓厌倦,而暴秦激其弊。所以汉兴,承敝易变,使人不倦,得天统矣。这就是《易经》揭示的变易而求创新,谦诚而求发展,宗亲子孙,生生不息,万古常新,繁衍不止的昌盛之道。吾族兴于乱世,虽经一统,但毕竟逾千年历经于天下兴衰之变。今九修清水族谱,应当首要记取这一段辉煌历史的教益。

汉高祖刘邦的四弟刘交,封楚元王,为彭城(今日之徐州)刘氏之始。这是刘氏始于彭城之族谱系统。

刘交传十三世至文,字幼彦,居南阳,为晋司徒大保掾,封平邑侯。配魏夫人,即南岳紫虚元君,讳华存。生了二个儿子,次子瑕,封晋安成太守,留居顺安乡笪桥,是为笪桥基祖。其后,华存冥心斋静,潜心修道,道行与日俱增,修《黄庭经》,被道家尊崇为上清派第一代宗师。

后传说得道飞升。宋景祐年间仁宗敕封为紫虚元君,又称南岳夫人。后人于南岳衡山集贤峰夫人飞升处建黄庭观,塑紫虚元君金身,供信众祭祀,香火不绝至今犹存。现已列为湖南省重点文物保护单位。瑕之夫人邵氏,平原乐安太守邵续之女。红颜习武,武艺与胆略超群,瑕曾经被石季伦所围,夫人单独带领少数骑兵冲入包围圈,将夫君瑕救出之,颂为佳话。瑕传九世而至延,字延年,隋炀帝朝吏部尚书郎补中书舍人,始由笪桥迁居龙云乡下村。所以延公为笪桥始祖,再创新居,繁衍子孙,为笪桥刘氏系统。

延公有行恕、行思等四个孙子。行思公幼年出家,世称青原行思禅师,得禅宗六祖慧能亲传,继承六祖顿悟禅法,开创了青原禅门,与南岳禅门并茂,在一花开五叶的达摩禅宗发展史上,成为承上启下的中流砥柱,培育了大量人才。门下派系繁衍,高僧辈出,构成曹洞、云门、法眼三大派系,与南岳门下之临济、沩仰二大派系一同,形成自达摩禅宗传入中国后的繁荣昌盛局面。继后日见兴旺而长期流传,五代时传入朝鲜,南宋时传至日本。影响及于国外直至今世。行恕传十六世至潜,潜始由安福下村徙居清水,成为清水始祖。自瑕至潜,笪桥刘氏系统共历二十八世而迁移。

潜公在宋开禧间,始由安福下村徙居庐陵安平乡龙马铺,名其里曰清水。由此开出清水基祖潜公衍派世系,历二十三世而至远传分支,即德章公。

中华文明以东方传统文化为基石,为人则以诚信、谦和、内省为本,治家则以孝敬父母尊老爱幼和谐为基。东西方文化交汇,传统文化与现代化不相背离,既以开放的智慧勤求科技的进步,又不忘回归传统的美德。多元文化包容发展,而讲求人品、家规与国风。儒家讲仁义,佛家无私无贪,老子知足常乐。现代科技的互动,诉求平等与创造,在改革中求和谐,又在和谐中求创新,才能万古常新。吾家以古族而忝列其中,族人子弟在廿世纪初叶起,便投身真理的探寻,觅求兴国

附录三 清水刘氏九修族谱札记

安邦的真谛！先父义成公自号定邦，便展示了这一代族人赤心报国及包容开放的跨世纪求索。尽管沧桑巨变，但父辈仍能恪守家传之孝悌古训，实乃后辈之楷模。

家乡清水村今归属吉安，古称庐陵，人杰地灵。当年有欧阳修，唐宋八大家之首；文天祥，《正气歌》气贯古今。仰望文信国公之墓，郁郁葱葱。可以确信，九修族谱以后，海外与家乡子孙共襄敬祖奉宗，追根思源，子孙繁衍，人才辈出，遍布全球，世世代代，繁荣昌盛，而生生不息。

公元二〇一四年，岁在甲午，
潜公第二十六世孙衍言、衍行、衍通、衍诚敬撰

附录：潜公刘氏清水系统修谱年表

修谱	公元	年　代	主　　事	间隔
一修	1316	元延祐三年丙辰	总纂：翔（四世）	
二修	1423	明永乐二十一年癸卯	总纂：务勤（八世）	107年
三修	1441	明正统六年辛酉	主修：务宽（八世）；总纂：遇吉（九世）	18年
四修	1488	明宏（弘）治元年戊申	总纂：宪武（十世）；编纂：宪章（十世）	47年
五修	1812	清嘉庆十七年壬申	总纂：莲开（十八世）；编纂：令训（十九世）、子伟（十九世）	324年
六修	1860	清咸丰十年庚申	总纂：克迈（十九世）；编纂：秉礼（十九世）等6人	58年
七修	1913	民国二年癸丑	总纂：道坤（廿四世）；倡修：理堂（廿四世）	63年
八修	1946	民国三十五年丙戌	主修：道谦（理堂廿四世）、道铨（钰生廿四世）、远华（凤鸣廿三世）、介儒（廿五世） 总纂：远清（廿三世）及序； 义成（静窗廿五世）序	33年

三、清水祭祖小记

刘震先

庐陵欧阳文忠公曰："川流派别当知同源，人代散殊当知同祖，知同源，必不笑咸淡清浊之异；知同祖，则不学越秦鲁杞之为。然非图谱以纪，则世远无证，安识须句之本与风也？安识晋公之本诸姬也？是亦谓：谱系之不可无也。"

1946年，祖父理堂公（安恭）偕弟钰生公（安让）出资，父亲静窗公（义成）作序，圆满完成了吉安清水刘氏八修族谱撰编，至今已近七十年。去年九月，清水刘氏宗亲启动九修族谱，又由长兄述先（衍言）等作序，经两年努力业已宣告完成。

今年10月2—3日，刘氏宗亲在吉安县浬田镇清水村，举行了"吉安清水刘氏九修族谱编成典礼"，因遇国庆长假，一票难求，遂使守先、庆先二兄，巍侄和我一行四众推迟至10月10—13日聚吉安回清水，在清水基祖潜公（德兴）祠叙伦堂、接受了九修谱理事会的授谱仪式；在清水田岸上村迁始祖南山公祠仁寿堂，举行了曾祖父德章公位下祭祖盛典；在清原山参拜了刘氏先祖、禅宗七祖行思禅师肉身塔楼，特此纪要。

（一）初识庐陵

第一天（2014年10月10日），下午2:25，和庆哥、巍侄等三人飞往江西泰和县井冈山机场，误点40余分钟，已有二公曾孙吉凯久候。由吉凯驾车50余公里到吉安县皇冠大酒店，门前左右树立红榜欢迎辞镜框。二公孙辈蜂拥而出，抢着寒暄问安、搬运行李。其中有84岁高龄的堂大姐远华,堂侄嵩凯、范凯,外甥聂冬根等,从广州乘火车赶来的六哥守先也赫然在酒店大堂相遇。

外甥冬根是三星级酒店的副总经理,安排我们住进了四套客房,每间每天298元,明言不用付费,让我们为难,堂侄嵩凯、范凯又慨言一切费用由他们负担,令人感到宗亲义重。

他们陪我们游览了酒店对面的5A级旅游景区——天祥公园,在湖边、塑像等处留影。因天色已晚,未能参观文山公纪念堂为憾。随后设宴接风,又见到了堂二姐瑞华,外甥冬根、秋根、春根和伏根等四兄弟,岱凯夫妇及众多女眷儿孙,欢聚一堂。宴厅富丽堂皇,菜肴丰盛,山珍海味,还有竹鼠鹿肉等野味,频频举杯畅饮家乡的米酒(约30度),细嚼慢咽家乡的剁椒时鲜,回想母亲年轻时腌制的其辣无比的豆豉辣椒,恍若梦中。

言谈中深知堂侄甥间走动甚密,有事互助,不计报酬,大有淳朴古风,其中不乏名医、经理、工厂主、公务员等,事业多有建树,又在吉安市区购房置业,相比之下我们反而有点寒酸。原先担心的是我房四套族谱如何带回上海,现在看来"庸人自扰"耶。

(二) 奉请族谱

第二天(2014年10月11日),酒店位于庐陵大道天祥牌坊旁,早晨一人提着相机信步走进天祥公园,欣赏湖光山色,闲人垂钓,可惜湖对岸正营造高层建筑,今后城市化进程使公园难逃喧闹。

9:00,吉凯、岱凯和范凯等分别驾车30余公里送我们回故乡清水,途经浬田镇买了一万五千响鞭炮及香烛,备绶领族谱时用。

先到清水村的田岸上村,车停靠在清水开基祖潜公十二代孙田岸上村迁基祖南山公的"南山公祠"的门前。宗祠左侧是公公营建的七栋青砖房,宗祠前面清水池塘对岸是二公的四栋青砖房和铨公祠。这里是父亲的出生地,他在五岁时离开了故乡,屈指算来已近百年,如今我第一次踏上故乡的热土,已是年过古稀的老翁。

此时南山宗祠门前燃响起了剧烈的鞭炮声,二公的孙辈老少几十口人从公祠中鱼贯而出,寒暄问安。在他们的陪同下,我们先后走访了楚成(三毛)叔的四个儿子仲先、伟先、俊先和仕先家;八个孙子家;沪成(月轩)叔的幼子等十余家,每到一家,鞭炮迎客,进门奉茶,彬彬有礼。试问世上哪有我们这种两袖清风的衣锦还乡客?据吉凯说,他们的父兄的共有特点是"高鼻梁和细长大眼睛",不由得我多看了几眼。

到了清水村之大屋村清水刘氏宗祠叙伦堂前,这是清水开基祖潜公(德兴)的宗祠。门前以九修谱理事长成局为首的二十余名成员欢迎我们,又在爆竹声中,拥簇我们从"金紫世光"匾额大门,一进前庭,二进"刘氏宗祠"过天井,三进是挂有"刘氏九修族谱编成典礼"红色横幅的正堂,正中是"叙伦堂"金字大匾,左右墙上有忠孝廉节四个大字。当下理事长成局致辞,焚香燃烛向五进堂"历代在座高曾祖考妣牌位"鞠躬祭奠。

随后理事会摆了六桌酒席款待我们,席间谈了二年来九修谱的经历和艰辛,异口同声赞美理事长的任劳任怨和执着。二公孙辈的努力,其中俊先当了11年村支书,动员本房众多儿孙及族人,依托现任支书成刚,成为修谱大事的主力。遥想楚成(三毛)叔教了一辈子书,桃李满天下,儿孙繁茂,少文达礼,完成九修谱应是他老人家的遗愿。三毛叔年轻时曾反抗包办婚姻,和吴宾森女相恋出走,后回归二公得到谅解,吴氏终屈居二房。与原配相遇为安,各生1子1女、4子2女。现在孙儿8人,曾孙子女各13人,熙熙一大家子人。当年三毛叔仅靠教书维持生计,其艰难可想。

大家又盛赞公公和二公的1946年八修族谱的功绩,修祠堂、学校、义田、道路等义举;转而举杯感谢我们两房对九修的贡献,令我们

附录三 清水刘氏九修族谱札记

汗颜。我慨然起立,把满杯酒敬向吉麟和成刚,感谢他们的去年底的引合和告知九修事宜,才有庆先哥的组织联络,一下把酒席宴推向高潮,大家频频举杯,酒足饭饱,情谊浓浓。饭后,我们和理事会宗亲一起拍照留念。

下午理事长成局、副理事长俊先等人陪我们一起祭奠遐公二十八世孙、清水开基祖潜公(德兴)的陵墓;瞻仰潜公第六世孙紫英公宗祠;又拜谒二公陵墓。在香烛纸钱的烟雾中,爆竹声连绵不断,大家轮流上香,敬祝列祖列宗千古,刘氏家族繁荣昌盛。理事会讨论了庆哥提议,同意加密光盘给刘氏宗亲海外人士。此时支书刘成刚捧来了安福筀桥开基祖遐公之总谱供我们查阅,遥想晋代先祖遐公的丰功伟绩;缅怀遐公生母、道教上清派祖师、南岳衡山守护神、紫虚元君魏华存夫人的生平事迹。

此时我看到墙上一张红榜写着"九修族谱领谱字号",发现在德字号谱下面,错写"衍言"为"衍年",理事长成局见我拍照,走过来说:抄写者写错了,我已批评他们了!又说:"如发现错误请函告于我,以便勘误。"其弦外之音引起了怀疑,但匆匆之际无法细辩。

理事会又举行了晚宴,初识幼时母亲提及的"麂里"(一种麋鹿)美味。饭后,成局等人引领我们观看九修谱,一套十本,置于紫红木盒中。每套都有名号,因单面印,加木盒,我带的弹簧秤拎不动,足有27斤。九修谱总计印了二十九套,我们领了七套,其中大哥一套,六哥一套,刘巍一套,我房四套。这时天色已晚,诸堂侄抢先把七套族谱拎上轿车,此时理事长点响一万响鞭炮为我们送行,我们的一万五千响鞭炮更响更长久,表示我们的答谢。到旅馆后,吉凯为我们联系好了快递公司。这时,我们商议了送二公门下的礼品,有庆哥的饼干糖果,六哥的一袋香肠,巍巍的两条香烟和我的六袋巧克力,另集资三千元作为孩子们的见面礼。

今天意外见到了三舅衍光的长子吉麟表弟,他是岱凯一早从10

来里外的东大常王家村接来的,吉麟兄弟四人,二弟会麟曾在上海见过一面,做藤椅生意劳累过度癌症病亡;现在还有二个弟弟在家务农。大舅德光的长子瑞麟表哥阳寿八十多岁,现已谢世;二舅之子仁麟在外工作失去联络。吉麟还领我走访了瑞麟表哥的妹妹,年已八十来岁。姐夫已故,竟是远字辈,比我高三辈,但因我的家乡话太差,彼此沟通甚难。我们一起相聚、喝酒聊天,得知外公墓碑曾被盗,又因工程而迁移重修。吉麟还告诉我,外婆的娘家莲家村有20来户人家,离王家村不远仅十来里路。我只好怀歉意相告,以后有机会再访母亲故乡故居。至今回想此事,仍怀深深歉意。

(三) 祭奠先祖

第三天(2014年10月12日),早晨清风习习,我再次游览了天祥公园,仍无缘参观陈列馆。8:30,快递公司来办理九修谱托运手续,估计第二天可收到,即电告了中芬和聆子。

9:00,由吉凯、岱凯和甫凯驾驶三车,带着冬根和在吉安的女眷孩童,再赴清水参加曾祖父德章公位下的祭祀。我们先在浬田镇里买了两盘万响鞭炮和香烛纸钱,随后去月轩叔的赘孙祚承家访问,他是今天祭祀的大厨。因今天守先哥要赶中午回广州的火车参加广州区政协会议,临时取消了养牛场的参观。接着在仕先、范凯等两代人承包十年的两座山林前拍照留念,他们种植的日本松已经长成茶杯粗细,连绵不断。

德章公的祭奠安排在田岸上村南山公祠仁寿堂中举行。这是潜公第十二代孙田岸上村迁始祖超公号南山的宗祠。南山公祠是公公出资修复的。我们来到南山公祠已是中午,祠堂内已聚集二公的孙子仲先、伟先、俊先和仕先等三十余人,设宴四桌款待我们,庆哥把礼品和三千元见面礼交给伟先,守先哥赶火车先行告退。在万响鞭炮中我

附录三　清水刘氏九修族谱札记

们摆香案,进行了隆重的祭奠仪式。

公祠大门上楷书"南山公祠",第一进耳房厨房,第二进天井,第三进横匾楷书"仁寿堂",右边门上有进士、文元等两块匾额;右边门上又有文元、翰林等匾额,均落款清代年号。堂下有条桌供台。第四进陈列祖宗牌位,悬挂"神祖光辉"横幅。左侧墙上石碑是"基祖南山公墓志"。

午宴菜肴丰盛,我们吃到了扣肉、吉粉和时蔬八大碗,乌鸡扁尖汤,大家频频举杯,畅叙刘氏五服之内至亲情谊,再次遥想父亲五岁离乡,到余七旬花甲初回故里,已相隔近百年耶,一切如同梦幻、回味无穷。

饭后,岱凯等陪我们祭奠刘氏田岸上村基祖超公的陵墓,墓碑署为"先祖刘公南山先生之墓",墓地宽广,气势宏大。

为了上山祭奠老曾祖父佐舜公的墓,仕先弟他们前一天砍去柴草,开出一条山路。当我们欲点香烛祭奠时,因久旱无雨,怕不慎引起山火,遂将香烛纸钱存放墓前,大家作揖顶礼。下山时看见层层水稻梯田被弃耕,水库濒临枯竭。因青壮者都外出打工,仅留老弱妇孺种种地,令人堪忧。

我们沿着山路来到曾祖父德章公的墓地,因碑石年代久远,字迹已经模糊,据仕先说此墓今年才找到,令人百感交集。我们先后点燃香烛祭奠了德章公、张氏和罗氏孺人;二婆吴氏孺人等墓穴。下山来到了二公(道铨、钰生)和沪成叔(月轩)、楚成叔(三毛)的陵墓前,陵墓建在岭背岭上,墓地宽广,墓碑雄伟,象征鲤鱼跃龙门,风水极佳。我们和堂二姐瑞华、仕先、各位堂侄一起点香作揖,点响了万响鞭炮,祝愿二公和叔叔们千古。下山时,仕先告知眺望公公和二公基业的最佳位置,我拍下了南山公祠紧连公公的七栋房,清水池对岸二公的四栋房景观。在午时的丽日下,青砖灰瓦的故居层层叠叠,分外雄伟壮丽。相比之下后山的新房,林林总总难成景观。途经仕先的眼镜蛇养殖场,进去一观,感到后背发冷。仕先年仅 58 岁,患有痛风,深服其胆略和勤奋。

回到南山公祠,伟先和俊先提议去看公公的七栋故居。当年母亲讲过四栋四合院,公公自己一栋,三栋房分给三个儿子,另三栋备用。伟先指点故居间一块田地,因地主不愿意转让,后来八年抗日,导致理堂公祠没有建成,至今故居没有完全连成一片。在南山公祠内外墙上和七栋房上依稀可见的三十年代遗留的红色标语比比皆是。据伟先讲,土改时,公公的六栋房被分掉更换了地契,只有一间房没有更名才强要回来。去年有一栋房开商店火灾被毁,其他房多沦为仓库,已无人居住。八十年代,三毛叔取得侨眷证,得知按政策爱国华侨可以收回产业。1985 年曾到曲阳路昭妹家找过家母,迫于当时形势未得响应,错失良机。

当我们来到父亲出生地,故居早属他人上锁,只能看看外观,无法入内留念。有一栋办过小学,学校的牌匾仍旧悬挂着;另一栋办过商店,前年不慎失火,梁柱已焦损。在秋日的斜阳下,终未连成一片的七栋故里,其中四栋硕大的四合院,青砖灰瓦,墙体高大,完好无损,仿佛在说:"伢里!我们可是你们的公公在外挣下的血汗钱建造的,不信可问问庐水河的渡口小船,他们如何躲避土匪的抢劫,运回了一箱箱银元,修祠堂,办义举,至今赢得族人赞口不绝。"我贸然问了一句:"现在还能收回吗?"飘来一句弦外音:"难啊!"

走进了那栋收回的柴房里,看到内墙上横匾"调琴阅经",对联"也可婆娑风月","是亦豁达襟怀",隐含"也是"二字。我幼时曾在家父指导下,读过公公撰写的《也是庐记》,当时不理解个中之意,家父也不作解释。现在又过了五十余年,如今方能感悟公公当年没有建成公祠的感慨,"也是庐记"文中的豁达气度和大家风范。

我们又去二公的故居参观,1992 年二公的祠堂因堆柴火灾被毁,剩下残墙断壁,尤待修复。他的四栋旧居除了玉轩叔四子衍爱还使用

附录三 清水刘氏九修族谱札记

厨房,其他房也空关着。厨房约有40余平米,他们回忆五十年代二公一大家20余口人一起吃饭的情景,粗茶淡饭,热闹拥挤,感慨不已。旧居保存完好,看到了许多鎏金题词绘画,屏风石刻均属上品,其数量和质量是周庄、乌镇等无法匹敌的。据说故居冬暖夏凉,没有蚊子,太神奇了。

下午两点多了,我们在清水池塘边憩息,我问:"去东大常王家村来得及吗?"庆哥接口说:"等下回吧!"我犹豫而噤口,但下回可能是不会有了,茫然有失。这时村支书成钢来了,征求家乡发展的建议,大家夸夸其谈:"宏观讲要解决水源、交通和土地集约化问题,微观讲招商引资。"回想起来太乏味、太空泛了。但岁月留痕,在这些青砖灰瓦的老宅外墙和南山公祠内墙上,依稀可见的"分田分地、参加红军和肃清AB团"大字标语,居然三十年的红色文物留存至今,不知谁建言:"可以搞井冈山式的红色旅游!"

随后我们回到南山公祠,和二公的儿孙各房各家合影留念,因人丁繁茂,拍了十四张照片。晚宴上再次品尝大厨柞承的技艺,尤心仪家乡的吉粉、笋尖、扣肉和米酒。在频频敬酒之际、伟先愤然提及上海之行,毛毛叔长子不参加九修的冷漠。为此我转话锋,检讨久住大城市亲情淡薄,不如他们身居乡间,每年祭祖有5—6次之多,心地古朴善良,令我等汗颜。

席上再次提及八十代收回祖业房产往事,终于挖开了我的内心伤痛。我谈起:1947年父亲运十六箱书往清水中途受阻折回上海;1955、1962年祖父和父亲相继逝世,1966年父亲陵墓被毁,家产书籍被抄等等往事。试问母亲受惊吓高血压病倒,刚得到一点述哥资助的几年中,哪敢用侨眷名份去要回祖业房产?放在家里的财物都保不住,何况远隔千里的祖业?触目惊心啊!当下我喊出了:"公公一生正直慷慨,劝人为善,悉心公益,义薄云天,我辈何德何能,实在愧对于他!"眼泪夺眶而出,把满碗白酒泼向了南山公祠的地面上,二公的孙辈们也都唏嘘不已,让我又一次感受到了亲情,"泪眼相对空余恨,余恨绵绵无限期"。

(四)白鹭青原

第四天(2014年10月13日),半夜停电,被盥洗室异味熏醒,只好开启空调通风。先前遇到台灯开关冒烟,淋浴下水不畅诸多问题,亟须改进。但酒店生意兴隆,常常客满。

今天相约参观文天祥就读的白鹭洲书院,青原山禅宗七祖行思禅师的道场净居寺,行思俗姓刘,是先祖遐公十二世孙,倍感亲切。因下午四点多的飞机回上海,故早起整理好行装。7:00,下楼,嵩凯和范凯已在酒店大堂等候了,我们三人一起到附近的将军公园游玩,园内有纪念塔碑、一百多名将军的雕像,岱凯、嵩凯都是搞电子机械雕刻的,在此看到许多他们的作品,领略晨风山景,一举两得。

9:00,嵩凯、范凯、岱凯和吉凯驾两部轿车,陪我们游白鹭洲书院和青原山。先途经岱凯的店面,欣赏他的木刻和石雕,再到白鹭洲书院。书院位于白鹭洲中学后院,正值重建谢绝参观,适有贵宾来访,我们尾随其后进去了。但书院文物都收藏起来,只看见一些碑石,硕大繁忙的建筑工地而已,我们在赣江边上拍照留念。因仰慕文天祥,节编书院简介如下:

白鹭洲书院,位于吉安城东赣江之中,约2公里长、0.5公里宽的绿洲,形状如梭,清流环绕,白沙芳草,林茂竹翠。因洲上多栖白鹭,故而得名。南宋淳祐元年(公元1241年),新任吉州知府江万里在洲上建楼台,设学堂,创立白鹭洲书院。注重品格务实、养气立志、爱国忧民,培育了民族英雄文天祥、词坛名家刘辰翁等俊士。宝祐四年(公元1256年)科举考试,吉州考中进士40名,文天祥高中状元,宋理宗亲书"白鹭洲书院"匾额以示褒奖。书院名闻遐迩,成为与白鹿洞、鹅湖

附录三　清水刘氏九修族谱札记

齐名的江西三大书院之一。

书院首立六君子祠,祀周敦颐、程颢、程颐、张载、邵雍、朱熹;崇祀庐陵的"四忠一节",即欧阳修、周必大、胡铨、杨邦义、杨万里等,文天祥曾面对四忠画像立誓:"殁不俎豆其间,非大丈夫也。"现存的风月楼、云章阁是书院的旧建筑。风月楼正面红石柱上的对联"千万间广厦重开,看来阁层楼势凌霄汉;五百里德星常聚,合南金东箭辉映江山",是清代道光年间所刻。我们一起在赣江边和文天祥塑像前留影。

中午我们来到青原山,山门前一洼绿水,映衬层叠青山、幽幽翠谷,杨万里赞叹"山川江西第一景,千寻青壁是青原",此言不虚。山门大书正楷"青原山"是文天祥的手笔,此书和颜真卿书"祖关",黄山谷书长诗碑并为青原山墨迹三宝。

此时,香烛小贩蜂拥而来,我请了香烛和三支高香,可惜高香被阻寺门外面。走进刘氏先祖遐公十二世孙、唐禅宗六祖慧能高足、七祖青原行思禅师的祖庭净居寺,前庭树立王守仁的"曹溪宗派"题词,我们点烛烧香,遥祝行思禅师、列祖列宗千古。

净居寺有天王殿、大雄宝殿、毗庐阁(又名观音阁)。整座寺院巍峨雄伟,金碧辉煌,构造精致。大雄宝殿三面临水,大殿在左,一株千年古松,枝叶如盖,名"罗汉松"。大殿后一眼古井,清澈见底。近井旁,有一"蹬泡泉",用脚在泉边石头上一蹬,泉底便起涌串串水泡。

随后我们一起寻觅行思禅师遗迹,看到了他在开辟道场时手植的两株柏树,树高20余米,树围3.6米,称为"七祖亲栽柏",距今已有1290余年。经过毗庐阁藏经阁上九十九级台阶,到了七祖塔,记载:"唐开元二十八年(740)十二月,七祖行思圆寂,次年唐玄宗敕建'唐七祖弘济禅师之塔',原为青砖砌成五层尖塔,塔内藏七祖肉身,外以木构三层楼复护,明天启四年(1642),护塔楼改木柱为石柱。"可惜铁将军镇门,不能入内膜拜。

我们还畅饮了卓锡泉水,此泉是行思以锡杖柱地而成泉。水味甘洌，泉眼呈方形，水深不盈尺，虽处陡壁之上，却终年不溢不涸，清澈见底，号聪明泉。遥想当年行思禅师在韶州曹溪山南华寺受六祖慧能真传，于唐神龙元年到青原山创建寺院，广聚信徒，发展禅宗南宗的青原法系，传授"顿悟"法门，饮水思源。

随后来到了青原塔院，已故主持体光老和尚的舍利塔，由虚云和尚高足本焕题书，周围几十块石碑十分壮观。这些石碑制作竟然都出自堂侄岱凯之手，每块均有他的落款。我突然"顿悟"，问岱凯："你真是功德无量！"岱凯笑答："只收了工本费，做个广告嘛！你可寄来墨宝，帮你也刻一块！"我们不禁相视而笑。

下午2:00，在"七彩生态农庄"吃了农家菜，送我们到井冈山机场。他们又送我们每人一袋菜叶、笋干和红米，无功受禄，愧对宗亲啊！

飞机误点近两小时，到上海已晚八点钟了。到家就看到了四套九修族谱，深夜阅读发现："言"常误为"衍"，"中芬"竟误为"邓氏"。可谓"怕错之处错了，不该错处也错了"。回想今年四月在美国加州，曾彻夜编写公公位下的"齿录"，经述哥、劬弟校阅14稿之多，五月经昭妹交庆哥，再三告诫必须"清样校对"，谁又去校对了？使我怒而彻夜难眠。

次日，读宋大儒程明道先生言："修宗谱使人不忘本，而识祖源祢流、祖功宗德，稍有知识者当以谱牒留心。苟前乎此而谱不立，则不知其谁始；后乎此而谱不立，则不知其谁传；若三代不修其谱，诚为不孝，非人道也。"九修谱已挑起了传承宗祧、光宗耀祖之大任，吾房"齿录"出错终为小过，幡然有悟，何怒之有？

（五）寻根记要

清水祭祖短短四天，我的祭祖小记却写了一周，故土寻根问祖、家

附录三 清水刘氏九修族谱札记

乡赏心悦目,可写的太多了。有幸请回四套九修族谱更是重中之重。族谱更是吉安清水刘氏列祖列宗的光荣史诗,为此摘录族谱几件大事如下:

1. 清水村名来由

回乡问过一些刘氏宗亲,都回答不出清水村名的来由。后查阅"九修族谱卷一 十四"可知:"遐祖二十八世孙,吉安清水刘氏基祖潜公字德兴,积善阴行清德懋着乐溪水之清而卜筑之,南宋孝宗开禧间由安福下村徙居龙马铺,名其里曰清水,望气者知其后必兴。享年八十三岁。"按(宋)开禧元年(1205年)计,至今已有800余年。

其十二世孙超公(南山公)明正德间由清水迁田岸上村,按(明)正德元年(1506年)计,至今也有500余年。

因现在清水村设置村委会,田岸上村列为其中一个自然村。清水村至今仍名列贫困村,存在水源水质差、道路交通不便、梯田荒芜等问题,成为家乡发展致富的瓶颈,亟需解决。

2. 宗祧传承纪要

本族历代宗祧传承和迁移情况纪要如下:

刘交,汉高祖四弟封楚元王,彭城刘氏之始。

刘向,楚元王交之四世孙,大文豪。

遐公,楚元王交之十四世孙,晋安成太守,留居顺安乡笪桥,是为安福笪桥始祖。

延公,字延年,遐公九世孙,隋吏部尚书补中书舍人,始由笪桥迁居龙云乡下村。

行思公,遐公十二世孙,唐禅宗六祖慧能高足,七祖青原禅师也。

潜公,字德兴,遐公二十八世孙,从安福下村迁至清水基祖,在大屋村有宗祠叙伦堂。

涣公,字紫英,潜公六世孙,元末明初授国子监,任湖广平西卫参军,在叙伦堂旁有支祠嘉会堂(现仅存门墙)。

超公,号南山,潜公十二世孙,为田岸上村始迁祖,有南山公祠。

克迈公,号训圃,潜公十九世孙,系南山公之兄楚公后裔,清道光进士,撰写排行五律一章。

纪尧公(经发)、佐舜公(经达),潜公二十二世孙。

德章公(远传),潜公二十三世孙,纪尧公二子,过继于佐舜公。

理堂公(安恭),潜公二十四世孙,德章公长子,我们的祖父。

静窗公(义成),潜公二十五世孙,理堂公幼子,我们的父亲。

我们兄弟衍字辈,潜公二十六世孙。

豁夫(祚达)、建伟(祚伟)和杰夫(祚杰),潜公二十七世孙。

家睿(长睿),潜公二十八世孙。

3. 查谱须知

我房的"齿录"(即个人的简历),在族谱中可见于"潜公(德兴)六世孙紫云公位下"。

附录四　皮黄琴韵和情缘

一、皮黄琴韵

刘震先

在家父坎坷多彩的人生中,京剧与音乐曾经勾勒了重重的一笔。

家父在1946—1950年短暂的五年多任职期间,下班后常去老城厢孔庙逛书市,不时带回一摞书回家阅读。遇到天蟾舞台、大舞台、黄金大戏院等剧场有京剧名角献演,总会买张票回家、简单吃点晚餐去观摩。因兄长忙于读书、弟妹年幼,我正当学龄前能跑能跟风,有幸随他看了许多京剧名角名篇。遇见剧场"一米以下儿童谢绝入内"明示牌,家父会把我举高,检票员会意一笑放行。入场后家父坐2—3排,我则寻觅空位坐下,多数坐在第一排,于是演员的化妆看得过于真切、武生斗打栩栩生风有扑面之感,我不大喜欢。尝记有一次"霉旦"黄桂秋一出《春秋配》把我唱睡了,让家父抱着我坐车回家。家父十分喜欢黄桂秋的声韵,后听他讲:"黄桂秋乃陈德霖高足、梅兰芳同门,声韵极佳,但一生未唱红,好事者惋惜称他为'四大霉旦'之一,《春秋配》为他配戏的小生是其子黄正勤。"据说秦瘦鸥的《秋海棠》原型就是他东北献演遇之倒霉事,后有人提议他和周信芳编演《秋海棠》,遭他拒绝。

　　由于京剧看多了,回到家少不了要比划几下,过年得的压岁钱,大额的会交家母保管,在身边的零钱除了买爆竹,就是买刀枪、佩剑和京剧面具(马粪纸质),再找件披风打扮起来,和景叔、劭弟,还有邻居王龙龙等,在客堂里开打起来。后来感到不过瘾,把方凳当马骑,摇晃之下好几个凳子都散架了。有一次还枪挑下了客堂里的对联,打破了大瓷花瓶,忙坏了家母来收拾残局。到晚上少不得让家父知道,责骂或戒尺打手心。但过两天忘了又顽皮如故。家母曾经对我叹息说:"你们是个女孩就好了!"我做了个鬼脸说:"阿拉是四大金刚!"又哼着:"第一大老爷、第二泥坑棚(即马桶)、第三山皇帝、第四四金刚",咚咚咚跑出去玩了,家母看着我的背影说:"鬼仔里,过角里顶多!"(江西吉安的方言:乖巧儿子,怪样子太多)

　　令人最向往的是一年一度的"冬至"祭祖,因和祖父住在对门,我家这天成了在上海的宗亲聚会中心。祭奠十分隆重,香案放在天井中央,中间是列祖列宗神位,插满绣图纸旗的硕大香斗,两边是蜡烛台和八样祭品供果;香案前火盆里是堆积如小山的锡箔黄纸。午后,祖父端坐客堂中央宣布祭奠开始,他委任司仪、上香点烛,宣读祭祖祭文,按辈分长幼有序,进行祭拜,我们年幼辈微,总要排在最后。我在前一天就偷偷翻过了大香斗的纸彩旗,再三叮嘱家母在祭祖后帮我拿两面绣花旗。第二天我不放心,又在祭祖开始前拉她衣衫落实此事。家母生气地说:"你没看见我正忙着,你说你烦不烦?"但看看我那可怜巴巴样子,又拍拍我的脑袋说:"我会去拿的!"下午,祭奠进行到烧锡箔黄纸、焚化牌位,就推向了高潮。祭奠刚结束,家母眼明手快,拔下了两面纸旗塞到我的手中。

　　接下来是开始家宴。家母当大厨,姨婆婆当助手。已经准备了三天,靠着两个煤球炉,做了2—3桌四冷盘八热炒二汤的筵席。家母年

附录四 皮黄琴韵和情缘

轻时跟店里的长沙大厨学过手艺,故菜肴能做成色香俱全的鱼刺海参、燕窝人参的海鲜大席。晚宴开始了,我把纸旗压在屁股底下,这些美味佳肴我最心仪的还是木耳炒鸡中的荸荠、五花三层的红烧肉和炒腰花中的冬笋。到上什么鱿鱼、鱼刺和海参时,我已在天井里玩纸旗。家母喊道:"震震,吃酒酿圆子甜羹。"才把我们又拉回席上饱餐。家宴结束后,家母把头一天预备的自制香肠、家乡的腊鱼腊肉的署名礼包送到宗亲手中,此时大家酒足饭饱拎着祭品,应是一年里最开心的时候。后来听家父说祖父自幼父母早亡,每年冬至祭祖能分到的一点祭奠鱼肉,就是一年仅有的荤菜。所以他主持冬至祭奠,总是坚持给大家分一份鱼肉,把公益当作为人的基本德行,这应是孔子"克己复礼"的一种实践。

我有了两面纸旗插腰间、加上京戏花脸的面具和刀枪棍棒,演起京剧就更加起劲,大有将军八面威风的味道。我从唱片里听来的金少山《牧虎关》,再胡诌乱编一通,什么"老娃娃来到牧虎关,遇见的娃娃将我盘,松林本是杨贤妹,季里季、波里波、大里大……"正唱得唾沫横飞得意洋洋时,家父下班到家看到我们的这身扮相,听着不入调的唱腔,不禁笑道:"怎么高老爷变成了老娃娃?"说得我们都哑口无言、傻傻地望着他。后来纸旗经不起折腾,两三天就玩破了扔进了垃圾桶。

又是一个新年,我和劬弟买了木鞭和木锏,玩起了窦尔墩盗御马、秦琼买马和尉迟恭,玩得高兴时京剧词不够用了,干脆唱起江西儿歌:"赵呀赵公鞭,前是大从前,儿子呀的儿子,李先生",咿哩哇啦、哈哈大笑时,正好家父的同学李重曙来访,他带着深度近视眼镜,诧异地望着我们这帮顽童,那无可奈何的神态让你过目不忘。事后我们担心家父会责骂我们,居然平安无事,逃过一劫!可见李伯伯是名校的饱学之士,不是那种小肚鸡肠之人。后来才知道他是个酷爱京剧的高级"票友",这年春节,我们跟随家父到岳阳路中科院礼堂观看过京剧《龙凤呈祥》,他主演刘备,扮相和唱功都不错。

怀念父亲刘静窗

李伯伯是家父最年轻的同学，劬弟又忆起一段他的唏嘘往事：1950年夏，一日他穿着解放装，剃了个光头，兴致勃勃来访。家父惊问何故如此？李回答："洗面革心！"看他那种春风得意的神态，家父叹说："幼稚啊！"是年他被任命为青海工业局长，很快离沪上任。1957年秋，突然李伯伯蓬头垢面来访，说是来告别的。家父惊问："已去青海任职，何来告别之由？"李伯伯黯然涕下告之："我已被打成了右派分子！"此日李伯伯坐在客堂里的藤椅上，和家父聊了许久，晚饭后慨然起立，清了清嗓子说："刘兄，在下这厢有理了"，深沉地唱了一段《击鼓骂曹》，家父用筷子打出节拍，如此悲凉又如此无奈。那天他洒泪而别，再也没有来访过。后听家父和家母聊天知道，李伯伯送往新疆支边强制劳动，从此走上不归之路，客死他乡。

家父喜欢梅兰芳的嗓音甜润、扮相雍华，但更欣赏程砚秋的婉约深沉，他藏有全套"锁麟囊"唱片八张，百听不厌，可见一斑。1951年，我曾随他观赏了梅大师的全本《贩马记》。记得观后全家人热议，可谓余音绕梁，三日不息。1960年，梅兰芳在清华大礼堂演《穆桂英挂帅》，竟是梅大师最后一次登台演出。此时仅感他的嗓音圆润而已，已失当年脆亮金石之声。

1953年，家父率全家去"大世界游乐场"，偶遇上海京剧三团演"龙潭鲍骆"，武打戏煞是好看，谢英庭饰义仆余千，身材扮相演技融为一体尤为精彩。因得知到下周日要演"龙潭鲍骆"的全套连本戏《宏碧缘》，我们全家带着午餐干粮，早早去剧场占好位子，但剧场告示谢生患病由王世英替代，终因演员矮小，大为逊色，真可为乘兴而来，抱憾而归，以后再没有雅兴去大世界"轧闹猛"了。

家父对杨派老生情有独钟，特别喜欢杨宝森的《文昭关》。有时家里的菲利普大收音机播放此剧时，家父会取出百代戏考，让我对着戏文逐句聆听，有时我看串了行，他会耐心替我找回，他的耐心表露了他的爱好。1957年，《新民晚报》报道上海京剧院汪正华由马派改弦杨

附录四 皮黄琴韵和情缘

派,主演《文昭关》,家父又带我们去观赏,汪生不负众望,学得惟妙惟肖,大饱眼福。如要挑他毛病的话,似乎还不如杨宝森苍劲而已。此剧两次变须、哭喊爹娘、声泪齐下,堪称一绝,这却是我最后一次和父亲同去看的京戏。他一生孝悌,此剧道出了他的心声。

1958年,我还自作主张看了一次中国京剧院李少春、袁世海来沪献演《响马传》。李的秦琼和袁的程咬金十分轰动、一票难求。我的同学拿来几张天瞻舞台三楼的票,让我第一次在如此"高座"去看唱念做打的名角演的戏,那天很晚到家,家父还没有睡觉,听到我上楼的动静,大声问道:"三楼看演员的头顶,感觉如何?"我回答:"你的美国望远镜还蛮管用!"大家听了哈哈大笑。现在许多戏迷都在仰慕京剧大师李少春,我能在三楼"高位"欣赏过一次他的风采,也可大大吹嘘一番?至今我喜欢京剧、在工作单位开联欢会上还会亮亮嗓门来上一折,应归功于幼时家父的熏陶。

家父对音乐的欣赏却是以另一方式来表白:劭弟八岁学钢琴,按行家们说太晚了,但他会卖了一部书送劭弟去学琴,以其慧眼造就了中国一代作曲家;任哥进大学时,他的贺礼是一把小提琴;我在初中毕业时曾想读中专,早点挣钱为家庭分忧,他明言读高中和大学吧,特地陪我到第一百货公司花八元钱(当时为一个人的月生活费)买了一把二胡送给我,还替我在西藏路基督教青年会报名参加二胡学习班。于是,每周六晚我都在悠扬柔美的琴声中度过,接触了社会,陶冶了情操。

但当我快学完刘天华先生的十首曲子、练习《二泉映月》时,因大跃进和勤工俭学的浪潮,中止了学习。这把琴伴随我走过了十个年头,先后参加了采茶舞、丰收舞等学校诸多演出,还把它系在腰间参加了国庆文艺方队络子舞游行,方队先后在劳动人民文化宫训练三次,半夜在天安门广场彩排二次,据说周恩来在城楼上审查,此事花费了我们许多时间,也开了眼界。记得方队经过天安门时,800名女子长辫紧身宽裤蓝装,每人一副"瓜达板"齐声作响,掩盖了我们200人的二胡伴奏声,响彻云霄。1967年,我回家,任哥心血来潮想学二胡,拿走了二胡。现在我退休了会心血来潮常想它,想再买一把,始终停留在口头上。我对二胡太薄情又小气,对吗?

尝记1959年,我在北京上学,收到过一封家父写的厚厚长信,让任哥和我同阅。洋洋千语记叙了他从收音机里聆听贝多芬的《田园交响曲》和《春天奏鸣曲》的体会,他按照初到乡村欢悦、在溪边、乡村集会、暴风雨和牧人之歌等五个乐章进行评述,提升到一种精神层面上理解和诠释,妙语连篇,这是家父前所未有的音乐评论篇章。1962年父亲逝世时,我把他的书信留在家里,怕丢失他留给我的精神财富,最终还是丢失在十年动乱中。

贝多芬对这部交响乐加的标题是"田园生活的回忆",他在总谱的扉页上注明:"主要是表现感情,而不是音画"。贝多芬怕人们误解他的音乐,更明确地说:"《田园交响曲》不是绘画,而是表达乡间的乐趣在人心里所引起的感受。"他强调的是人的精神世界而不是描摹自然。贝多芬崇尚康德哲学,家父对康德学说也有很深研究,他在禅悦中欣赏"田园",和贝多芬的心灵是相通的。

后偶与劭弟提及家父的"皮黄琴韵",竟然打开了他的记忆之门如下:

"我最早在家中接触的乐器是京胡和京二胡,京胡不易学,后因演奏把位相近、改习板胡;京二胡就成为我们自学二胡的先兆。我和你一样也购置了一把二胡,几乎拉完了全部刘天华作品,只有《病中吟》和《烛影摇红》未习。也初识阿炳的《二泉映月》《听松》,这都是我学弹钢琴之前的事,这也是父亲的皮黄原素对未来音乐家的启蒙。

后来我考进了音乐学院附中,当仁不让选修二胡副科,仅学了半年便拿了两个考查5分,导师认为其作为副修程度太高,建议转学别科。这也属我家的家教和音乐传承。我能写出代表作之一:二胡协奏曲《夜深沉》，便是父亲的哲思加上皮黄和二胡，这是不争的事实"。

劭弟的记忆又勾起我的一段回忆：1956 年暑期，两位表兄宗裪、宗韶从江西来访，他们一个操秦琴、一个吹笛，我拉二胡和劭弟拉板胡的热闹情景，引动了左邻右舍聚集大门外聆听，有的儿童都拍门想入。父亲吩咐："打开大门，让大家进来！"于是我们移至天井合奏，邻里们自动加入歌咏，此起彼伏，热闹非凡。这样的随意合奏还举行了几次，成为故居福德坊一道难得的风景线。

家父还有许多有关"皮黄琴韵"的感言，选择几条刊载如下：

他说："梅兰芳的《霸王别姬》百听不厌，其'南梆子'唱段会让我联想起世界三大悲剧。"他在听国粹京剧《霸王别姬》，会联想西方名剧，可见在他的心目中艺术是没有国界的，只有心灵的印证。

他又说："《二泉映月》阿炳是看不见的，但是，他的心看见了；许多人用眼看世界比不上用心看世界的瞎子！因为他用心，这就是用心来想问题和做事情。"家父太喜欢瞎子阿炳了。

家父的书橱里有诸多德文版原版书，有康德、尼采等的哲学著作。他把尼采比李贺，又把康德比杜甫。有一次他说："康德与贝多芬的心意相通。"可见大哲学家几乎都有一定的音乐造诣，家父也应如此。

二、皮黄情缘

刘念劭

震哥的上篇《皮黄琴韵》撩动了我的心弦；在两人相同的回忆与共鸣中，缅怀了家父的皮黄琴韵。他的文中也包括了一些我的故事，假如顺着他的思路写，便是对回忆的扩大，至多也只是平面的漫溢，决不能做到立体的升华；本决定放弃，因担心狗尾续貂，反成累赘。

今凌晨二时，我忽然有了写下去的冲动，对父亲鲜活的回忆，令体内顿生力量！我决意写一个角度全然不同的续篇,深信也一样会让上篇的作者感同身受。灵感便来自标题不再是"皮黄琴韵"的"皮黄情缘",这是一项主脑意识的变化,让琴韵向情缘的延伸,本是我们父子两代人的通灵感应,它也一样展现了家学渊源的传承。

皮黄情缘是皮黄琴韵的深华,它演化成了作曲家来自父亲的皮黄情结和皮黄夙缘！这是两个不相同的感知层面。情结是绝对主观的一种意识,它的形成或有环境的使然、或有事件的发生、或有他人的启迪,更有世袭的传承,并非一日之功;因此由情结引出了人世夙缘,那便是主观意识对客观环境的辐射,你会十分的关注与此有关的人和事,这种主动的姿态当然带来更大范围的结交,这便成了缘份。这是一种内涵与外沿的因果关系,并非是空中楼阁。假如这一楼阁是皮黄情缘,它的基石便是皮黄琴韵！

在我少年时代,开始接受父亲皮黄情缘的输入时,便已先接受了多年皮黄琴韵的导入,可以说,我最早的京剧蒙师便是家中那上百张旧唱片;从我们记事起,便可以毫不费力地谈论四大名旦、须生流派、富连成科班及在家中大开武戏"窦尔敦 盗御马"！开口闭口均是戏中的韵白台词……。所以,我日后可以毫不费力地在创作中汲取京剧音乐元素,实在是一种童子功。这就像"熟读唐诗三百首,不会作诗也会吟"！作曲家们会害怕使用个性太强的京剧曲牌作素材,我却可以自如运用,且让它结合到写作交响音乐的技法中去。我自己都是无意识地在做,不存在刻意打造,更没有功利主义的目的,似乎一切都是顺理成章的。因为世上很少有懂京剧、会拉二胡、又熟知交响音乐创作技法的作曲家,这便是父亲冥冥中的引领。

先讲情结:这首先是属于家父的。父亲上京就读北大,迷上了京剧。他的挚友张遵骝便是十足的戏迷,这种传承可以上溯至乃祖晚清名臣张之洞。而经常随父一同去泡京剧的便有就读清华的堂弟梁书叔。据该堂叔的义子说,他义父对京剧的迷恋,也影响了他。而梁书

附录四　皮黄琴韵和情缘

叔早在长江江雅轮失事时便遇难,但却在江西老家留下了这种京剧传承,可见这种情意结是口授心传、父终子及的。这个例证解读了我血液里的皮黄元素,它是来路清晰的。

在我十五岁那年(1960),在上音附中由初中直升高中,并转入作曲专业,离自己的未来理想又走近了一步;这下家父可来劲了,他巴不得我一夜之间成为作曲家,可以实现他的艺术理念。父亲一面听贝多芬的《田园交响曲》一面喃喃有词,过后,他对我说:"该交响曲是德意志民族传统的植入,并非为了写景,是写出了民族精神!"他又说:"京剧是中国的国粹,用京剧音乐去写出中国交响乐的传世之作吧!"这是他对幼子的期望。我实现父亲的遗愿是在三十年后的1990年,如今二胡协奏曲《夜深沉》已成为中国民族管弦乐团的殿堂作品,已逝去的二胡名家闵惠芬卓越地演绎了这部作品。这部以京剧音乐元素打造的大曲亦走向世界,1996年我完成了由俄罗斯彼得堡的交响乐团演奏的西乐版,是年我已五十一岁,才方了结父亲留下的京剧交响乐之梦。对于这一催人泪下的真实故事,我写在了下篇文章《艺海寻梦》及后记"勾指之约"中,在此篇就不赘述了。

再讲夙缘:这种因缘是情意结的使然,令其扩展成一种入神的关注。可以说,我同家父一样,熟知京剧界发生的一切,变成一种休戚相关的互存,他自然成为你生活的一部分,并展现出美好的往昔,这种穿越式的回忆,是跳跃的,片断的,也是清新难忘的。

比如:幼时随父看春节京剧名家专场,江南名丑刘斌昆出演《打渔杀家》中的教师爷,其精湛的表演艺术令我难忘,我们亦曾在家中模仿他的招式,这是50年代的事。1990年,经话剧艺术家李家耀兄的介绍认识了老人家,他已快九十岁了,我常携妻去他家听他讲早年的京剧界故事,听得入神,成为忘年之交。

50年代随父看梅兰芳拍摄的京剧影片《断桥》,在银幕上初识年青时代饰青蛇的梅葆玖;于80年代中在沪观看梅门弟子李维康、耿其昌的夫妻档《四郎探母》时结识了他，一谈便忘却了时间，事后都想不起那天晚餐吃得是什么？是次，李维康在席间为我演唱了《霸王别姬》中的"南梆子"，梅兄的指点剖析精辟，为我三年后取此曲牌创作《夜深沉》埋下了种子。

　　1958年后，家父身体违安，较少去路远的剧场看戏，但却经常去看戏校娃娃班的演出，在离家很近的文化广场蒙古包剧场，父亲亦是常客，在这里，我们看到了日后成为京昆名家的李炳淑（《贵妃醉酒》）、华文漪（《墙头马上》）及蔡正仁（《长生殿》）、蔡正鹤兄弟，父亲断言他们日后的前途无量，果然一语中的；而这些名角日后均成为我好友……这些回忆，全是三十年的穿越。

　　我与二胡名家闵君的"勾指之约"，便达至这份夙缘的高点，这亦是吾人的终极关怀！

　　"皮黄琴韵和皮黄情缘"是父亲和我们父子两代人的共鸣，他延续了一个甲子。我在西雅图寓常看中国中央台的京剧节目，本担心京剧艺术后继乏人，现在不担心了，因为我看到出了不少年轻角儿成为台柱！略嫌不足的是风格、流派及声腔的味道，那种对名家神似的继承，还有待提升！